U0614866

深圳圖書館館藏古籍圖錄

深圳圖書館 編

國家圖書館出版社

圖書在版編目（CIP）數據

深圳圖書館館藏古籍圖録 / 深圳圖書館編. -- 北京 : 國家圖書館出版社, 2016.11

ISBN 978-7-5013-5981-3

I. ①深… II. ①深… III. ①古籍—圖書館目録—深圳 IV. ①Z838

中國版本圖書館CIP數據核字（2016）第258587號

書　　名	深圳圖書館館藏古籍圖録
著　　者	深圳圖書館　編
責任編輯	陳　卓
封面設計	一瓢文化・邱特聰

出　　版	國家圖書館出版社（100034 北京市西城區文津街7號） （原書目文獻出版社　北京圖書館出版社）
發　　行	（010）66114536 66126153 66151313 66175620
E-mail	66121706（傳真） 66126156（門市部）
Website	nlcpress@nlc.cn（郵購）
	www.nlcpress.com→投稿中心
经　　销	新華書店
印　　裝	北京金康利印刷有限公司
版　　次	2016年11月第1版　2016年11月第1次印刷

開　　本	889×1194毫米　1/16
印　　張	22

書　　號	ISBN 978-7-5013-5981-3
定　　價	320.00圓

《深圳圖書館館藏古籍圖録》編委會名單

深圳圖書館，雖然衹有三十年的開放歷史，但已發展成爲了集大衆化、數字化及研究型於一身的大型綜合性公共圖書館。早在正式開放之前，深圳圖書館就非常重視文獻的徵集工作。1985 年在深圳市委市政府的支持下，深圳圖書館獲得四川著名中醫張太無先生家人捐贈的私人珍藏，這批圖書成爲我館建館以來最大的一批古籍珍藏。

其後一段時期，我館因種種原因，對館藏古籍的開發和研究相對不足，特别是沒有開展全面的摸底和普查工作，存在古籍家底不清的問題，制約了館藏古籍開發和研究工作的深入開展。2007 年“中華古籍保護計劃”正式啓動以來，廣東省於 2008 年啓動古籍普查工作，我館 2010 年有 4 部古籍入選第三批國家級珍貴古籍名録，12 部入選第一批省級珍貴古籍名録。爲貫徹落實《國務院辦公廳關於進一步加强古籍保護工作的意見》（國辦發 [2007]6 號）和《廣東省人民政府辦公廳關於進一步做好全省古籍保護工作的通知》（粤府辦 [2008]66 號）精神，根據國家和省市古籍保護工作的統一部署，2012 年，我館申請了廣東省古籍保護中心課題《深圳古籍聯合目録編製》並得到批復立項，隨後成立專項工作小組，系統深入地開展了古籍普查工作。

這次古籍普查工作是我館第一次全面大規模的古籍摸底清點，對館藏古籍的收藏情况進行了比較全面的瞭解，彙總了書目資料並上傳國家古籍普查平臺審核；同時通過對普查數據進行整理，建立我館古籍綜合信息數據庫，形成“深圳圖書館古籍目録”；挖掘出了《唐宋元文約選》（第五批國家珍貴古籍）和《聲山宫詹先生太上黄庭内景經》（待申報）兩部珍貴古籍；實現古籍分級保護，借普查的契機成立“深圳圖書館古籍修復室”，逐步開始對不同級别的古籍進行搶救性修復。

通過這次古籍普查，我們得以系統全面地掌握了深圳圖書館古籍館藏的“廬山真面目”。現將有關總體情况介紹如下：

第一，古籍分類。現藏古籍 297 種，絕大部分爲清代古籍，少量爲明代古籍。經、史、子、集、叢五個大類俱備。經部 9 種，主要種類包括經總類、群經總義類以及字書、韻書，其中不僅有供皇帝御覽的經書教材，也有供人查閱的袖珍經書。史部 55 種，種類以史書爲主，同時也涵蓋了少量的地理類、史評類以及印譜。子部 164 種，其中尤以醫家類居多，達 128 種之多，此外有少量的農家、儒家、雜家以及類書等。集部 63 種，種類以總集和别集爲主，還有少量的詞、詩文和小説。叢部 6 種，版本年代集中在清代末期。

第二，刻書機構類型。古籍的刻書機構類型包括官刻、私刻和坊刻，這三類古籍我館均有收藏。其中明清兩代内府刻本的數量達 6 種之多：《御選唐宋文醇》爲清乾隆年間武英殿四色套印本；《御製日講書經解義》爲清康熙内府刻本；《欽定書經圖説》爲清光緒内府石印本。還有大量官書局刻本，如揚州詩局刻本《全唐詩》等。此外，也不乏私人名家刻本，如明萬曆淩濛初刻朱墨套印本《蘇長公表啓五卷》，爲明代套印技術代表作；毛氏汲古閣刻本《後漢書》《三國志》《晉書》等。以數量而言，則以坊刻本居多。

第三，刊刻地分佈。我館古籍多爲中國刊刻，297 種古籍中 289 種爲中國刊刻；7 部爲日本本；1 部爲朝鮮本。7 部日本本爲：《萬國通鑑》四卷，日本明治十七年（1884）刻本；《藤氏醫談》二卷，日本享和三年（1803）柳原積玉圃森本文金堂合刻本；《民間醫治須知》，日本明治二十三年（1890）愛生館鉛印本；《群書治要》五十卷，日本天明七年（1787）刻本；《天文略解》二卷，日本明治二十九年（1896）東京青山印刷所鉛印本；《王右丞集》四卷，日本明治三十三年（1900）青木嵩山堂鉛印本；《青邱高季迪先生詩集》十八卷，日本明治三十四年（1901）嵩山堂刻本。1 部朝鮮本爲：《二十一都懷古詩》一卷，朝鮮玉磬山房鉛印本。

第四，刊刻年代。本館古籍版本年代，集中在清朝晚期，少量爲明代。本館所藏古籍，共有善本 38 部：明本 17 部；清康熙本 7 部；清雍正本 3 部；清乾隆本 10 部；清初刻本 1 部。其中《資治通鑑綱目》明成化九年（1473）内府刻本，爲本館所藏最早的古籍刻本。其餘古籍版本具體爲：清嘉慶本 13 部；清道光本 14 部；清咸豐本 13 部；清同治本 29 部；清光緒本 126 部；清宣統本 17 部；無法鑒定年代的清刻本 15 部；清抄本 2 部。

第五，出版方式。明代直到清末，這個時間也是我國刊刻方式發生劇變的時代，由雕版印刷，轉變爲雕版、石印、鉛印等並存。本館古籍就直接體現了這一時代特徵，其中刻本爲 248 部；石印本爲 30 部；鉛印本爲 14 部；抄本爲 5 部。石印本代表爲：清光緒三十一年（1905）内府石印本《欽定書經圖説》。鉛印本的代表爲：

清光緒十一年（1885）上海申報館鉛印本《壺天録》。

此次編撰出版的《深圳圖書館館藏古籍圖録》（以下簡稱《圖録》），是對深圳圖書館館藏古籍精要的集中展示。《圖録》收録標準是1912年以前書寫或印刷的，以中國古典裝幀形式存在的古籍，凡297種。《圖録》書影採用原件拍攝，以圖版和書目兩種形式，生動展示館藏，圖文並茂。這種方式，一方面可推動建立較完備的古籍數據檔案，另一方面也更適應讀圖時代的要求，順應廣大讀者的閱讀興趣與習慣。不管是普通讀者還是專業學人，或信手翻閱，或精讀慢品，或深研細鑽，相信都會在閲讀中產生書香徐來、沁人心脾的愜意感受，從中得到增知益智或悦意審美的收穫和滿足。

“千淘萬漉雖辛苦，吹盡狂沙始到金。”《深圳圖書館館藏古籍圖録》，既是對深圳圖書館古籍存藏精華的一次集中展示，也是對“中華古籍保護計劃”啓動以來深圳圖書館古籍普查工作的一次有益總結。今年適逢深圳圖書館開放三十周年，謹以此書出版作爲紀念。

編者

2016年6月

凡例

一、本圖録收書範圍爲深圳圖書館藏1912年前面世的古籍，共計297部。凡版本相同之書，合併爲一篇介紹。

二、本圖録編排，分珍貴古籍和普通古籍兩部分。珍貴古籍按照國家級珍貴古籍、廣東省珍貴古籍排列。普通古籍依照經、史、子、集、叢順序排列。

三、每書著録卷端題名、卷數、責任者、版本、行款、邊欄、書口、版框尺寸等，缺項則不録。

四、書影：每種古籍選書影一至三頁不等，以正文卷端爲主，酌加牌記、題跋或其他能反映版本特徵的書影。凡一書首卷卷端有闕失、污損、補刻、抄配者，則選擇其他卷端原刻原印者。均採用原件掃描。

五、本圖録爲所録古籍編製了書名筆畫索引，置於全書之後。

目　録

入選國家珍貴古籍名録

入選廣東省珍貴古籍名録

經部

史部

子部

集部

叢部

◎入選國家珍貴古籍名録◎

入選國家珍貴古籍名録

戊寅

資治通鑑綱目第一

起戊寅周威烈王二十三年

盡乙巳周赧王五十九年 凡百四十八年

周威烈王午二十三年。秦簡公十二年。晉烈公止十七年。齊康公貸二年。楚聲王當五年。燕閔公二十一年。○魏文侯斯二十二年。趙烈侯籍六年。韓景侯虔六年。皆始爲侯。○統舊國五，新國三。凡八大國。

初命晉大夫魏斯、趙籍、韓虔爲諸侯

司馬公曰：天子之職莫大於禮，禮莫大於分，分莫大於名。何謂禮？紀綱是也。何謂分？君臣是也。何謂名？公侯卿大夫是也。夫以四海之廣，兆民之衆，受制於一人，雖有絶倫之力，高世之智，莫不奔走而服役者，豈非以禮爲之綱紀哉！故天子統三公，三公率諸侯，諸侯制卿大夫，卿大夫治士庶人。貴以臨賤，賤以承貴。而君臣之分，猶

資治通鑑綱目五十九卷 （宋）朱熹撰 明成化九年（1473）内府刻本

匡高27.2厘米，廣18.4厘米。半葉八行，行十八字，小字雙行二十一字，大黑口，四周雙邊。存五十五卷，缺卷三十六、三十七、四十二、四十三補配清刻本。入選第三批國家珍貴古籍名録和第一批廣東省珍貴古籍名録。

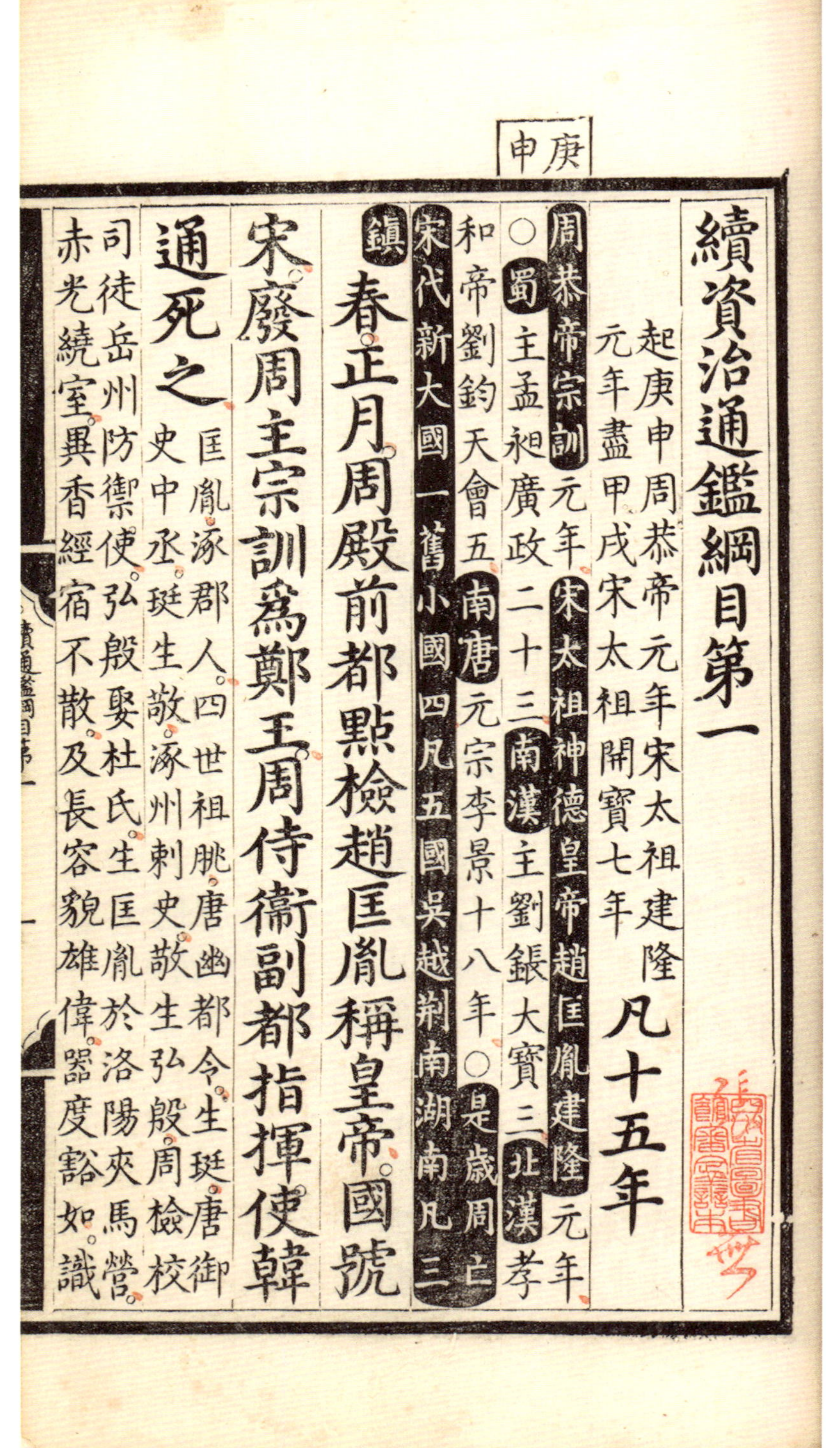
庚申

續資治通鑑綱目第一

起庚申周恭帝元年宋太祖建隆元年盡甲戌宋太祖開寶七年凡十五年

周恭帝宗訓元年宋太祖神德皇帝趙匡胤建隆元年○蜀主孟昶廣政二十三南漢主劉鋹大寶三北漢孝和帝劉鈞天會五南唐元宗李景十八年○是歲周亡宋代新大國一舊小國四凡五國吳越荊南湖南凡三鎮

春正月周殿前都點檢趙匡胤稱皇帝國號宋廢周主宗訓爲鄭王周侍衛副都指揮使韓通死之匡胤涿郡人四世祖朓唐幽都令生珽唐御史中丞珽生敬涿州刺史敬生弘殷周檢校司徒岳州防禦使弘殷娶杜氏生匡胤於洛陽夾馬營赤光繞室異香經宿不散及長容貌雄偉器度豁如識

續資治通鑑綱目第一

續資治通鑑綱目二十七卷 （明）商輅撰　明成化十二年（1476）内府刻本

匡高 27.2 厘米，廣 18.4 厘米。半葉八行，行十八字，小字雙行二十一字，黑口，四周雙邊。存二十四卷，缺卷二、十七、十八補配清刻本。

入選第三批國家珍貴古籍名録和第一批廣東省珍貴古籍名録。

錢麓屏曰出着實語而情備至

李卓吾曰時已改詩賦之科故云云爾

蘇長公表卷一

密州謝上表

臣軾言昨奉勑差知密州軍州事已於今月三日到任上訖草芥賤微敢干洪造乾坤廣大曲遂私誠受命撫躬已自知其不稱入境問俗又復過於所期臣軾中謝伏念臣家世至寒性資甚下學雖篤志本先朝進士篆刻之文論不適時皆老生常談陳腐之說分於聖世處以散材

蘇長公表卷一　一

蘇長公表啓五卷　（宋）蘇軾撰　（明）錢櫝輯　明萬曆（1573－1620）淩濛初刻朱墨套印本

匡高 20.3 厘米，廣 14.5 厘米。半葉八行，行十八字，白口，四周單邊。

入選第三批國家珍貴古籍名録和第一批廣東省珍貴古籍名録。

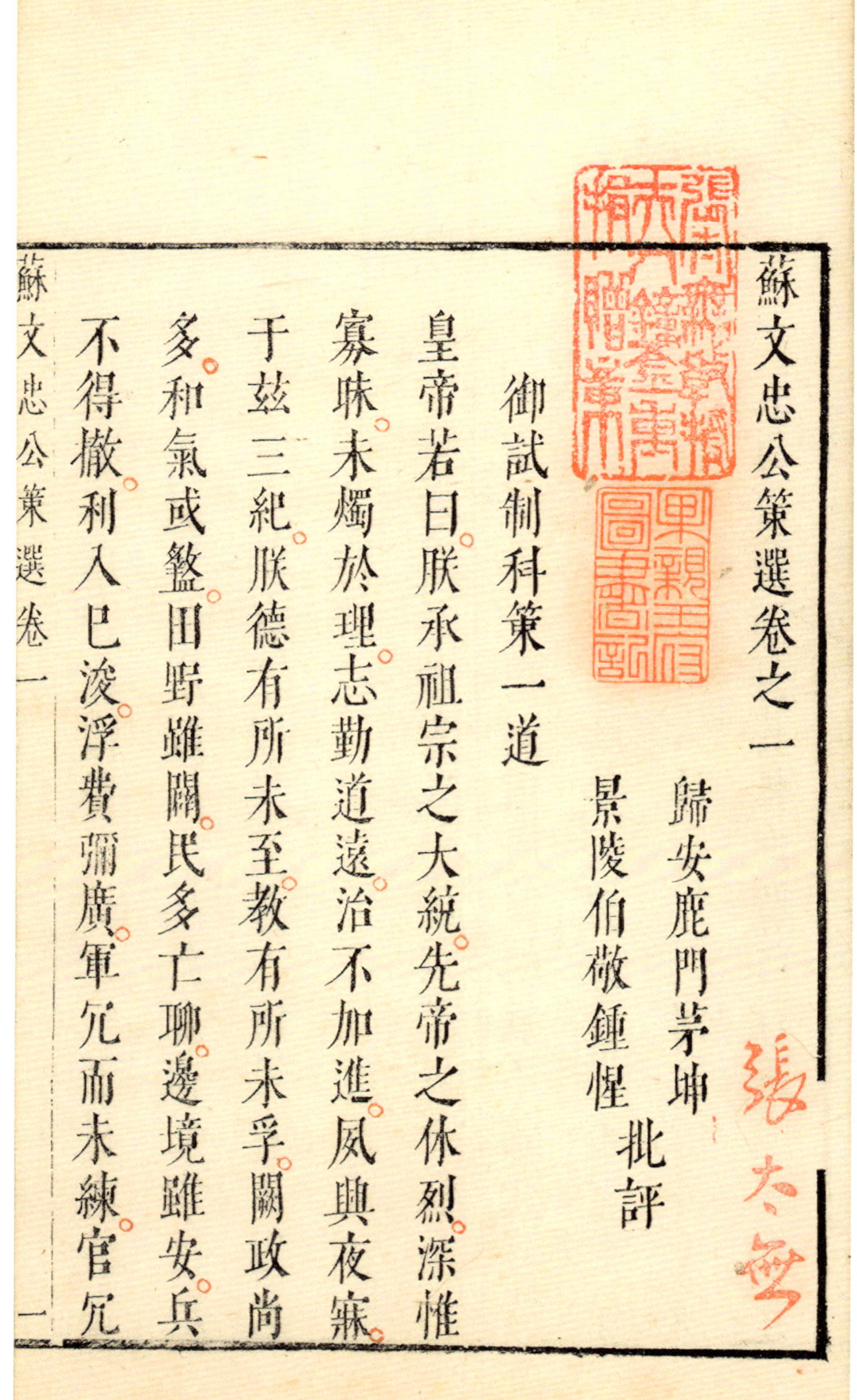

蘇文忠公策選卷之一
歸安鹿門茅坤
景陵伯敬鍾惺　批評
御試制科策一道
皇帝若曰朕承祖宗之大統先帝之休烈深惟
寡昧未燭於理志勤道遠治不加進夙興夜寐
于茲三紀朕德有所未至教有所未孚闕政尚
多和氣或盭田野雖闢民多亡聊邊境雖安兵
不得撤利入已浚浮費彌廣軍冗而未練官冗

蘇文忠公策選卷一　一

蘇文忠公策論選十二卷　（宋）蘇軾撰　（明）茅坤、鍾惺批評　明天啓元年（1621）三色套印本

匡高 20.3 厘米，廣 14.5 厘米。半葉九行，行十九字，白口，四周單邊。

入選第三批國家珍貴古籍名録和第一批廣東省珍貴古籍名録。

唐文約選

奏復七聖謚號狀　顏真卿

謹按禮記曰先王謚以尊名節以一惠故行出於已而名生於人使夫善者勸而惡者懼也而虞夏之質殷周之文至矣而禹湯文武之君咸以一字爲謚言文則不稱武言武則不稱文豈聖德所不優乎蓋羣臣稱其至者是以子不得議父臣不得議君天子崩則臣下制謚於南郊明受之於天也諸侯薨則太子赴告於天子明受之於君也至於

唐文約選　顏真卿　一

宋文約選

定州重修北嶽廟記　韓琦

天下之嶽五獨北之常方人目爲大茂山而嶽名不著嶽有祠不知廢於何代今廟於曲陽縣之西附城距嶽百餘里考有唐以來記刻皆不載廢遷之繇蓋非質於圖志人或不知嶽之所在焉於禮祀莫大於天地而五嶽次之古者天子壇以祀四望若時巡至其所旣柴然後秩而望祀之廟而祭焉非古也其後世之文乎然則爲之者誠有意焉

宋文約選　韓琦　一

唐宋元文約選不分卷　清雍正（1723－1735）果親王府抄本

匡高 21.3 厘米，廣 14.1 厘米。半葉九行，行十九字，白口，四周雙邊。

入選第五批國家珍貴古籍名録和第二批廣東省珍貴古籍名録。

入選廣東省珍貴古籍名録

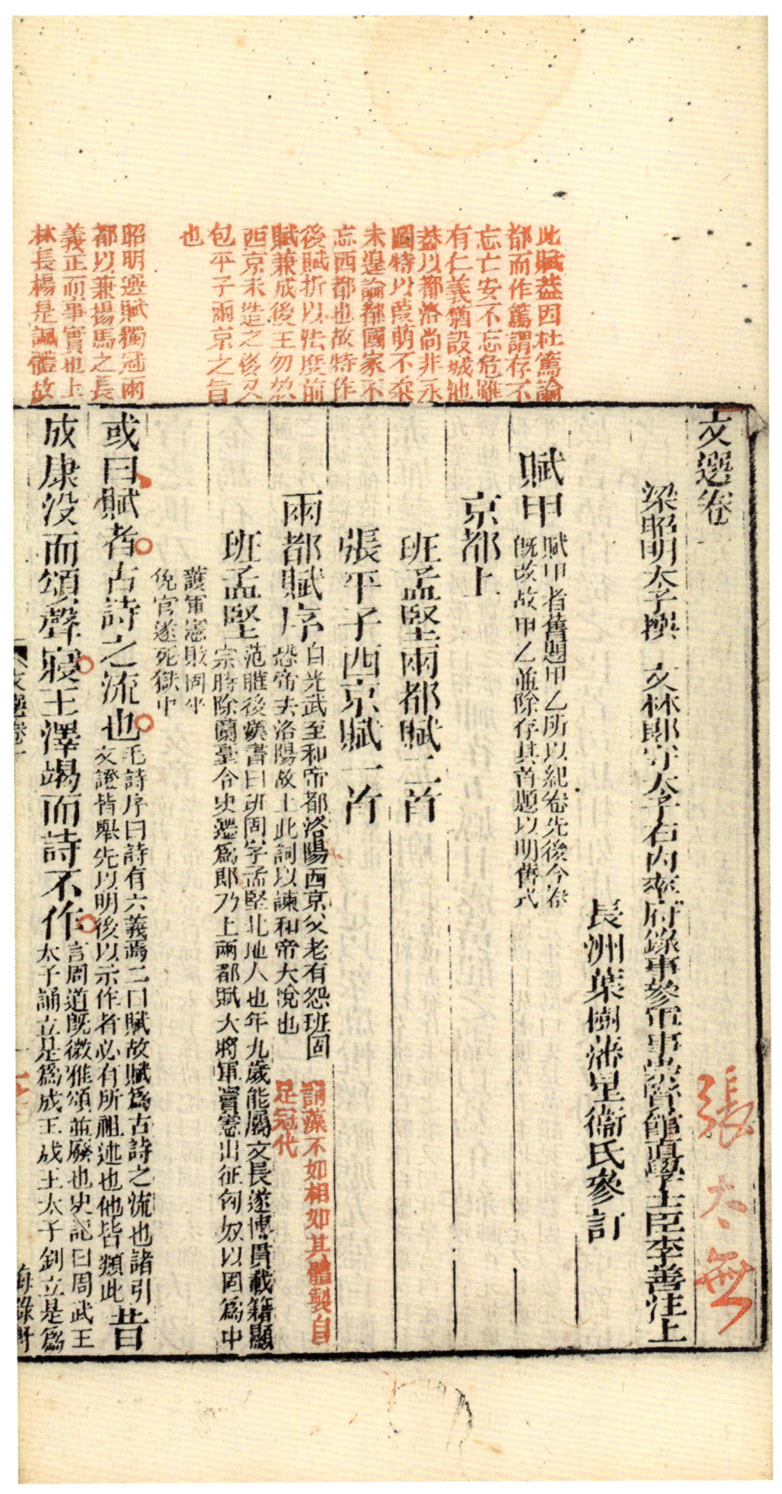

文選六十卷 （南朝梁）蕭統編 （唐）李善注 （清）葉樹藩訂 清乾隆三十七年（1772）葉氏海録軒藏板朱墨套印本

匡高 19.6 厘米，廣 14.9 厘米。半葉十二行，行二十五字，小字雙行三十七字，白口，左右雙邊。

入選第一批廣東省珍貴古籍名録。

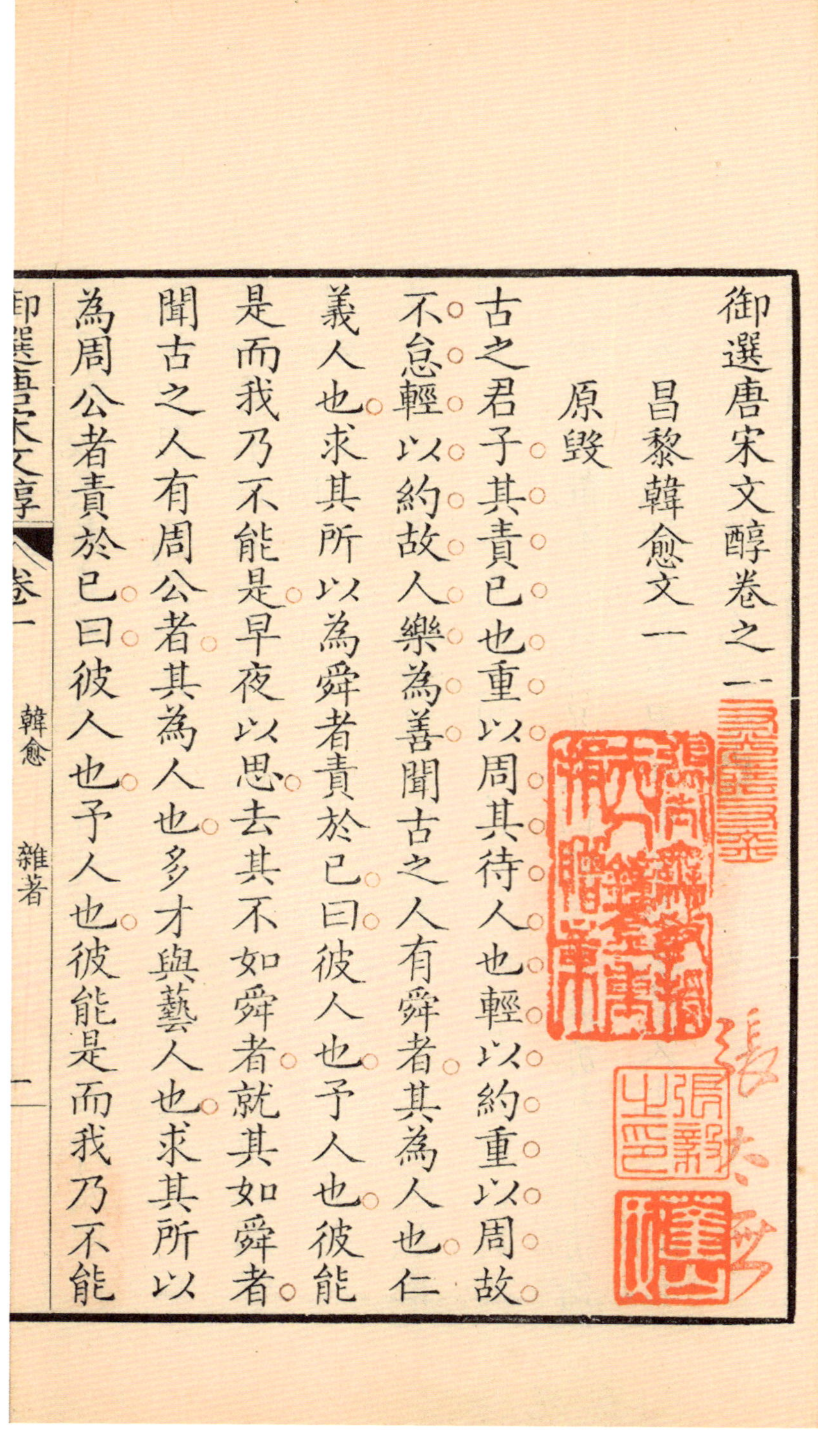
御選唐宋文醇卷之一

昌黎韓愈文一

原毁

古之君子其責己也重以周其待人也輕以約重以周故不怠輕以約故人樂為善聞古之人有舜者其為人也仁義人也求其所以為舜者責於己曰彼人也予人也彼能是而我乃不能是早夜以思去其不如舜者就其如舜者聞古之人有周公者其為人也多才與藝人也求其所以為周公者責於己曰彼人也予人也彼能是而我乃不能

御選唐宋文醇　卷一　韓愈　雜著　一

御選唐宋文醇五十八卷　（清）高宗弘曆選　清乾隆三年（1783）武英殿四色套印本

匡高 19.5 厘米，廣 14.2 厘米。半葉九行，行二十二字，白口，四周雙邊。

入選第一批廣東省珍貴古籍名録。

賈長沙集卷全

漢　雒陽賈　誼著

明　太倉張　溥閲

賦

弔屈原賦

恭承嘉惠兮竢罪長沙仄聞屈原兮自湛汨羅
造託湘流兮敬弔先生遭世罔極兮迺隕厥身
烏虖哀哉兮逢時不祥鸞鳳伏竄兮鴟鴞翱翔
闒茸尊顯兮讒諛得志賢聖逆曳兮方正倒植

漢魏六朝一百三家集一百十八卷　（明）張溥編　明末婁東張溥刻本

匡高 20.1 厘米，廣 14.3 厘米。半葉九行，行十八字，白口，左右雙邊。存九十三卷。入選第一批廣東省珍貴古籍名録。

校正重刋官板宋朝文鑑卷之一
朝奉郎行秘書省著作佐郎兼國史院編修官兼權禮部郎官臣吕祖謙奉
聖旨銓次
賦
五鳳樓賦　梁周翰
伊京師之壯也，遐哉邈乎！驗河圖之象，按輿地之書。宅禹貢豫州之域，距天文辰馬之墟。因四履建侯之地，爲六代興王之居。城浚而都，派河而渠。紿坤之絡，振乾之樞。星甍櫛堵，我民之廬；海漕山會，我田之

宋朝文鑑　卷一

宋朝文鑑一百五十卷　（宋）吕祖謙編　明刻本

匡高 22.1 厘米，廣 14.6 厘米。半葉十行，行二十字，白口，四周單邊。

入選第一批廣東省珍貴古籍名録。

全唐詩
太宗皇帝
帝姓李氏諱世民神堯次子聰明英武貞觀之治庶幾
成康功德兼隆由漢以來未之有也而鋭情經術初建
秦邸即開文學館召名儒十八人爲學士既即位殿左
置宏文館悉引内學士番宿更休聽朝之間則與討論
典籍雜以文詠或日昃夜艾未嘗少怠詩筆草隸卓越
前古至於天文秀發沈麗高朗有唐三百年風雅之盛
帝實有以啓之焉在位二十四年謚曰文集四十卷館
閣書目詩一卷六十九首今編詩一卷
帝京篇十首 幷序

全唐詩九百卷目録十二卷 （清）聖祖玄燁編　清康熙四十四年至四十六年（1705－1707）揚州詩局刻本

匡高 16.9 厘米，廣 13.7 厘米。半葉十一行，行二十一字，小字雙行不等，黑口，左右雙邊。

入選第一批廣東省珍貴古籍名録。

重刻山谷先生年譜卷第一

宋分寧雙井黃　㽦子耕編

慶歷五年乙酉

先生是歲癸未月丙寅日壬辰時生於分寧縣脩水故居

蓋六月十二日

皇祐三年辛卯

先生是歲已能作詩世傳七歲作牧童詩云騎牛遠遠過

前村吹笛風斜隔岸聞多少長安名利客機關用盡不

如君　巳載桐江詩話

右蜀本詩集舊譜任氏等爲文集詩注故它皆不錄

今之譜倣編年凡先生詩敁雜文及諸家雜說可以

互見歲月者不敢不廣記備載亦或重複寧失之繁

山谷年譜　卷一　一

黄詩全集五十八卷　（宋）黄庭堅撰　清光緒二年（1876）盧秉鈞刻本

匡高 19.3 厘米，廣 14.4 厘米。半葉十二行，行二十三字，白口，左右雙邊。
入選第一批廣東省珍貴古籍名録。

施註蘇詩卷之一

漫堂先生宋犖
樸園先生張榕端 閱定
長洲顧嗣立
毗陵邵長蘅
商丘宋至 删補

詩四十七首 起嘉祐辛丑十二月赴鳳翔任盡壬寅在鳳翔作 施註缺今補

辛丑十一月十九日既與子由別於鄭州西門之外馬上賦詩一篇寄之

不飲胡爲醉兀兀此心已逐歸鞍發歸人猶自念庭闈今我何以慰寂寞登高回首坡隴隔惟見烏帽出復沒苦寒念爾衣裘薄獨騎瘦馬踏殘月路人行歌居人樂

施注蘇詩四十二卷總目二卷補遺二卷 （宋）蘇軾撰 （宋）施元之注 （清）宋犖 張榕端閱定 （清）邵長蘅等删補 清康熙三十八年（1699）宋犖刻本

匡高 18.4 厘米，廣 14.3 厘米。半葉十行，行二十一字，黑口，四周單邊。

入選第一批廣東省珍貴古籍名録。

日講書經解義卷之一

虞書

虞是帝舜有天下之號。書共五篇。堯典紀唐堯之事。亦謂之虞書者。書本虞史所作。以臣述君也。蓋堯舜授受一道。紀堯不言唐。紀禹不言夏。而總曰虞書者。以見舜之上承于堯。而下授于禹也。

堯典

洪荒之世。簡樸未備。堯以聖神文武之德。爲

日講書經解義卷之一　一

日講書經解義十三卷　（清）庫勒納編理　清康熙十九年（1680）内府刻本

匡高 19.1 厘米，廣 14.5 厘米。半葉九行，行十八字，黑口，四周雙邊。

入選第一批廣東省珍貴古籍名録。

◎經部◎

鄭氏周易注卷上　古經解彙函之一

王應麟撰集　惠棟增補　平湖孫堂重校

上經

乾

九二見龍在田利見大人

二于三才爲地道地上卽田故稱田也集解　九二利見

九五之大人正義

九三君子終日乾乾夕惕若厲无咎

三于三才爲人道有乾德而在人道君子之象集解　惕

懼也釋文

古經解彙函三十種　（清）鍾謙鈞等輯　清光緒十五年（1889）湘南書局刻本

匡高 18.8 厘米，廣 13.4 厘米。半葉十行，行二十一字，小字雙行同，白口，左右雙邊。存十六種。

周易上經卷之一

魏　王弼　註

䷀ 乾下乾上

乾元亨利貞

正義曰易緯云卦者掛也言懸掛物象以示於人故謂之卦但二畫之體雖象陰陽之氣未成萬物之象未得成卦必三畫以象三才寫天地雷風水火山澤之象乃謂之卦也故繫辭云八卦成列象在其中矣是也但初有三畫雖有萬物之象於萬物變通之理猶有未盡故更重之而有六畫備萬物之形象窮天下之能事故六畫成

周易上經　卷一　乾　一　稽古樓

袖珍十三經注十五種　清同治十二年（1873）稽古樓刻本

匡高10.5厘米，廣8.0厘米。半葉八行，行十七字，小字雙行同，白口，四周雙邊。

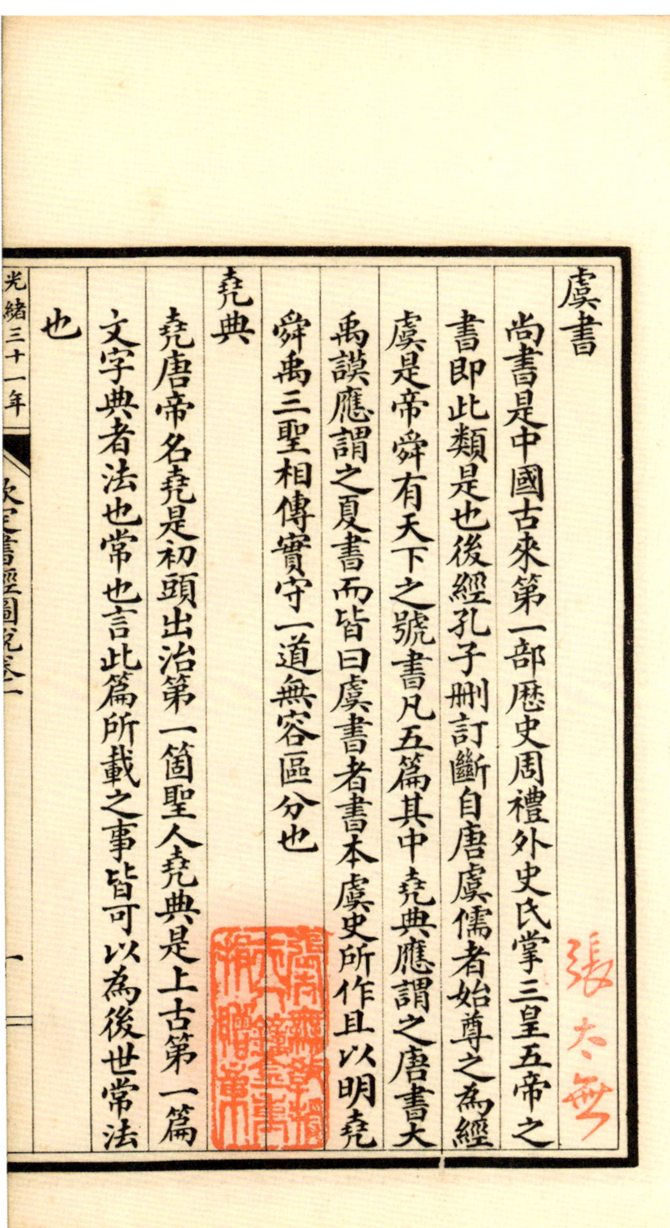

光緒三十一年

虞書

尚書是中國古來第一部歷史周禮外史氏掌三皇五帝之書即此類是也後經孔子刪訂斷自唐虞儒者始尊之為經虞是帝舜有天下之號書凡五篇其中堯典應謂之唐書大禹謨應謂之夏書而皆曰虞書者書本虞史所作且以明堯舜禹三聖相傳實守一道無容區分也

堯典

堯唐帝名堯是初頭出治第一箇聖人堯典是上古第一篇文字典者法也常也言此篇所載之事皆可以為後世常法也

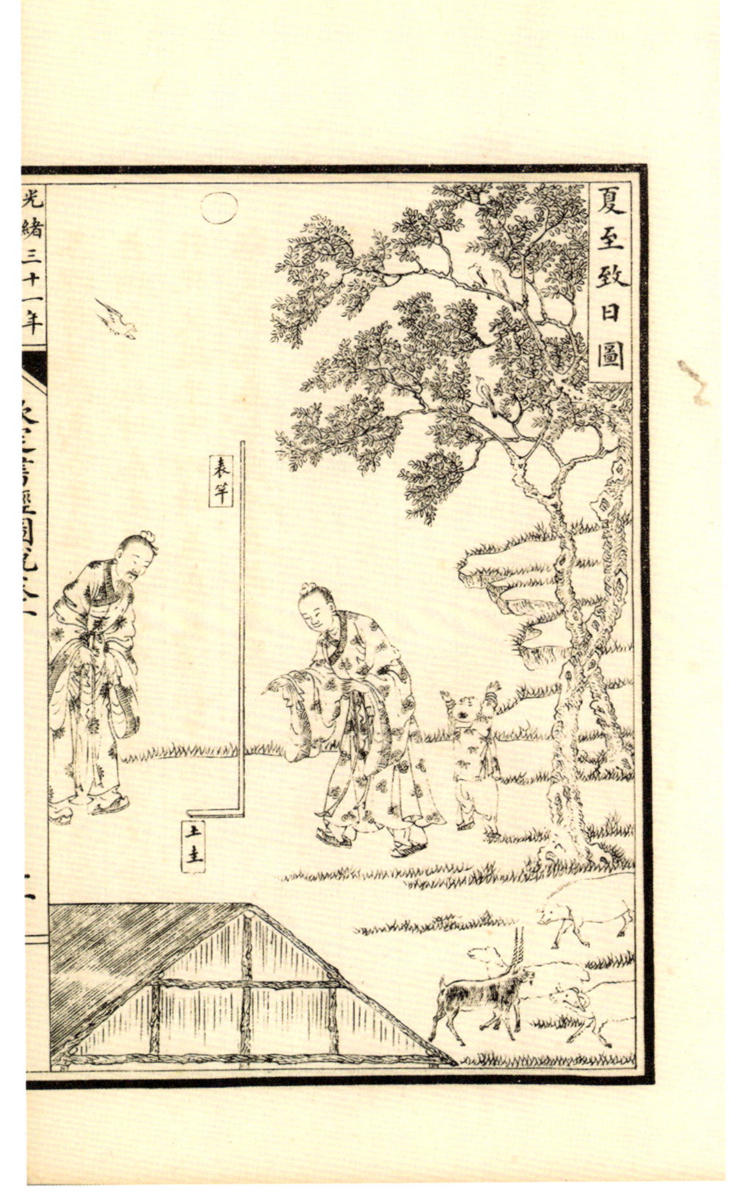

欽定書經圖說五十卷 （清）孫家鼐等編　清光緒三十一年（1905）内府石印本

匡高24.0厘米，廣16.0厘米。半葉十行，行二十四或二十五字，白口，四周雙邊。

經傳釋詞弟一

高郵王引之

與

鄭注禮記檀弓曰與及也常語也

與猶以也易繫辭傳曰是故可與酬酢可與祐神矣言可以酬酢可以祐神也禮記檀弓曰殷人殯於兩楹之閒則與賓主夾之也言以賓主夾之也玉藻曰大夫有所往必與公士爲賓也言必以公士爲擯也義見上文中庸曰知遠之近知風之自知微之顯可與入德矣言可以入德也論語陽貨篇曰鄙夫可與事君也與哉言不可

經傳釋詞十卷 （清）王引之撰　清嘉慶（1796－1820）刻本

匡高 17.3 厘米，廣 13.2 厘米。半葉十行，行二十一字，小字雙行同，黑口，四周雙邊。

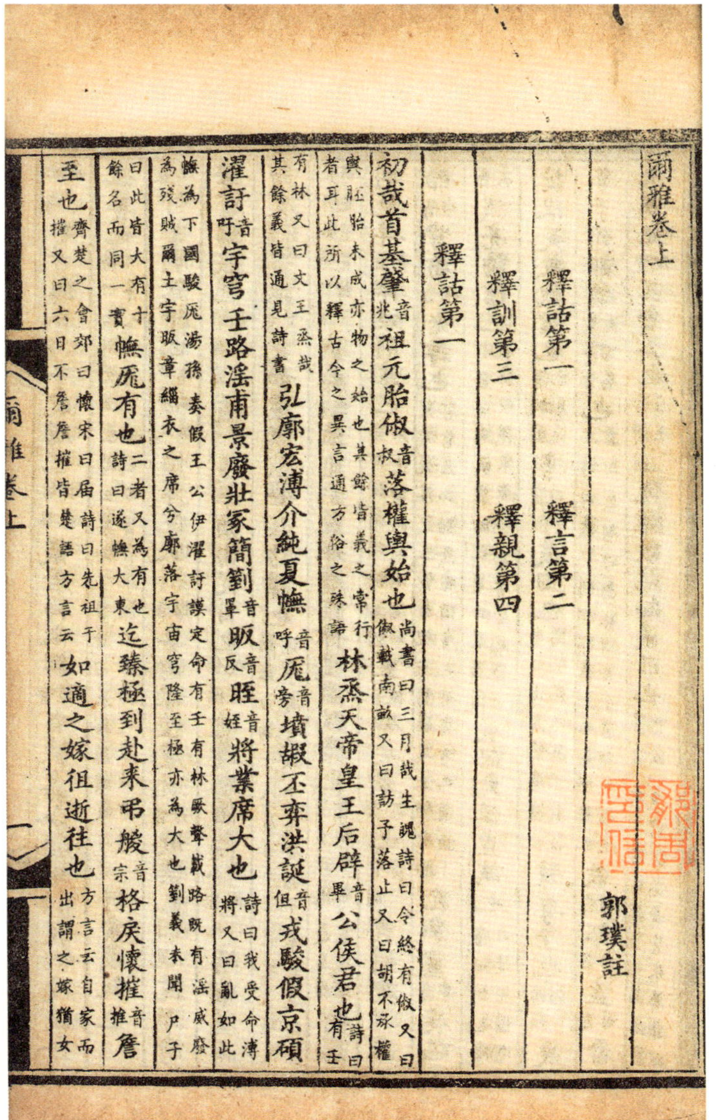

爾雅音圖三卷　（晉）郭璞注　清光緒二十四年（1898）上海古香閣石印本

匡高 16.6 厘米，廣 12.0 厘米。半葉十二行，行三十一字，小字雙行同，黑口，四周雙邊。

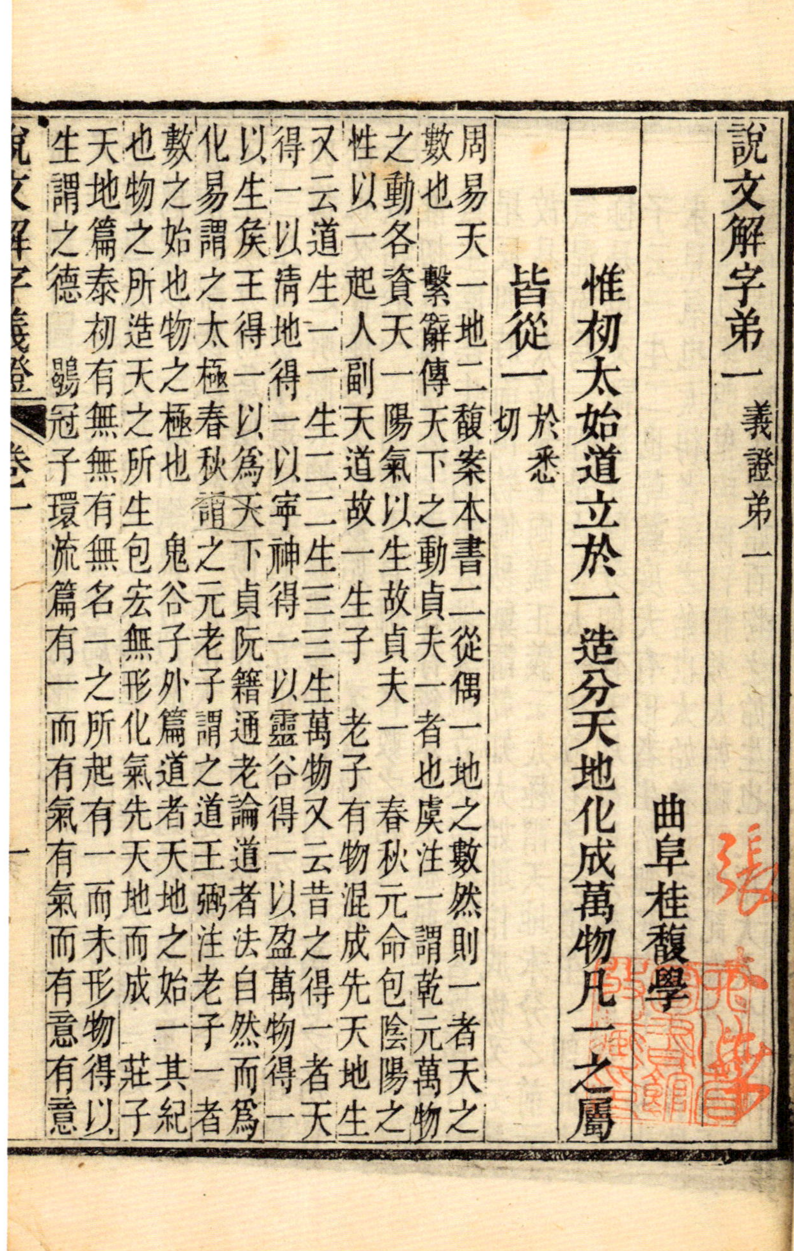

說文解字義證五十卷 （清）桂馥撰　清同治九年（1870）湖北崇文書局刻本

匡高 18.8 厘米，廣 13.6 厘米。半葉十行，行字不等，小字雙行二十三字，白口，四周雙邊。

說文解字弟一上　漢太尉祭酒許慎記

銀青光祿大夫守右散騎常侍上柱國東海縣開國子食邑五百戶臣徐鉉等奉

敕校定　大興朱筠依宋本重付開雕　宛平徐瀚校字

十四部　六百七十二文　重八十

凡萬六百三十九字

文三十一 新附

一　惟初太始道立於一造分天地化成

說文解字十五卷　（漢）許慎撰　清同治十年（1871）刻本

匡高 21.0 厘米，廣 16.0 厘米。半葉七行，行十五字，小字雙行二十一字，白口，左右雙邊。

古音諧卷一

歸安姚文田輯

一東 唐韻分東冬鍾江四部今併入東上去附後各部仿此

平聲 詩經 于以采蘩于澗之中于以用之公侯之宮 召南 被之僮僮

夙夜在公 同上 喓喓草蟲趯趯阜螽未見君子憂心忡忡亦

既見止亦既覯止我心則降 同上 誰謂鼠無牙何以穿我墉

誰謂女無家何以速我訟雖速我訟亦不女從 同上 羔羊之

縫素絲五總委蛇委蛇退食自公 同上 嘒彼小星三五在東

肅肅宵征夙夜在公寔命不同 同上 何彼襛矣 韓詩作戎 說文作䙚 唐

棣之華曷不肅雝王姬之車 同上○矣字語助不入諧 彼茁者蓬壹發

古音諧卷一 一

古音諧八卷首一卷 （清）姚文田撰 清道光二十六年（1846）刻本

匡高 19.2 厘米，廣 15.1 厘米。半葉十行，行二十四字，白口，左右雙邊。

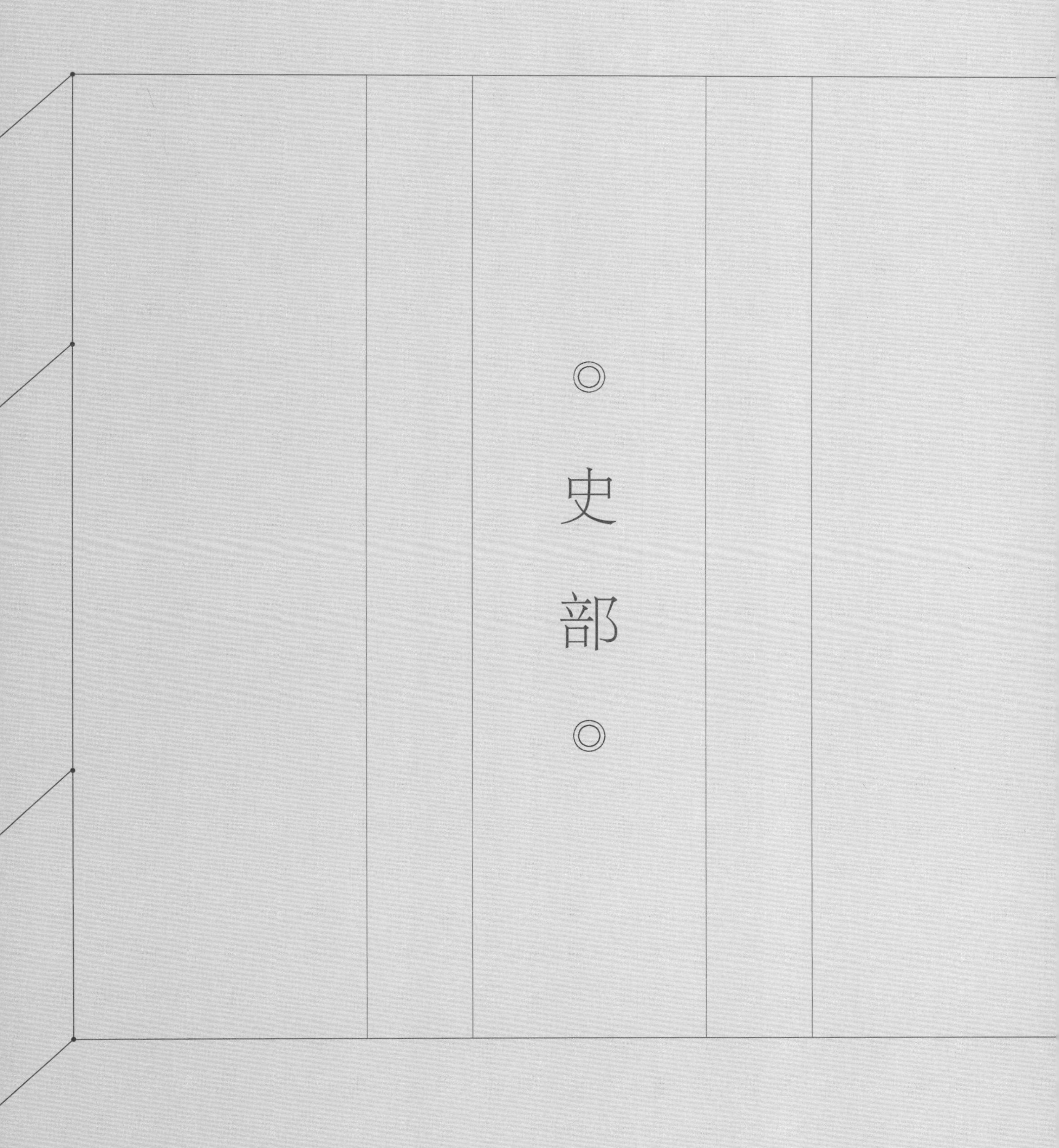

◎史部◎

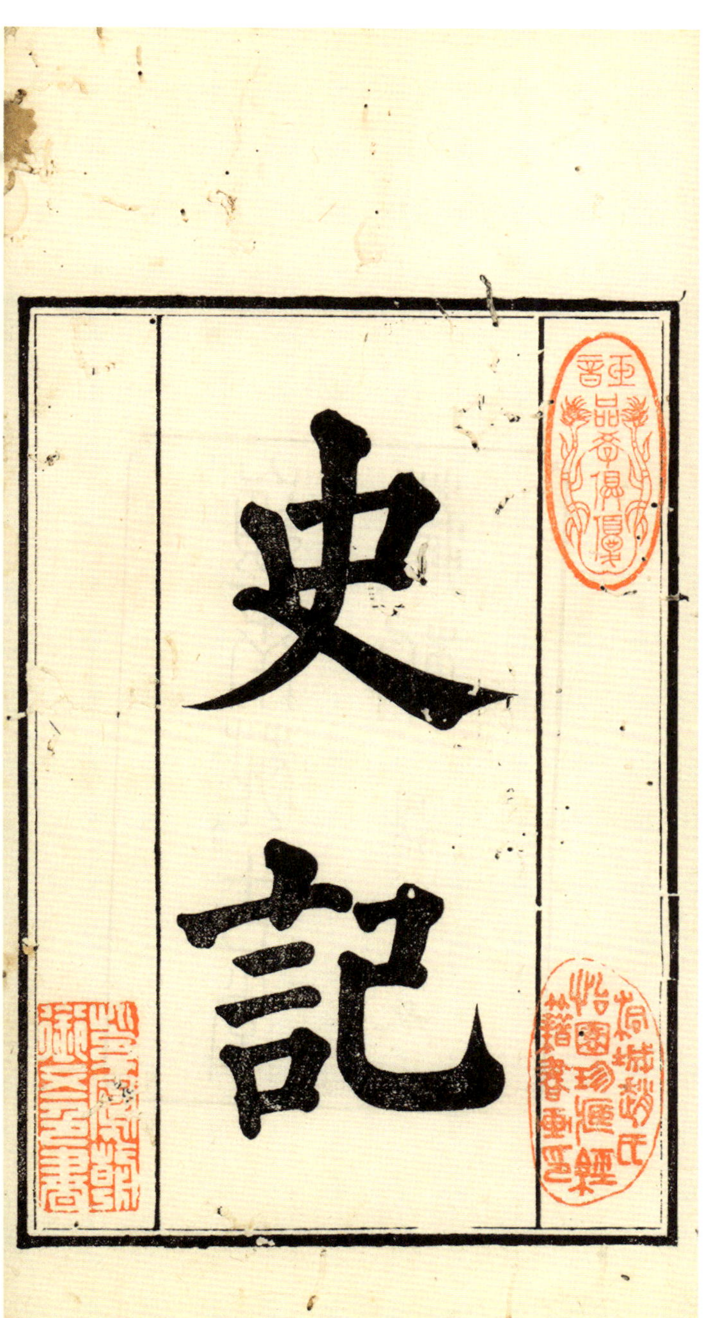

史記卷一

漢　太　史　令司馬遷　撰

宋中郎外兵曹參軍裴　駰集解

唐國子博士弘文館學士司馬貞索隱

唐諸王侍讀率府長史張守節正義

五帝本紀第一

〔集解〕裴駰曰凡是徐氏義稱徐姓名以別之餘者悉是駰註解幷集衆家義〔索隱〕紀者記也本其事而記之故曰本紀又紀理也絲縷有紀而帝王書稱紀者言爲後代綱紀也〔正義〕鄭玄注中候勑省圖云德合五帝坐星者稱帝又坤靈圖云德配天地在正不在私曰帝按太史公依世本大戴禮以黃帝顓頊帝嚳唐堯虞舜爲五帝譙周應劭宋均皆同而孔安國尚書序皇甫

史記卷一　本紀一

二十四史三千二百一十三卷　（漢）司馬遷等撰　清同治八年（1869）廣東陳氏葄古堂刻本

匡高 21.2 厘米，廣 15.2 厘米。半葉十行，行二十一字，小字雙行同，白口，左右雙邊。

史記二

夏本紀第二

夏禹諡法曰受禪成功曰禹名曰文命禹之父曰鯀鯀之父曰帝顓頊顓頊之父曰昌意昌意之父曰黃帝禹者黃帝之玄孫而帝顓頊之孫也禹之曾大父昌意及父鯀皆不得在帝位爲人臣當帝堯之時鴻水滔天浩浩懷山襄陵下民其憂堯求能治水者羣臣四嶽皆曰鯀可堯曰鯀爲人負命毀族不可四嶽曰等之未有賢於鯀者願帝試之於是堯聽四嶽用鯀治水九年而水不息功用不成於是帝堯乃求人更得舜舜登用攝行天子之政巡狩行視鯀之治水無狀乃殛鯀於羽山以死天下皆以舜之誅爲是於是舜舉鯀子禹而使續鯀之業堯崩帝舜問四嶽曰有能成美堯之事者使居官皆曰伯禹爲司空可成美堯之功舜曰嗟然命禹女平水土維是

史記一百三十卷 （漢）司馬遷撰　清康熙（1662－1722）仿毛晉汲古閣刻本

匡高 21.4 厘米，廣 15.1 厘米。半葉十二行，行二十五字，白口，左右雙邊。

北史卷一

唐　李　延　壽　撰

魏本紀第一

魏之先出自黃帝軒轅氏黃帝子曰昌意昌意之少子受封北國有大鮮卑山因以爲號其後世爲君長統幽都之北廣莫之野畜牧遷徙射獵爲業淳樸爲俗簡易爲化不爲文字刻木結繩而已時事遠近人相傳授如史官之紀錄焉黃帝以土德王北俗謂土爲托謂后爲跋故以爲氏其裔始均仕堯時逐女魃於弱水北人賴其勳舜命爲田祖歷三代至秦漢獯鬻獫狁山戎匈奴之屬累代作害中州而始均之裔不交南夏是以載籍無聞積六七十代至成皇帝諱毛立統國三十六大姓九十九威振北方成帝崩節皇帝貸立節帝崩莊皇帝

北史卷一　本紀一　一

北史一百卷　（唐）李延壽撰　清光緒六年（1880）四川尊經書局刻本

匡高 17.9 厘米，廣 13.7 厘米。半葉十三行，行二十一字，黑口，四周雙邊。

弘簡錄卷之一

明刑部員外郎仁和邵經邦弘齋學

皇清翰林院侍講學士四世孫遠平校閱

天王　唐一之一

高祖皇帝姓李氏諱淵字叔德隴西成紀人七世祖暠晉末據秦涼是爲涼武昭王六世祖歆生重耳魏弘農太守是生皇高祖熙任金門鎮將戍於武川因家焉皇曾祖天賜仕魏贈司空皇祖虎魏太尉賜姓大野氏與李弼等八人佐周代魏有功加柱國封唐國公卒謚曰襄皇考昞襲封任隋安州總管柱國大將軍卒謚曰仁以周天和元年生高祖於長安體有三乳及[illegible]襲封唐公母獨孤氏隋文帝后姊特見[illegible]譙隴岐三州刺史滎陽樓

天王唐一　一

弘簡録二百五十四卷　（明）邵經邦撰　清康熙（1662－1722）刻本

匡高 20.4 厘米，廣 14.9 厘米。半葉十二行，行二十四字，白口，四周單邊。

續弘簡錄元史類編卷之一

皇淸詹事府少詹事仁和邵遠平戒山學

世紀一

太祖皇帝諱鐵木眞姓奇渥溫氏蒙古部人其先世有曰脫奔咩哩犍妻曰阿蘭果火夜寢帳中夢白光自天而下化金色神人趨臥榻遂驚覺有娠生子曰孛端叉兒大方通鑑云阿蘭夜寢屢有光明照其腹一乳三子長曰孛完合荅吉次曰孛合撒赤孛端叉兒其季也狀貌奇異沉默寡言家人謂之癡阿蘭獨曰此兒非癡後世子孫當有大貴者歷四世曰海都家爲押剌伊兒部所破止海都存其季父納眞率八剌忽怯谷諸民共立爲君長海都旣立轉攻押剌伊兒部役屬之形勢寖大列營帳于八剌合黑河上跨河爲梁以便往來由是隣部歸者漸衆其後子孫蕃衍各自爲族曰哈荅吉曰散只兒曰吉押

續弘簡錄　卷一　世紀一　一

續弘簡録·元史類編四十二卷（清）邵遠平撰　清康熙（1662－1722）刻本

匡高 20.7 厘米，廣 15.0 厘米。半葉十二行，行二十四字，白口，四周單邊。

晉書一

帝紀第一

宣帝

宣皇帝諱懿字仲達河內溫縣孝敬里人姓司馬氏其先出自帝
高陽之子重黎爲夏官祝融歷唐虞夏商世序其職及周以夏官
爲司馬其後程伯休父周宣王時以世官克平徐方錫以官族因
而爲氏楚漢間司馬卬爲趙將與諸侯伐秦秦亡立爲殷王都河
內漢以其地爲郡子孫遂家焉自卬八世生征西將軍鈞字叔平
鈞生豫章太守量字公度量生潁川太守儁字元異儁生京兆尹
防字建公帝卽防之第二子也少有奇節聰朗多大略博學洽聞
伏膺儒教漢末大亂常慨然有憂天下心南郡太守同郡楊俊名
知人見帝未弱冠以爲非常之器尚書清河崔琰與帝兄朗善亦

晉書一百三十卷 （唐）房玄齡等撰　清同治十年（1871）金陵書局刻本

匡高 21.7 厘米，廣 15.4 厘米。半葉十二行，行二十五字，白口，左右雙邊。存四十八卷。

隋書卷一

帝紀第一　　特進臣魏　徵上

高祖上

高祖文皇帝姓楊氏諱堅弘農郡華陰人也漢太尉震八代孫鉉仕燕爲北平太守鉉生元壽後魏代爲武川鎮司馬子孫因家焉元壽生太原太守惠嘏嘏生平原太守烈烈生寧遠將軍禎禎生忠忠即皇考也皇考從周太祖起義關西賜姓普六茹氏位至柱國大司空隋國公薨贈太保謚曰桓皇妣呂氏以大統七年六月癸丑夜生高祖於馮翊般若寺紫氣充庭有尼來自河東謂皇妣曰此兒所從來甚異不可於俗間處之尼將高祖舍於別館躬自撫養皇妣嘗抱高祖忽見頭上角出徧體鱗起皇妣大駭墜高祖於地尼自外入見曰已驚我兒致令晚得天下爲人龍顔額上有

隋書八十五卷　（唐）魏徵等撰　明崇禎（1628－1644）毛氏汲古閣刻本

匡高 21.1 厘米，廣 15.2 厘米。半葉十二行，行二十五字，白口，左右雙邊。

舊唐書卷一
後晉司空同中書門下平章事劉昫撰
本紀第一
高祖
高祖神堯大聖大光孝皇帝姓李氏諱淵其先隴西狄道人凉武昭王暠七代孫也暠生歆歆生重耳仕魏爲
弘農太守重耳生熙爲金門鎭將領豪傑鎭武川因家焉儀鳳中追尊宣皇帝熙生天錫仕魏爲幢主大統中
贈司空儀鳳中追尊光皇帝皇祖諱虎後魏左僕射封隴西郡公與周文帝及太保李弼大司馬獨孤信等以
功參佐命當時稱爲八柱國家仍賜姓大野氏周受禪追封唐國公謚曰襄至隋文帝作相還復本姓武德初
追尊景皇帝廟號太祖陵曰永康皇考諱昞周安州總管柱國大將軍襲唐國公謚曰仁武德初追尊元皇帝
廟號世祖陵曰興寧高祖以周天和元年生於長安七歲襲唐國公及長倜儻豁達任性眞率寬仁容衆無貴
賤咸得其歡心隋受禪補千牛備身文帝獨孤皇后卽高祖從母也由是特見親愛累轉譙隴岐三州刺史有
史世良者善相人謂高祖曰公骨法非常必爲人主願自愛勿忘鄙言高祖頗以自負大業初爲滎陽樓煩二
郡太守徵爲殿內少監九年遷衛尉少卿遼東之役督運於懷遠鎭及楊玄感反詔高祖馳驛鎭弘化郡兼知
關右諸軍事高祖歷試中外素樹恩德及是結納豪傑衆多欵附時煬帝多所猜忌人懷疑懼會有詔徵高祖
詣行在所遇疾未謁時甥王氏在後宮帝問曰汝舅何遲王氏以疾對帝曰可得死否高祖聞之益懼因縱酒
沉湎納賄以混其迹焉十一年煬帝幸汾陽宮命高祖往山西河東黜陟討捕師次龍門賊帥母端兒帥衆數
千薄於城下高祖從十餘騎擊之所射七十發皆應弦而倒賊乃大潰十二年遷右驍衛將軍十三年爲太原
留守郡丞王威武牙郎將高君雅爲副將羣賊蜂起江都阻絕太宗與晉陽令劉文靜首謀勸舉義兵俄而馬
邑校尉劉武周據汾陽宮舉兵反太宗與王威高君雅將集兵討之高祖乃命太宗與劉文靜及門下客長孫
順德劉弘基各募兵旬日間衆且一萬密遣使召世子建成及元吉于河東威君雅見兵大集恐高祖爲變相

乾隆四年校刊

舊唐書卷一　本紀　一

舊唐書二百卷　（五代）劉昫撰　清光緒十八年（1892）武林竹簡齋石印本

匡高 20.7 厘米，廣 13.9 厘米。半葉二十行，行四十二字，小字雙行不等，白口，左右雙邊。

五代史記序

建安陳師錫

孟子曰三代之得天下也以仁其失天下也以不仁自生民以來一治一亂旋相消長未有去仁而興積仁而亡者甚哉五代不仁之極也其禍敗之復殄滅剝喪之威亦其效耳夫國之所以存者以有民民之所以生者以有君方是時上之人以慘烈自任刑戮相高兵革不休夷滅構禍置君猶易吏變國若傳舍生民膏血塗草野骸骼暴原隰君民相蹂如髦蠻草木幾何其不胥爲夷也逮皇天悔禍眞人出寧易暴以仁轉禍以德民咸保其首領收其族屬各正性命豈非天邪方夷夏相蹂兵連亂結非無忠良豪傑之士竭謀單智以綏民之死乃堙沒而無聞矣否閉極而泰道升聖人作而萬物覩指揮中原兵不頓刃向之滔天巨猾搖毒煽禍以害斯人者蹈鼎鑊斧鑕之不暇豈非人邪天與人相爲表裏和同於無間聖人知天之所助人之所歸國之所恃以爲固者仁而已非特三代然也堯舜之盛漢唐之與秦隋之失魏晉之亡南北之亂莫不由此也五代距今百有餘年故老遺俗往往垂絕無能道說者史官秉筆之士或文采不足以耀無窮道學不足以繼述作使五十有餘年間廢興存亡之迹姦臣賊子之罪忠臣義士之節不傳於後世來者無所攷焉惟廬陵歐陽公慨然以自任蓋潛心累年而後成書其事迹實錄詳於舊記而褒貶義例仰師春秋由遷固而來未之有也至於論朋黨宦女忠孝兩全義子降服豈小補哉豈小補哉

乾隆四年校刊

五代史記序 一

五代史記七十四卷 （宋）歐陽修撰　清光緒十八年（1892）武林竹簡齋石印本

匡高 20.7 厘米，廣 13.9 厘米。半葉二十行，行四十二字，小字雙行不等，白口，左右雙邊。

舊五代史卷一

宋 門 下 侍 郎 參 知 政 事 監 修 國 史 薛 居 正 等 撰

梁書第一

太祖紀一

太祖神武元聖孝皇帝姓朱氏諱晃本名温宋州碭山人其先舜司徒虎之後高祖黯曾祖茂琳祖信父誠帝即誠之第三子母曰文惠王皇后五代會要梁肅祖宣元皇帝諱黯舜司徒虎四十二代孫開平元年七月追尊宣元皇帝廟號肅祖葬興極陵敬祖光獻皇帝諱茂琳宣元皇帝長子母曰宣僖皇后范氏開平元年七月追尊光獻皇帝廟號敬祖葬永安陵憲祖昭武皇帝諱信光獻皇帝長子母曰光孝皇后楊氏開平元年七月追尊昭武皇帝廟號憲祖葬光天陵烈祖文穆皇帝諱誠昭武皇帝長子母曰昭懿皇后劉氏開平元年七月追尊文穆皇帝廟號烈祖葬咸寧陵以唐大中六年歲在壬申十月二十一日夜生于碭山縣午溝里是夕所居廬舍之上有赤氣上騰里人望之皆驚奔而來曰朱家火發矣及至則廬舍儼然既入鄰人以誕孩告衆咸異之昆仲三人俱未冠而孤母攜養寄于蕭縣人劉崇之家帝既壯不事生業以雄勇自負里人多厭之崇以其慵惰每加譴杖惟崇母自幼憐之親爲櫛髮嘗誡家人曰朱三非常人也汝輩當善待之家人問其故答曰我嘗見其熟寐之次化爲一赤蛇然衆亦未之信也唐僖宗乾符中關東薦饑羣賊嘯聚黃巢因之起于曹濮饑民願附者凡數萬帝乃辭崇家與仲兄存俱入巢軍以力戰屢捷得補爲隊長唐廣明元年十二月甲申黃巢陷長安遣帝領兵屯于東渭橋是時夏州節度使諸葛爽率所部屯于櫟陽巢命兵招諭爽爽遂降于巢中和元年二月巢以帝爲東南面行營先鋒使令攻南陽下之六月帝歸長安巢親勞于灞上七月巢遣帝西拒邠岐鄜夏之師于興平所至皆立功二年二月巢以帝爲同州防禦使使自攻取帝乃自丹州南行以擊左馮翊拔之遂據其郡時河中節度使王重榮屯兵數萬糾兵諸侯以圖興復帝時與之鄰封屢爲重榮所敗遂請濟師于巢表章十上爲僞左軍使孟楷所蔽不達又聞巢軍勢蹙諸校離心帝知其必敗九月帝遂與左右定計斬僞監軍使嚴實舉郡降于重榮重榮即日飛章上奏時僖宗在蜀覽表而喜曰是天賜予也乃詔授帝左金吾衛大將軍充河中行營副招討使仍賜名全忠自是率所部與河中兵士偕行所向無不克捷三年三月

乾隆四年校刊

舊五代史卷一　太紀　一

舊五代史一百五十卷　（宋）薛居正撰　清光緒十八年（1892）武林竹簡齋石印本

匡高 20.9 厘米，廣 14.4 厘米。半葉二十行，行四十二字，小字雙行不等，白口，左右雙邊。

明史槀　　本紀第一

光禄大夫　經筵講官明史總裁户部尚書加七級臣王鴻緒奉

敕編撰

太祖一

太祖開天行道肇紀立極大聖至神仁文義武俊德成功高皇帝諱元璋字國瑞姓朱氏濠州鍾離人先世家沛後徙句容里名朱巷高祖伯六是爲德祖曾祖四九是爲懿祖祖初一是爲熙祖父世珍是爲仁祖宋季熙祖始徙居泗州元時仁祖再徙鍾離之東鄉母淳皇后陳氏生四子太祖其季也前一夕后夢神饋白藥一丸置掌中有光吞之寤猶聞香氣及產紅光滿室自是夜數有光鄰里望見驚以爲火輒奔救

橫雲山人集　史槀　一　敬慎堂

明史稿三百一十卷　（清）王鴻緒撰　清雍正（1723－1735）敬慎堂刻本

匡高 19.8 厘米，廣 14.6 厘米。半葉十一行，行二十三字，白口，左右雙邊。

續後漢書卷第二

元　郝經　撰

帝紀第一

義例曰魏晉自以爲正統相繼故不舉昭烈之謚稱曰先主陳壽遂不以漢爲帝紀曰先主傳非也先主者大夫稱其先大夫之辭也繼漢而不稱漢末當稱蜀而稱蜀茂劣甚矣夫昭烈景帝之子中山靖王之後爲左將軍時受獻帝衣帶中密詔誅曹操不克出奔徐州起兵討操又不克奔袁紹與紹討操又不克遂依劉表說表襲許以誅操表不能用及敗操于赤壁始有州士攻劉璋于成都郤操于漢中遂有巴蜀操旣幽帝弑后戕殺皇子纂弑已成昭烈以爲高祖初封漢王出定三秦以討項羽故卽漢中王位典兵討操及操死丕篡獻帝降廢漢統中絕遂卽漢皇帝位以祀漢漢統于是乎在矣及其崩殂末帝嗣世孔明出師討魏繼之以死蔣琬費禕姜維諸人從與義烈尙數十年與魏俱斃則章武之元自可紹建安之末昭烈之與獻帝自爲續承魏矣祇漢之僭僞爾豈可削漢與魏遂以爲蜀乎其稱漢爲蜀者魏晉閒語

續後漢書九十卷　（元）郝經撰　清刻本

匡高 18.0 厘米，廣 13.2 厘米。半葉十一行，行二十二字，小字雙行二十二字，黑口，左右雙邊。

光武帝紀第一上　後漢書一上

唐章懷太子賢注

世祖光武皇帝諱秀字文叔禮祖有功而宗有德光武中興故廟稱世祖諡法能紹前業曰光克定禍亂曰武伏侯古今注曰秀之字曰茂伯仲叔季兄弟之次長兄伯升次仲故字文叔焉南陽蔡陽人南陽郡今鄧州縣也蔡陽縣故城在今隨州棗陽縣西南高祖九世之孫也出自景帝生長沙定王發長沙郡今潭州縣也發生舂陵節侯買舂陵鄉名本屬零陵冷道縣在今永州唐興縣北元帝時徙南陽仍號舂陵故城今在隨州棗陽縣東事具宗室四王傳買生鬱林太守外鬱林郡今郴州縣前書曰郡守秦官秩二千石景帝更名太守外生鉅鹿都尉回鉅鹿郡今邢州縣也前書曰都尉本郡尉秦官也掌佐守典武職秩比二千石景帝更名都尉回生南頓令欽南頓縣屬汝南郡故城在今陳州項城縣西前書曰令長皆秦官也萬戶已上為令秩千石至六百石不滿萬戶為長秩五百石至三百石欽生光武光武年九歲而孤養於叔父良身長七尺三寸美須眉大口隆準日角隆高也許負云鼻頭為準鄭玄尚書中候注云日角謂庭中骨起狀如日性勤於稼穡種曰稼斂曰穡而兄伯升好俠養士常非笑光武事田業比之高祖兄仲仲郃陽侯喜也能為產業見前書王莽天鳳中王莽建國六年改為天鳳迺之長安受尚書略通大義東觀記曰受尚書於中大夫廬江許子威資用乏與同舍生韓

後漢書九十卷（南朝宋）范曄撰（唐）李賢注　**志三十卷**（晋）司馬彪撰（南朝梁）劉昭 注　明崇禎十六年（1643）毛晋汲古閣刻本

匡高 21.6 厘米，廣 15.4 厘米。半葉十二行，行二十五字，小字雙行同，白口，左右雙邊。

唐書卷一
宋 翰林學士歐陽修撰
本紀第一
高祖神堯大聖大光孝皇帝諱淵字叔德姓李氏隴西成紀人也其七世祖暠當晉末據秦涼以自王是爲涼
武昭王暠生歆歆爲沮渠蒙遜所滅歆生重耳魏弘農太守重耳生熙金門鎭將戍于武川因留家焉熙生天
賜爲幢主天賜生虎西魏時賜姓大野氏官至太尉與李弼等八人佐周代魏有功皆爲柱國號八柱國家周
閔帝受魏禪虎已卒乃追錄其功封唐國公諡曰襄襄公生昞襲封唐公隋安州總管柱國大將軍卒諡曰仁
仁公生高祖於長安體有三乳性寬仁襲封唐公隋文帝獨孤皇后高祖之從母也以故文帝與高祖相親愛
文帝相周復高祖姓李氏以爲千牛備身事隋譙隴二州刺史大業中歷岐州刺史滎陽樓煩二郡太守召爲
殿內少監衛尉少卿煬帝征遼東遣高祖督運糧於懷遠鎭楊玄感將反其兄弟從征遼者皆逃歸高祖先覺
以聞煬帝遽班師以高祖爲弘化留守以禦玄感詔關右諸郡兵皆受高祖節度是時隋政荒天下大亂煬帝
多以猜忌殺戮大臣嘗以事召高祖高祖遇疾不時謁高祖有甥王氏在後宮煬帝問之王氏對以疾煬帝曰
可得死否高祖聞之益懼因縱酒納賂以自晦十一年拜山西河東慰撫大使擊龍門賊母端兒射七十發皆
中賊敗去而斂其尸以築京觀盡得其箭於其尸又擊絳州賊柴保昌降其衆數萬人突厥犯塞高祖與馬邑
太守王仁恭擊之隋兵少不敵高祖選精騎二千爲遊軍居處飲食隨水草如突厥而射獵馳騁示以閑暇別
選善射者伏爲奇兵虜見高祖疑不敢戰高祖乘而擊之突厥敗走十三年拜太原留守擊高陽歷山飛賊甄
翟兒於西河破之是時煬帝南遊江都天下盜起高祖子世民知隋必亡陰結豪傑招納亡命與晉陽令劉文
靜謀舉大事計已決而高祖未之知欲以情告懼不見聽高祖留守太原領晉陽宮監而所善客裴寂爲副監
世民陰與寂謀寂因選晉陽宮人私侍高祖高祖過寂飲酒酒酣從容寂具以大事告之高祖大驚寂曰正爲
宮人奉公事發當誅爲此爾世民因亦入白其事高祖初陽不許欲執世民送官已而許之曰吾愛汝豈忍告
乾隆四年校刊

唐書卷一 本紀 一

唐書二百二十五卷音釋二十五卷 （宋）歐陽修 宋祁撰 （宋）董沖音義 清光緒十八年（1892）武林竹簡齋石印本

匡高 21.2 厘米，廣 13.9 厘米。半葉二十行，行四十二字，小字雙行不等，白口，左右雙邊。

魏書一　　　　三國志一

武帝紀第一

太祖武皇帝沛國譙人也姓曹諱操字孟德漢相國參之後太祖一名吉利小字阿瞞王沈魏書曰其先出於黄帝當高陽世陸終之子曰安是爲曹姓周武王克殷存先世之後封曹俠於邾春秋之世與於盟會逮至戰國爲楚所滅子孫分流或家於沛漢高祖之起曹參以功封平陽侯世襲爵土絶而復紹至今適嗣國於容城桓帝世曹騰爲中常侍大長秋封費亭侯司馬彪續漢書曰騰父節字元偉素以仁厚稱鄰人有亡豕者與節豕相類詣門認之節不與爭後所亡豕自還其家豕主人大慙送所認豕并辭謝節節笑而受之由是鄉黨貴歎焉長子伯興次子仲興次子叔興騰字季興少除黄門從官永寧元年鄧太后詔黄門令選中黄門從官年少溫謹者配皇太子書騰應其選太子特親愛騰飲食賞賜與衆有異順帝即位爲小黄門遷至中常侍大長秋在省闥三十餘年歷事四帝未嘗有過好進達賢能終無所毀傷其所稱薦若陳留虞放邊韶南陽延固張溫弘農張奐潁川堂谿典等皆致位公卿而不伐其善蜀郡太守因計吏修敬於騰益州刺史种暠於函谷關搜得其牋上太守并奏騰內臣外交所不當爲請免官治罪帝曰牋自外來騰書不出非其罪也乃寢暠奏騰不以介意常稱歎暠以爲暠得事上之節暠後爲司徒語人曰今日爲公乃曹常侍恩也騰之行事皆此類也桓帝即位以騰先帝舊臣忠孝彰著封費亭侯加位特進太和三年追尊騰曰高皇帝養子嵩嗣官至太尉莫能審其生出本末續漢書曰嵩字巨高質性敦慎所在忠孝爲司隸校尉靈帝擢拜大司農大鴻臚代崔烈爲太尉黄初元年追尊嵩曰太皇帝吳人作曹瞞傳及郭頒世語並云嵩夏侯氏之子夏侯惇之叔父太祖於惇爲從父兄弟嵩生太祖太祖少機警有權數

汲古閣

三國志六十五卷（晉）陳壽撰（南朝宋）裴松之注　明崇禎十七年（1644）毛晉汲古閣刻本

匡高 21.7 厘米，廣 15.4 厘米。半葉十二行，行二十五字，小字雙行三十七字，白口，左右雙邊。

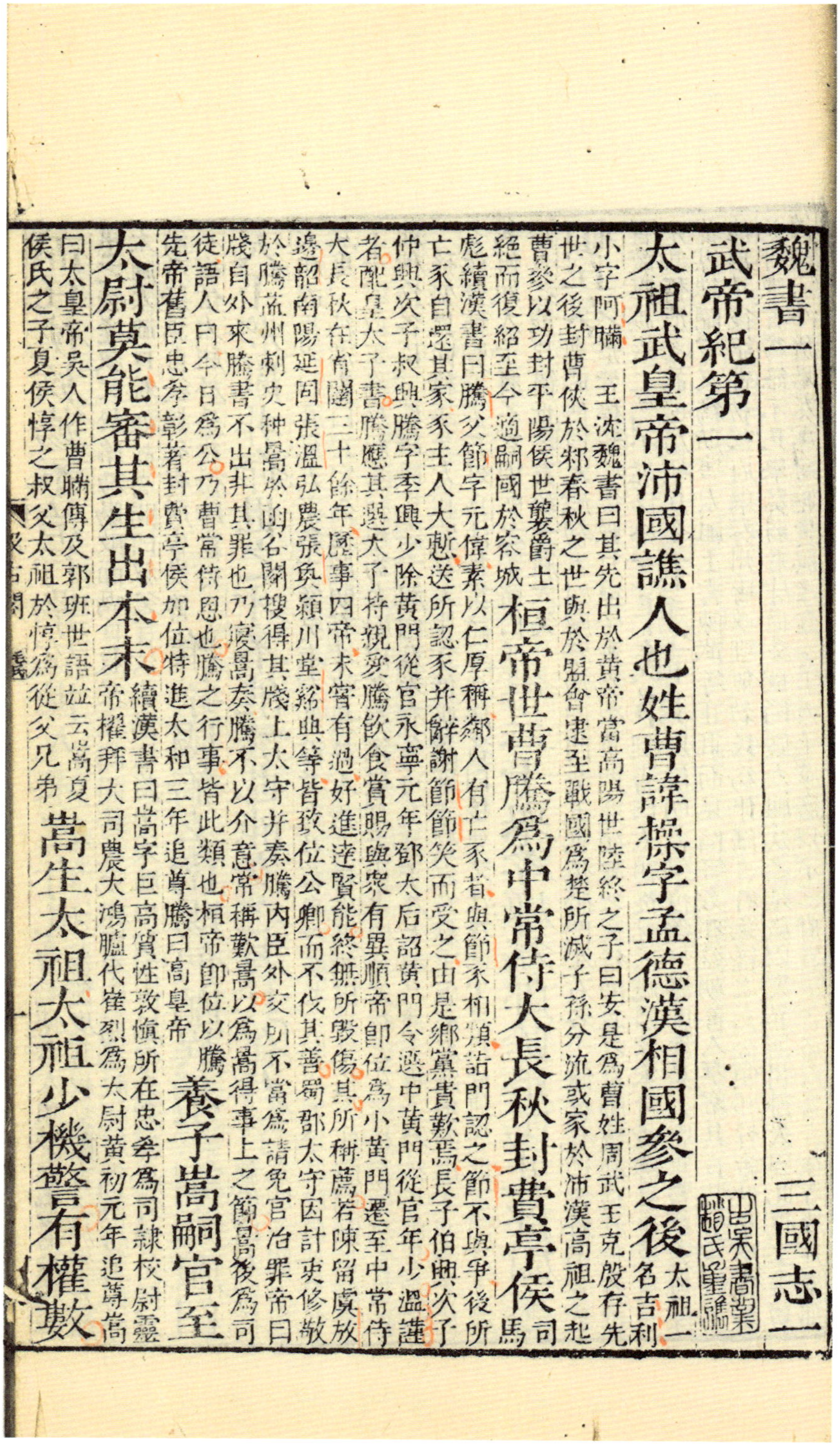

三國志六十五卷（晋）陳壽撰 （南朝宋）裴松之注 清趙氏古吴書業覆明毛晋汲古閣刻本

匡高 21.4 厘米，廣 15.3 厘米。半葉十二行，行二十五字，小字雙行三十七字，白口，左右雙邊。

宋書卷一

本紀第一

武帝上

高祖武皇帝諱裕字德輿小名寄奴彭城縣綏里人漢高帝弟楚
元王交之後也交生紅懿侯富富生宗正辟彊辟彊生陽城繆侯
德德生陽城節侯安民安民生陽城釐侯慶忌慶忌生陽城肅侯
岑岑生宗正平平生東武城令某某生東萊太守景景生明經洽
洽生博士弘弘生琅邪都尉悝悝生魏定襄太守某某生邪城令
亮亮生晉北平太守膺膺生國國掾熙熙生開封令旭孫旭孫生
混混始過江居晉陵郡丹徒縣之京口里官至武原令混生東安太
守靖靖生郡功曹翹是爲皇考高祖以晉哀帝興寧元年歲次癸
亥三月壬寅夜生及長身長七尺六寸風骨奇特家貧有大志不

宋書一百卷 （南朝梁）沈約撰　明毛晉汲古閣刻清初後印本

匡高 21.4 厘米，廣 14.9 厘米。半葉十二行，行二十五字，白口，左右雙邊。

陳書卷一

本紀第一

高祖上

高祖武皇帝諱霸先字興國小字法生吳興長城下若里人漢太丘長陳寔之後也世居穎川寔玄孫準晉太尉準生匡匡生達永嘉南遷爲丞相掾歷太子洗馬出爲長城令悅其山水遂家焉嘗謂所親曰此地山川秀麗當有王者興二百年後我子孫必鍾斯運達生康復爲丞相掾咸和中土斷故爲長城人康生盱眙太守英英生尚書郎公弼公弼生步兵校尉鼎鼎生散騎侍郎高高生懷安令詠詠生安成太守猛猛生太常卿道巨道巨生皇考文讚

高祖以梁天監二年癸未歲生少俶儻有大志不治生產既長讀兵書多武藝明達果斷爲當時所推服身長七尺五寸日角龍顏

陳書三十六卷 （唐）姚思廉撰　清趙氏古吳書業覆明毛晉汲古閣刻本

匡高 21.4 厘米，廣 15.3 厘米。半葉十二行，行二十五字，白口，左右雙邊。

南唐書音釋

習氏明晉紹漢比宋論乃章漢事失于陳志唐

尚有是書戚光旣校之幷音釋

本紀一之三　南唐書一之三

烈祖第十昪音弁曰光貌明也又喜樂貌或作朴憲宗第八子憲宗凡二十子見唐書宗室世系表城昪州古金陵唐稱昪州城始東南跨淮水即今城也又見後周宗傳蒜山在鎮江城西三里押闔押通作攏開也鬼谷子有押闔篇蘇秦學押闔揣摩銅駞橋即今金陵城東十里銅橋据五代史及金陵志駞衍文茀音弗

南唐書　音釋　汲古閣

南唐書十八卷音釋一卷家世舊聞一卷　（宋）陸游撰　（元）戚光音釋

明末毛氏汲古閣刻清康熙（1662-1722）印陸放翁全集本

匡高 18.6 厘米，廣 14.6 厘米。半葉八行，行十八字，白口，左右雙邊。

資治通鑑卷第一

朝散大夫右諫議大夫權御史中丞充理檢使上護軍賜紫金魚袋臣司馬光奉

敕編集

後學天台胡三省音註

周紀一

起著雍攝提格盡玄黓困敦凡三十五年 爾雅太歲在甲曰閼逢在乙曰旃蒙在丙曰柔兆在丁曰彊圉在戊曰著雍在己曰屠維在庚曰上章在辛曰重光在壬曰玄黓在癸曰昭陽是爲歲陽在寅曰攝提格在卯曰單閼在辰曰執徐在巳曰大荒落在午曰敦牂在未曰協洽在申曰涒灘在酉曰作噩在戌曰掩茂在亥曰大淵獻在子曰困敦在丑曰赤奮若是爲歲名周紀分註起著雍攝提格起戌寅也盡玄黓困敦盡壬子也閼讀如字史記作焉於乾翻著陳如翻雍於容翻黓逸職翻單閼上

資治通鑑二百九十四卷通鑑釋文辯誤十二卷 （宋）司馬光撰 （元）胡三省音義 清嘉慶二十一年（1816）鄱陽胡克家覆元興文署本

匡高21.2厘米，廣14.3厘米。半葉十行，行二十字，小字雙行同，黑口，四周雙邊。有"劉文奎""劉文模""劉文楷""吴升言"等刻工名。

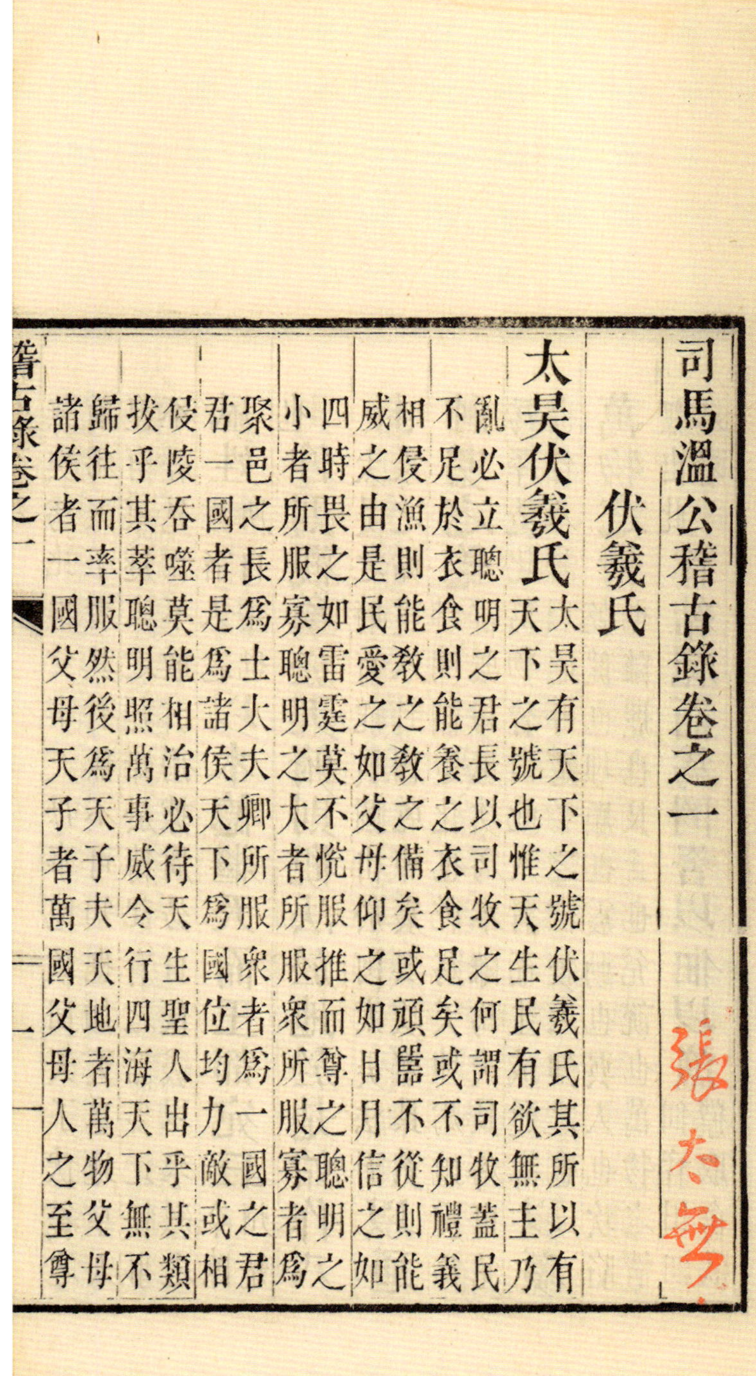

司馬溫公稽古錄卷之一

伏羲氏

太昊伏羲氏

太昊有天下之號伏羲氏其所以有天下之號也惟天生民有欲無主乃亂必立聰明之君長以司牧之何謂司牧蓋民不足於衣食則能養之衣食足矣或不知禮義相侵漁則能教之教之備矣或頑嚚不從則能威之由是民愛之如父母仰之如日月信之如四時畏之如雷霆莫不悅服推而尊之聰明之小者所服寡聰明之大者所服衆所服寡者爲聚邑之長爲士大夫卿所服衆者爲一國之君君一國者是爲諸侯天下爲國位均力敵或相侵陵吞噬莫能相治必待天生聖人出乎其類拔乎其萃聰明照萬事威令行四海天下無不歸往而率服然後爲天子夫天地者萬物父母諸侯者一國父母天子者萬國父母人之至尊

稽古錄卷之一　一

司馬溫公稽古録二十卷　（宋）司馬光撰　清同治十一年（1872）湖北崇文書局刻本

匡高20.1厘米，廣14.6厘米。半葉九行，行十八字，小字雙行同，白口，四周雙邊。

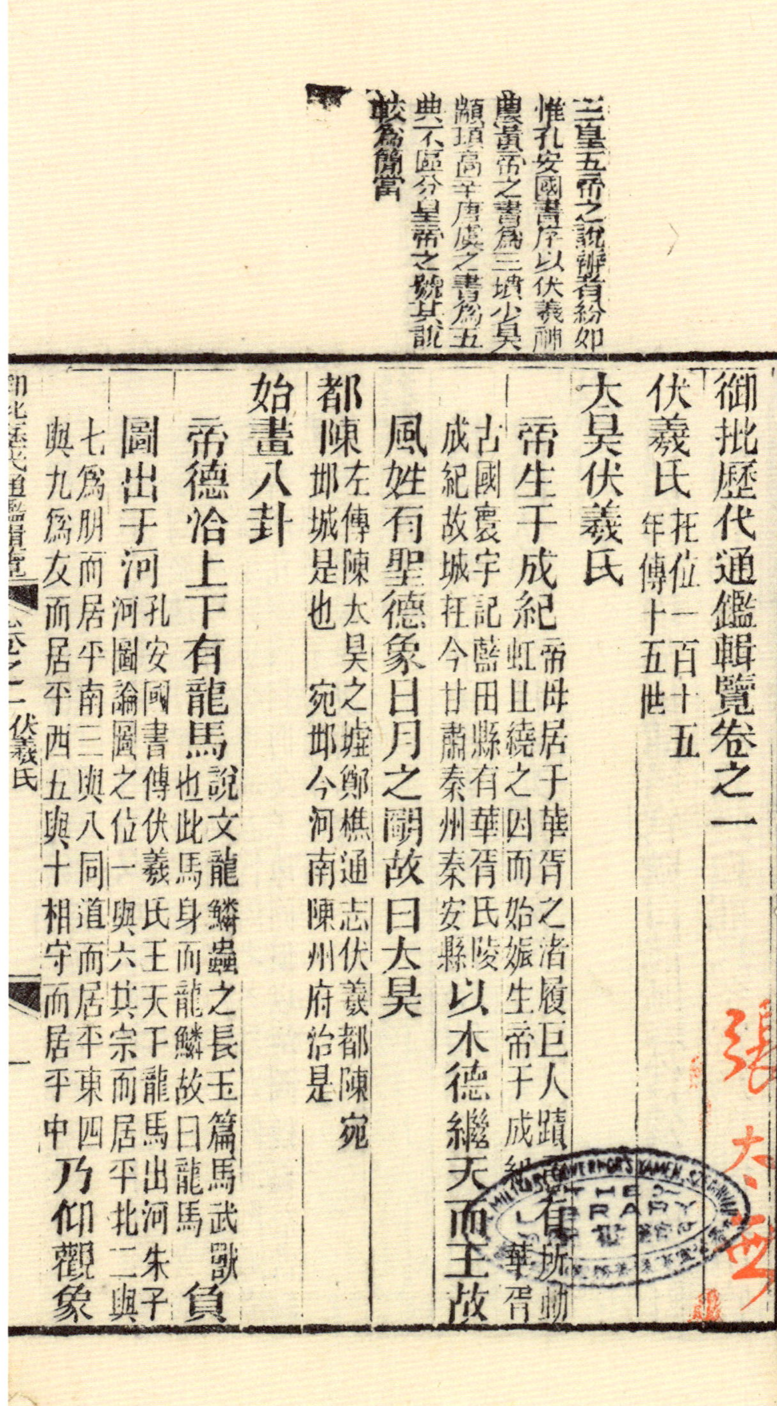

御批歷代通鑑輯覽一百二十卷 （清）傅恒撰　清同治十三年（1874）湖南書局重刻本

匡高 17.4 厘米，廣 13.4 厘米。半葉十一行，行二十二字，小字雙行同，白口，四周雙邊。

資治通鑑卷第一

朝散大夫右諫議大夫權御史中丞充理檢使上護軍賜紫金魚袋臣司馬光奉

敕編集

後學天台胡三省音註

周紀一

起著雍攝提格盡玄黓困敦凡三十五年爾雅太歲在甲曰閼逢在乙曰旃蒙在丙曰柔兆在丁曰彊圉在戊曰著雍在己曰屠維在庚曰上章在辛曰重光在壬曰玄黓在癸曰昭陽是爲歲陽在寅曰攝提格在卯曰單閼在辰曰執徐在巳曰大荒落在午曰敦牂在未曰協洽在申曰涒灘在酉曰作噩在戌曰掩茂在亥曰大淵獻在子曰困敦在丑曰赤奮若是爲歲名周紀分註起著雍攝提格起戊寅也盡玄黓困敦盡壬子也閼讀如字史記作焉於乾翻著陳如翻雍於容翻黓逸職翻單闕上

資治通鑑二百九十四卷 （宋）司馬光撰 （元）胡三省音注 清同治（1862－1874）江蘇書局修補鄱陽胡氏仿元刻本

匡高21.6厘米，廣14.8厘米。半葉十行，行二十字，小字雙行同，黑口，四周雙邊。

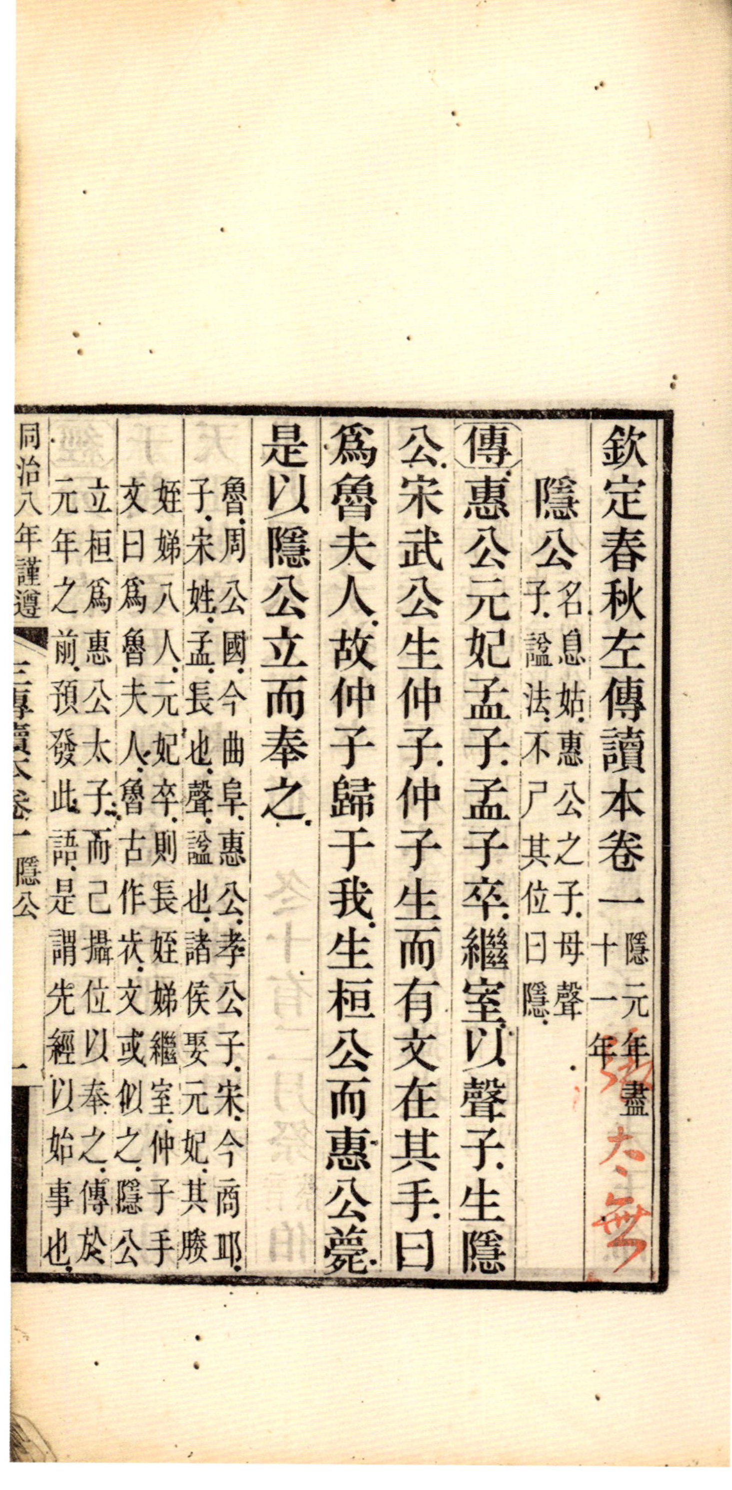

欽定春秋左傳讀本三十卷 （清）英和撰　清同治八年（1869）伯繼倫刻本

匡高19.5厘米，廣14.3厘米。半葉九行，行十七字，小字雙行同，黑口，左右雙邊。

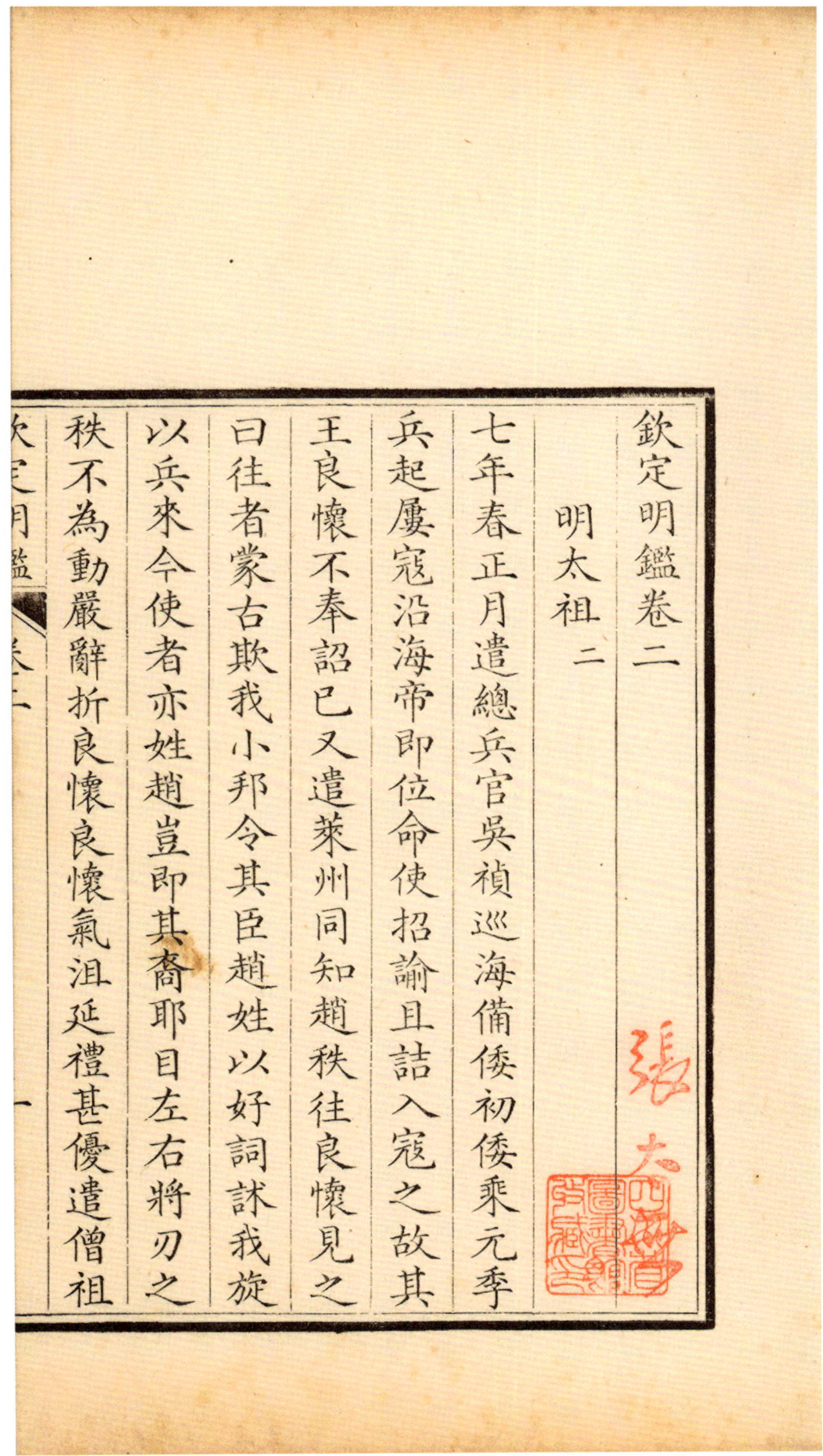

欽定明鑑二十四卷首一卷 （清）托津等纂　清嘉慶二十三年（1818）延豐刻本

匡高 18.5 厘米，廣 13.6 厘米。半葉八行，行二十字，白口，四周雙邊。

明宮史卷一

內監劉若愚編述

內庭宮室瑣記

我太祖高皇帝御極時首崇節儉內庭宮室不尚華飾內監所居尤爲樸質并制內監凡宮門外事不得與聞私書出外者罪如律自太宗文皇帝移駕燕京後宮室之制浸美先代且立東廠命內官一人主之刺大小事情以聞列聖承之東廠權漸重而東廠房屋亦漸以增華

內庭宮室以重華宮爲最宏壯華麗各宮殆無其比環是之室星羅碁布不可數計重華宮之西由甬道而北有門焉出是門折而西室鱗次有內使監有尚饍監有尚寶監中有一街橫貫西東街南曰尚衣監街北曰司設監印綬監稍北有墻間之出小門曰皮房曰紙房曰針工局曰巾帽局曰油燭局曰司苑局

明宮史 卷一 一 國學扶輪社印行

明宮史八卷 （明）劉若愚編　清宣統三年（1911）上海國學扶輪社鉛印本

匡高 17.4 厘米，廣 11.5 厘米。半葉十一行，行三十字，黑口，四周雙邊。

明史紀事本末卷一
提督浙江學政僉事豐潤谷應泰編輯
太祖起兵
元順帝至正十二年閏三月甲戌朔明太祖起兵濠
梁太祖之先故沛人徙江東句容爲朱家巷宋季大
父再徙淮家泗州父又徙鍾離太平鄉母陳生四子
太祖其季也太祖生於元天歷戊辰之九月丁丑其
夕赤光燭天里中人競呼朱家火及至無有三日洗
兒父出汲有紅羅浮至遂取衣之故所居名紅羅障
少時嘗苦病父欲度爲僧歳甲申泗大疫父母兄及
幼弟俱死貧不能殮槀葬之仲與太祖舁至山麓綆

明史紀事本末卷一　一

明史紀事本末八十卷　（清）谷應泰撰　清光緒二十四年（1898）湖南思賢書局刻本

匡高 19.3 厘米，廣 14.2 厘米。半葉十一行，行二十字，黑口，左右雙邊。

史姓韻編卷一
蕭山汪輝祖煥曾輯

東
東郊　明史卷一百九十二附張曰韜傳目無名正德時應天巡按御史
東方
東方朔　史記卷一百二十六滑稽傳齊人　前漢書卷六十五字曼倩平原厭次人
東方顥　唐書卷二百附儒學趙冬曦傳目無名不詳所自官校理以上書忤旨左遷高安丞
東郭
東郭先生　史記卷一百二十六滑稽傳齊人
東郭先生　後漢書卷一百十二下附方技甘始傳目無名注字公游
東門
東門雲　前漢書卷八十八附儒林嚴彭祖傳目無名不著所自受公羊春秋爲荆州刺史
東野
東野宜　宋史卷四百五十六附孝義裘承詢傳目無名曲阜人同居五六世有節行

終
終軍　前漢書卷六十四下字子雲濟南人仕諫大夫年二十餘死世謂之終童
宏
宏恭　廟諱敬避　前漢書卷九十三附佞倖石顯傳目無名沛人坐法腐刑宣帝時爲中書令
种
种暠　後漢書八十六字景伯河南洛陽人仲山甫之後
种岱　附暠傳暠子字公祖
种拂　附暠傳暠子字穎伯
种劭　附暠傳拂子字申甫
种世衡　宋史卷三百三十五字仲平放兄子
种診　附世衡傳目無名世衡三子與古諤俱有將材關中號曰三种
种古　附世衡傳世衡長子字大質

史姓韻編卷一　東　東方　東郭　東門　東野　終　宏　种　一

史姓韻編二十四卷　（清）汪輝祖輯　（清）馮祖憲重校　清光緒二十九年（1903）上海文瀾書局石印本

匡高 16.7 厘米，廣 11.5 厘米。半葉十四行，行字不等，白口，四周單邊。

燕蘭小譜卷之一

西湖安樂山樵吟

畫蘭詩共五十四首詞共三首

夫蘭國香也畫韻事也湘雲伶中之彼美也美人芳草臭味相同畫意詩情唱詶胥協爰以冠首并附同人

王郎湘雲雖隸樂部頗嗜風雅歌板之餘寄情筆墨嘗寫蘭扇貽少施氏楚楚可愛蘭修爲題詩四章西賓張潤齋和焉索余同詠爲賦四斷句以誌韻事

墨池瀟洒寫同心彩筆拈來勝斷金一片湘雲縈澧水王郎從此播芳音

燕蘭小譜五卷附海鷗小譜一卷 （清）吴長元撰　清宣統三年（1911）長沙葉氏刻本

匡高 17.9 厘米，廣 13.1 厘米。半葉十一行，行二十二字，小字雙行同，黑口，左右雙邊。

文獻徵存錄卷一

杭州錢林東生輯

南通州王藻菽原編

孫奇逢 杜越 彭了凡 耿介 理曾和 張沐 沈嘉客 魏一鼇 張果中

孫奇逢字啟泰又字鍾元保定容城人也父丕振明諸生奇逢少聰慧有口辨常出謁楊尚寶忠愍子也尚寶猝然問假桎圍城外絕救援內乏糧芻將若之何奇逢卽答曰效死勿去尚寶歎曰吾見子生平矣時年十四及十七舉鄉試篤學尚志與定興鹿善繼為友以聖賢相期遭父母喪廬墓六年桐城左光斗甚重之奇逢固湛深好書然為人清心忌惡能厲風節所至多與其賢

文獻徵存錄 卷一 一 有嘉樹軒

文獻徵存録十卷 （清）錢林輯 （清）王藻編 清咸豐八年（1858）有嘉樹軒刻本

匡高 19.1 厘米，廣 13.6 厘米。半葉十一行，行二十一字，小字雙行同，白口，左右雙邊。

自互市盛交涉繁中朝遣使出洋駐劄於是銜
命而往隨節而馳者例有日記道里所經覩聞所及
海外之事旣詳且備矣不佞學識闇陋初附星槎更
苦望洋未敢有所紀述歸途無聊日輙弄筆時北方
兵事方亟感憤所觸發不能已於言舟行匝月積帙
累寸道聽涂說語焉不詳矇誦工箴言者無罪雖乖
體例聊志郵程云爾
光緒甲午九月下澣楝廬識於香港旅舍
是編屬藁甫畢即於香港膠印數十本漫漶不可以

回颿日記一卷 （清）陳春瀛撰　清光緒二十七年（1901）刻本

匡高 15.4 厘米，廣 9.9 厘米。半葉九行，行二十字，白口，四周單邊。

九朝野記卷一

勾吳祝允明纂

韓林兒始由潁川逃之武安爲穿窬漸肆劫殺有徒旣繁乃嘯亂稱小明王劉護軍始就之謂豎子不足謀去適皇祖皇祖初亦與共事謂劉應便除之乎基云不足爲伺他僞燈熄時彼應已先下矣因請建號大明皇祖從之韓果先殄

陳某不知何許人精識緯候元季見王氣在東南徧遊閩廣江黃間久亡所遇乃北涉淮泗入塗山之境曰得之矣遂止不行假五行命祿求諸陶漁中大姓某令觀其家人數輩悉貴人命也後及一女陳曰公家之貴悉緜此女矣主人曰是乃雙瞽無復問聘者奚以貴爲哉陳曰非若而所知今吾未娶誠能歸之耶主人幸甚就館焉生四男一即滁陽王也亡幾天下大亂王糾旅已衆皇祖亦歸之王妃以女即孝慈也王分兵授皇祖往守某地時與王同起有甲乙兩軍王從甲軍飲甲將除王因徙席漸遠王從兵已隔即執之皇祖聞變馳援王得脫皇祖被執王速遣中山王達往質易上歸久之兩軍復連和中山亦全已而上悉有滁陽之衆王後伏劍死

九朝野記　卷一　一

時中書局校刊

九朝野記四卷　（明）祝允明撰　清宣統三年（1911）上海時中書局鉛印本

匡高 15.4 厘米，廣 11.4 厘米。半葉十四行，行三十一字，小字雙行同，白口，四周單邊。

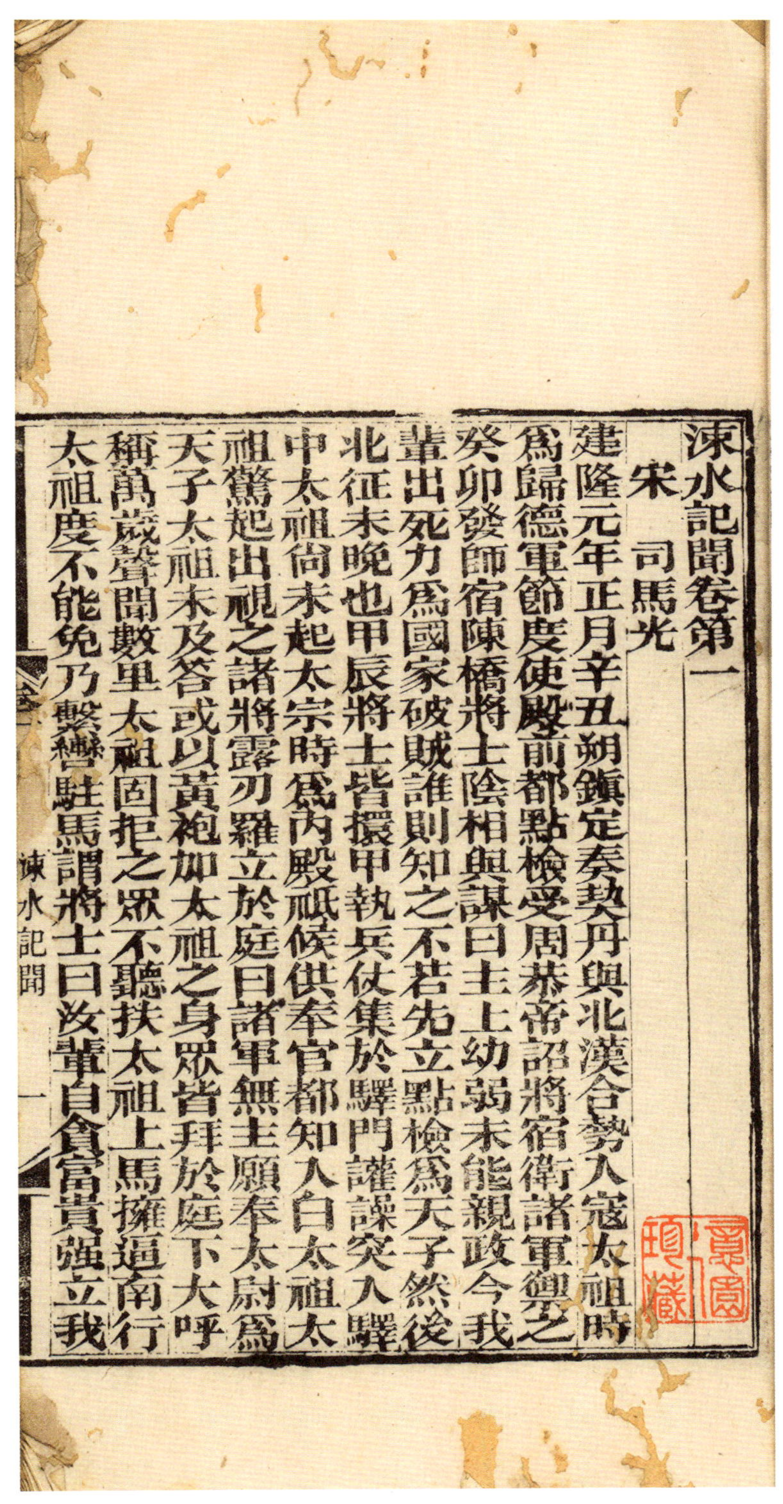

涑水記聞十六卷 （宋）司馬光撰　清光緒三年（1877）湖北崇文書局刻本

匡高 19.1 厘米，廣 15.7 厘米。半葉十二行，行二十四字，黑口，四周雙邊。

光暘謂秦併諸令雜以史贊自是一種文字然讀詔之下漢詔之前實另具一段精采偉麗光景此其第一令也絕大不羣

秦始皇本紀

秦初并天下令丞相御史曰寡人以眇眇之身興兵誅暴亂以謙吻作令賴宗廟之靈六王咸服其辜總前六國罪案簡而偉天下大定今名號不更無以稱成功傳後世其議帝號言下已前無古人矣諸臣只闢明此意耳丞相綰御史大夫劫廷尉斯等秦初三公之職如此皆曰昔者五帝地方千里其外侯服夷服諸侯或朝或否天子不能制有其創將前令敷衍不更益一語今陛下興義兵誅殘賊平定天下海內為郡縣法令由一統自上古以來未嘗有五帝所不及

史記菁華録六卷 （清）姚苎田撰　清光緒十九年（1893）蜀西藴古齋刻本

匡高13.3厘米，廣11.0厘米。半葉九行，行二十字，小字雙行同，黑口，左右雙邊。

讀史管見卷第一

宋建安胡　寅著　　明太倉張　溥閲

周紀

威烈王

初命晉大夫魏斯趙籍韓虔爲諸侯、

司馬氏曰、天子之職莫大於禮、禮莫大於分、分莫大於名。幽厲失德、周道日衰、紀綱散壞、下陵上替、諸侯專征、大夫擅政、禮之大體什喪七八矣、然文武之祀猶綿綿相屬者、葢以周之子孫尚能守其名分故也、

讀史管見　卷之一　一

威烈王二十三年

讀史管見三十卷目録二卷　（宋）胡寅撰　明崇禎八年（1635）張溥重刻本

匡高 19.1 厘米，廣 14.4 厘米。半葉九行，行二十一字，小字雙行同，白口，左右雙邊。

史通削繁卷一 浦起龍注刪附　河間紀昀

內篇

六家

自古帝王編述文籍外篇言之備矣古往今來質文遞變諸史之作不恆厥體搉而爲論其流有六一曰尚書家二曰春秋家三曰左傳家四曰國語家五曰史記家六曰漢書家今畧陳其義列之於後尚書家者其先出於太古至孔子觀書於周室得虞夏商周四代之典乃刪其善者定爲尚書百篇孔安國曰以其上古之書謂

史通削繁四卷　（唐）劉知幾撰　（清）紀昀削繁　（清）浦起龍注　清光緒元年（1875）湖北崇文書局刻本

匡高 18.8 厘米，廣 12.9 厘米。半葉十行，行二十一字，小字雙行同，白口，左右雙邊。

海國圖志卷一
邵陽魏源撰
籌海篇一上 議守
自夷變以來，帷幄所擘畫，疆場所經營，非戰即款，非款即戰，未有專主守者，未有善言守者。不能守，何以戰？不能守，何以款？以守爲戰，而後外夷服我調度，是謂以夷攻夷；以守爲款，而後外夷範我馳驅，是謂以夷款夷。自守之策二：一曰守外洋不如守海口，守海口不如守内河；二曰調客兵不如練土兵，調水師不如練水勇。攻夷
海國圖志卷一 籌海篇一 議守 一

海國圖志一百卷 （清）魏源撰　清光緒二年（1876）平慶涇固道署刻本

匡高 16.3 厘米，廣 12.2 厘米。半葉九行，行二十一字，小字雙行同，白口，四周雙邊。

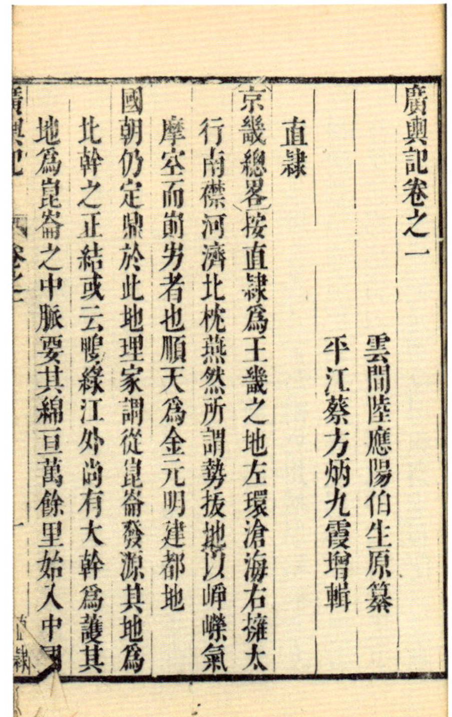

廣輿記卷之一

雲間陸應陽伯生原纂

平江蔡方炳九霞增輯

直隸

京畿總畧按直隸爲王畿之地左環滄海右擁太行南襟河濟北枕燕然所謂勢拔地以峥嶸氣摩空而崱屴者也順天爲金元明建都地

國朝仍定鼎於此地理家謂從崑崙發源其地爲北幹之正結或云鴨綠江外尚有大幹爲護其地爲崑崙之中脈要其綿亘萬餘里始入中國

廣輿記 卷之一 直隸

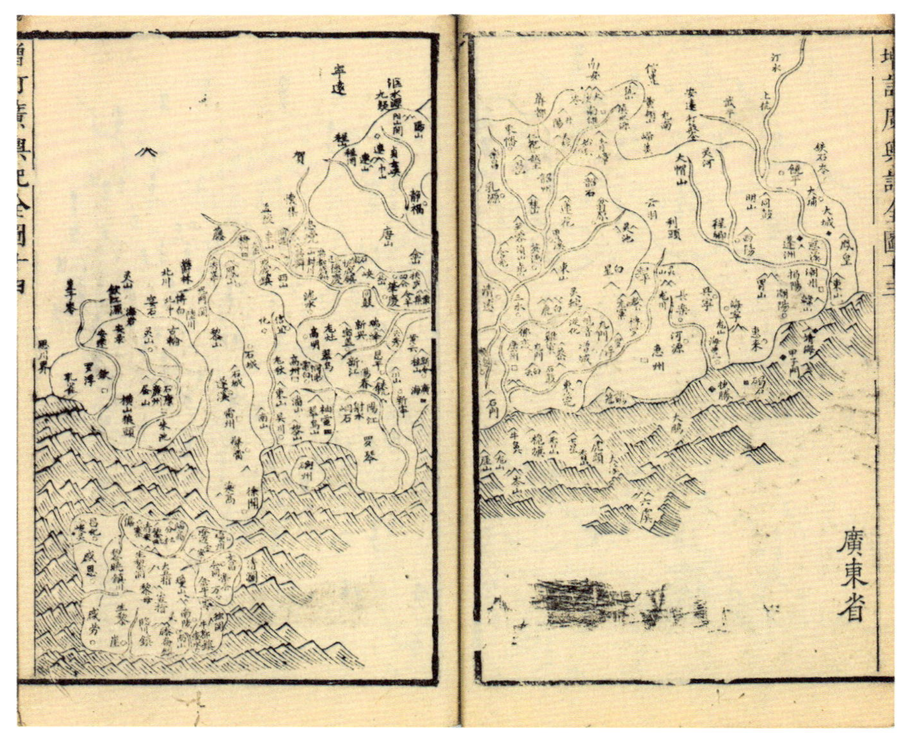

廣輿記二十四卷 （明）陸應陽編 （清）蔡方炳增輯 清刻本

匡高21.4厘米，廣15.4厘米。半葉十行，行十九字，小字雙行同，白口，四周單邊。

二十一都懷古詩

儒州　柳得恭惠風　撰

完山　李德懋懋官　訂

檀君朝鮮

東國通鑑東方初無君長有神人降于檀木下立爲君是爲檀君國號朝鮮唐堯戊辰歲也三國遺事檀君都平壤

大同江水漫烟蕪王儉春城似畵圖萬里塗山來執玉佳兒尚憶解扶婁

大同江輿地勝覽大同江在平壤府東一里一名浿

二十一都懷古詩一卷　［朝鮮］柳得恭撰　［朝鮮］李德懋訂　朝鮮（1897－1907）玉磬山房鉛印本

匡高 13.2 厘米，廣 9.5 厘米。半葉十行，行二十一字，白口，四周單邊。

今水經　黃氏續鈔原本

北水　黃宗羲學

河水　源出吐番朶甘思之南曰星宿海四山之間有泉百餘泓涌出匯而為澤方七八十里登高望之若列星故名火敦腦兒譯言其星宿地在中國西南直四川馬湖府之正西三千餘里雲南麗江府之西北一千五百里較之崑崙殆為近焉東北流百餘里匯為大澤又東流號亦賓河又東忽蘭水合乞里出河來入之其流浸大始名黃河又東北流分為九派復合為一水始渾濁又東行二十日至大雪山名騰乞里塔郎崑崙也繞崑崙之南折而東亦入思河入之又折而

今水經　一

今水經一卷　（清）黃宗羲撰　清抄本

半葉九行，行二十六字，小字雙行同，無欄格。

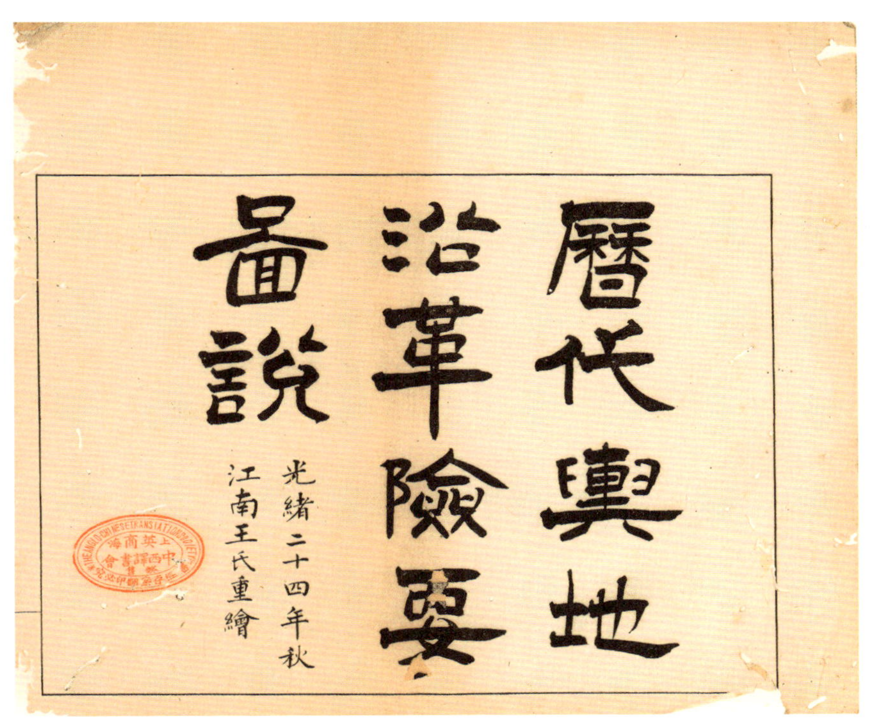

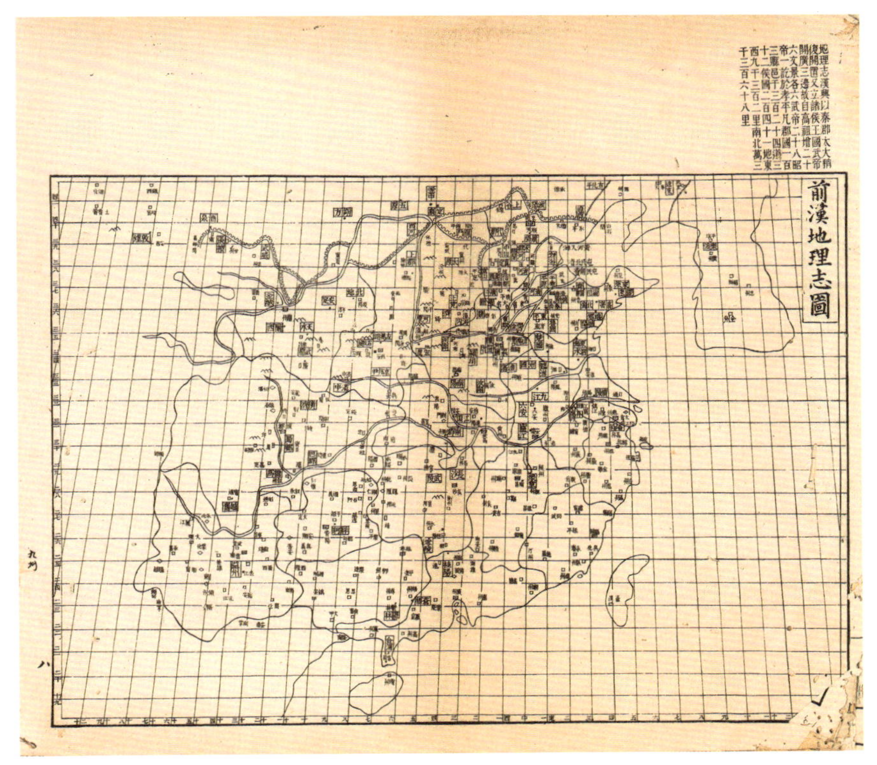

歷代輿地沿革險要圖說不分卷 （清）楊守敬繪 （清）饒敦秩繪 （清）王尚德重繪 清光緒二十四年（1898）江南王氏石印本

匡高 19.3 厘米，廣 26. 4 厘米。行款不一，四周單邊。

南巡盛典卷一
恩綸
乾隆十四年十月初五日内閣奉
上諭江南督撫等以該省紳耆士庶望幸心殷合詞奏請南巡朕以鉅典攸關特命廷臣集議
今經大學士九卿等援据經史且仰稽
聖祖仁皇帝六巡江浙謨烈光昭允宜俯從所請朕軫念民依省方問俗郊圻近省不憚躬勤鑾
輅江左地廣人稠素所廑念其官方戎政河務海防與凡閭閻疾苦無非事者第程途稍遠
十餘年來未遑舉行屢當敬讀
聖祖實錄備載前後南巡恭侍
皇太后鑾輿羣黎扶老携幼夾道歡迎交頌
天家孝德心甚慕焉朕巡幸所至悉奉
聖母皇太后遊賞江南名勝甲於天下誠親掖
安輿眺覽山川之佳秀民物之豐美良足以娛暢
慈懷既詢謀僉同應依議允從所請但朕將以明年秋幸五臺經太原歴嵩洛趙魏回鑾已涉冬
令南巡之舉當在辛未年春正我
聖母六旬萬壽之年也將見巷舞衢歌騰歡獻

南巡盛典 卷一 恩綸 一

南巡盛典一百二十卷　（清）高晉等纂輯　清光緒八年（1882）上海點石齋石印本

匡高 14.1 厘米，廣 10.1 厘米。半葉十六行，行三十六字，白口，四周單邊。

中國江海險要圖誌卷之一

英國海軍海圖官局原本　　侯官陳壽彭繹如甫譯

原卷首

原敘

此書之作專為指明中國濱海一帶險要方向礁石隱現港口淺深沙岸通塞潮汐高低孰廣孰狹孰曲孰直孰左孰右孰東孰西以及燈塔浮錨山頭水綫無不收羅大之則利於海師小之亦便於商賈也其南則從香港珠江撲勒特士淺 Pratas Shoal 臺灣西南向 迄於小呂宋之北巴毖 Bashi 與巴林遑 Balintang 小呂宋北向 島峽臺灣島等處其北則從黃海至北直隸與遼東兩灣迄於高麗交界為止此中所錄者皆係英國水師諸船由一千八百四十五年至一千八百九十四年測量實在險要形勢又復採輯英水師各兵官及領事人員至於涉躐其濱海之商人遊客紀載口說亦節以一千八百九十四年為止擇其切要者類以成帙足彌舊本之缺惟揚子江滙入於海處迤北濱岸即淮海也由緯線赤道北三十五度平行起算迄於黃河舊黃河也以北雖有海圖尚未全備及今為一千八百九十四年吾人所知僅有限亦一憾事姑紀其粗以俟來者此書裒集之力係由英國海軍海圖官局總兵伯特利士

中國江海險要圖誌　卷一　一　經世文社本

中國江海險要圖志二十二卷首一卷補編五卷附圖五卷　［英國］海軍海圖官局纂　（清）陳壽彭譯　清光緒二十七年（1901）上海經世文社石印本

匡高 18.6 厘米，廣 12.9 厘米。半葉十四行，行三十五字，白口，四周雙邊。

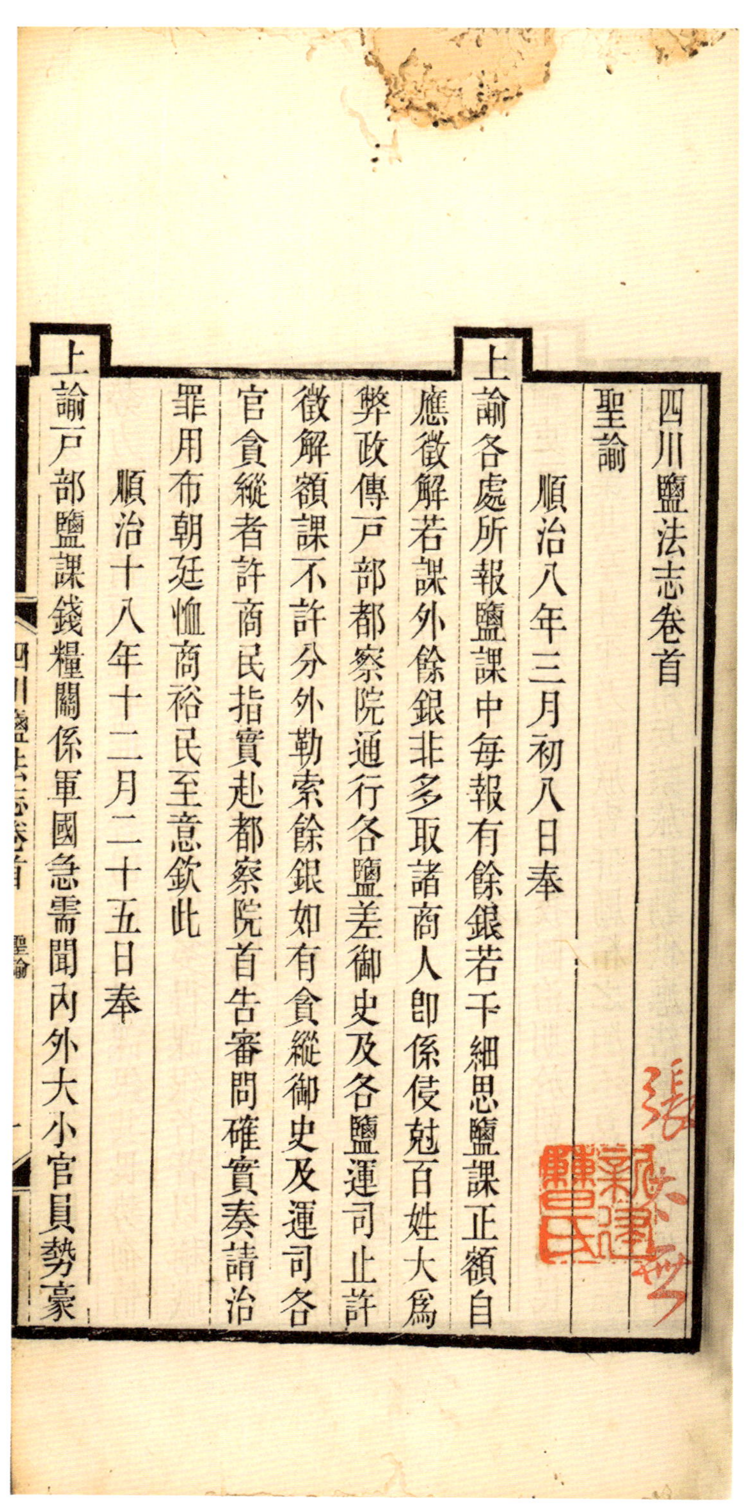

四川鹽法志卷首

聖諭

順治八年三月初八日奉

上諭各處所報鹽課中每報有餘銀若干細思鹽課正額自應徵解若課外餘銀非多取諸商人即係侵尅百姓大爲弊政傳戸部都察院通行各鹽差御史及各鹽運司止許徵解額課不許分外勒索餘銀如有貪縱御史及運司各官貪縱者許商民指實赴都察院首告審問確實奏請治罪用布朝廷恤商裕民至意欽此

順治十八年十二月二十五日奉

上諭戸部鹽課錢糧關係軍國急需聞內外大小官員勢豪

四川鹽法志四十卷首一卷 （清）丁寶楨撰　清光緒（1875－1908）刻本

匡高 19.7 厘米，廣 13.8 厘米。半葉十一行，行二十二字，黑口，左右雙邊。

第一卷東方國度

美國　謝衛樓　口述
清國　趙如光　筆記
日本　岡千仞　訓點

第一章論中國事畧

第一段上古開國之事　三皇紀畧○按聖經挪亞以後衆人建造巴别臺之時上主淆亂其口音使各族人民散居四方主之意旨蓋欲其生育繁多充滿宇宙也越數百年有入居伊及居印度又有附近伯辣河兩邊之平原創立國度者亦有東徙於黄河之西東建國者當時未有文字簡編故確實事蹟至今無傳乃有後人憑空結撰造出許多荒渺無稽之談虚誕不經之事故孔子删書斷自唐虞大概於開國之始已有數等技藝又能殷勤作工是以漸漸興盛竟成大族

萬國通鑑四卷　［美國］謝衛樓口述　（清）趙如光筆記　［日本］岡千仞訓點　日本明治十七年（1884）刻本

匡高 18.5 厘米，廣 13.5 厘米。半葉十行，行二十五字，小字雙行同，白口，四周雙邊。

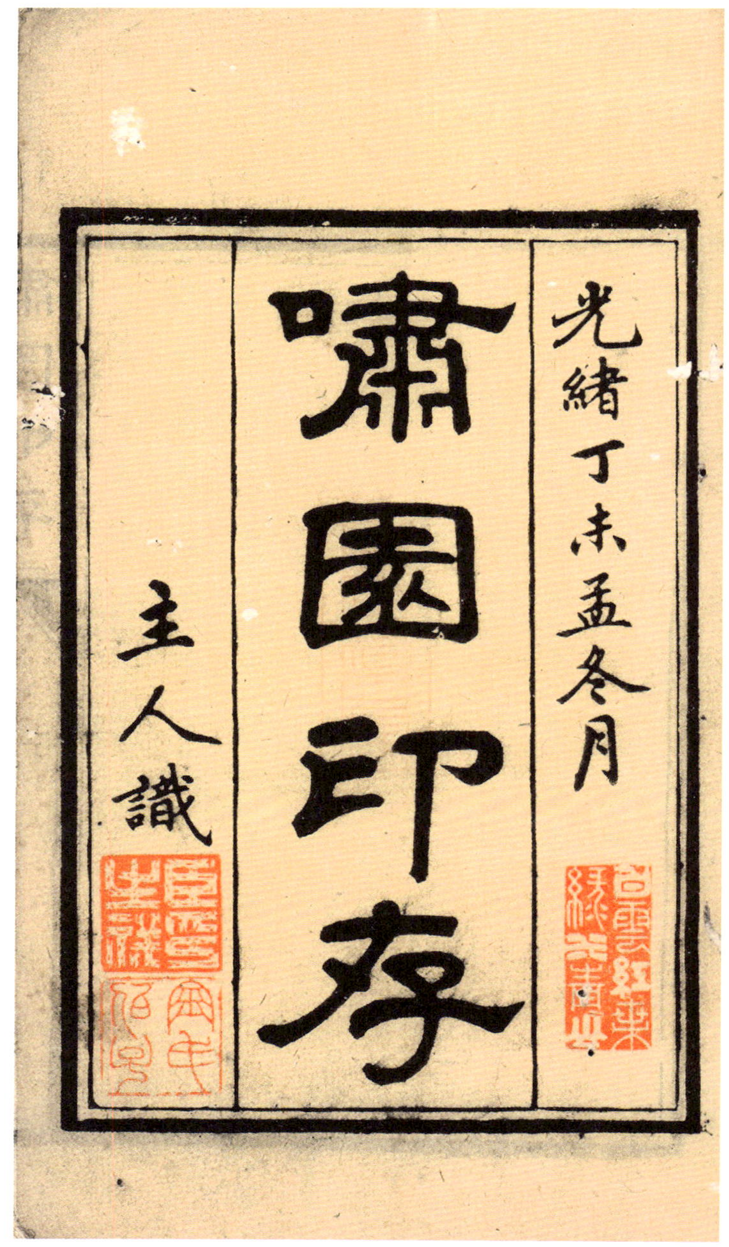

嘯園印存二卷　清光緒三十三年（1907）鈐印本

匡高 15 厘米，廣 11.0 厘米。半葉行款不一，白口，四周雙邊。

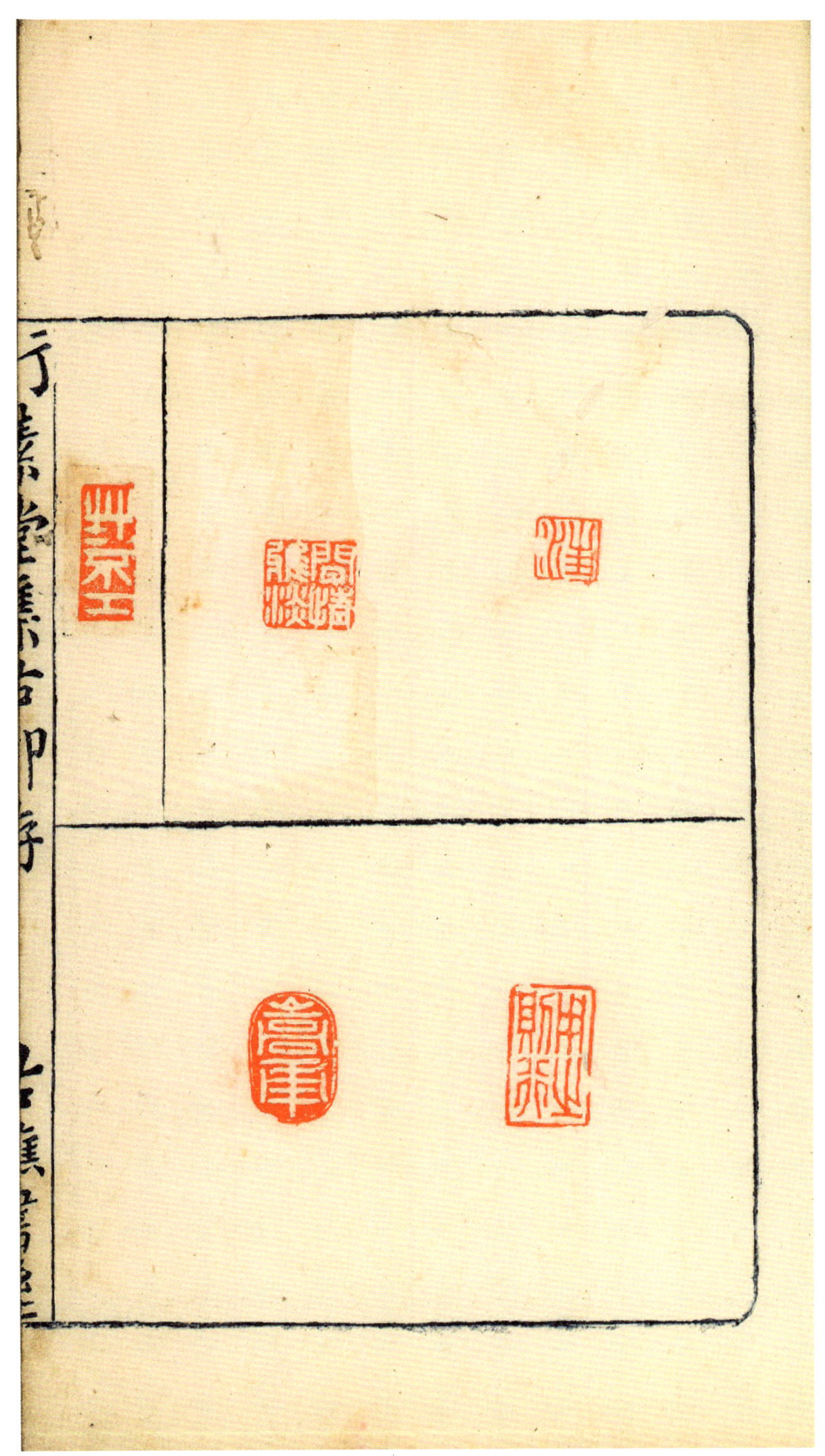

行素堂集古印存二卷 （清）朱記榮輯　清光緒（1875－1908）古樵書屋鈐印本

匡高 13.8 厘米，廣 10 厘米。半葉行款不一，白口，四周單邊。存一卷。

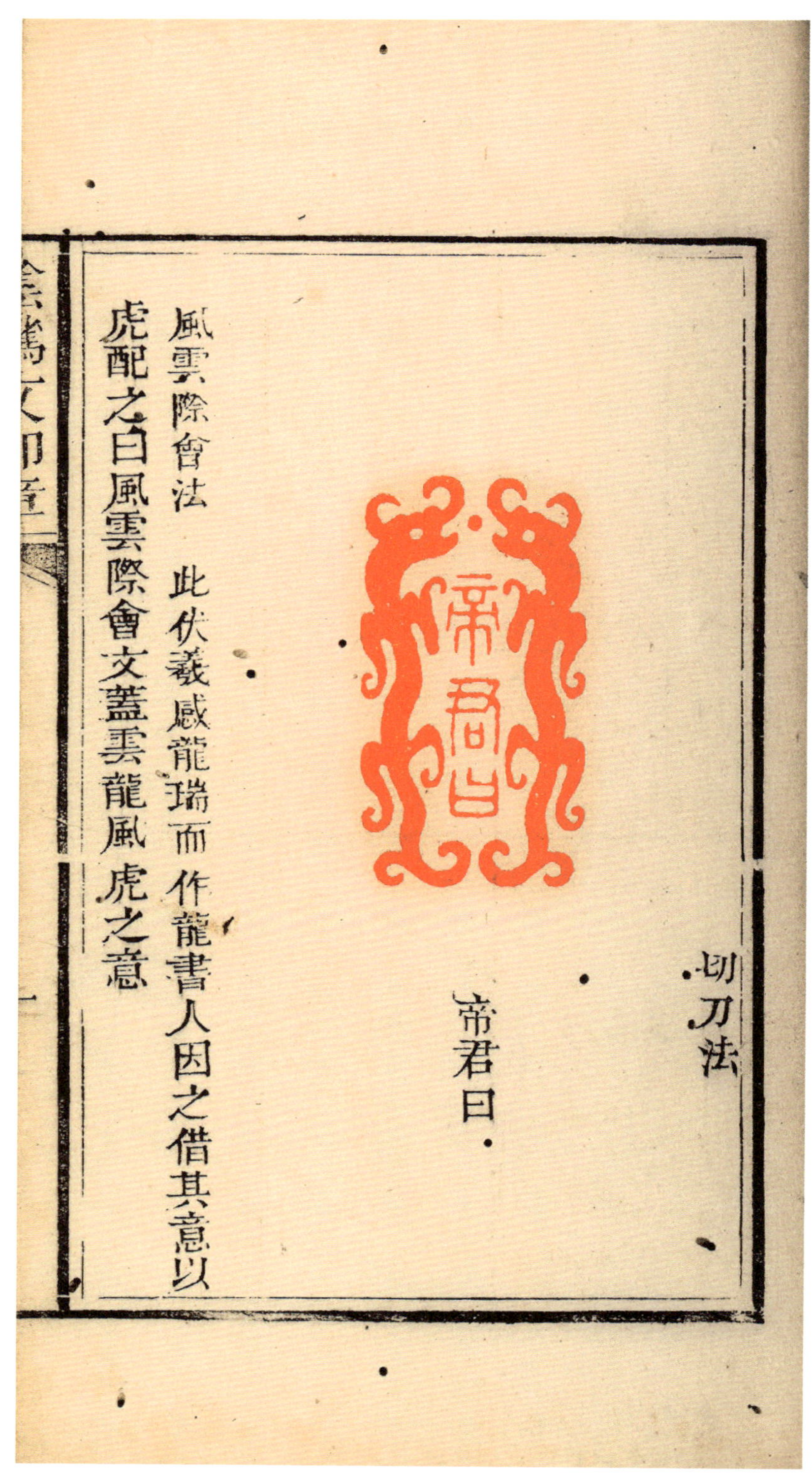
切刀法
帝君曰
風雲際會法　此伏羲感龍瑞而作龍書人因之借其意以
虎配之曰風雲際會文蓋雲龍風虎之意

陰隲文印章不分卷　（清）胡圻篆　清咸豐十年（1860）鈐印本

匡高 15.2 厘米，廣 10.5 厘米。半葉行款不一，白口，四周雙邊。

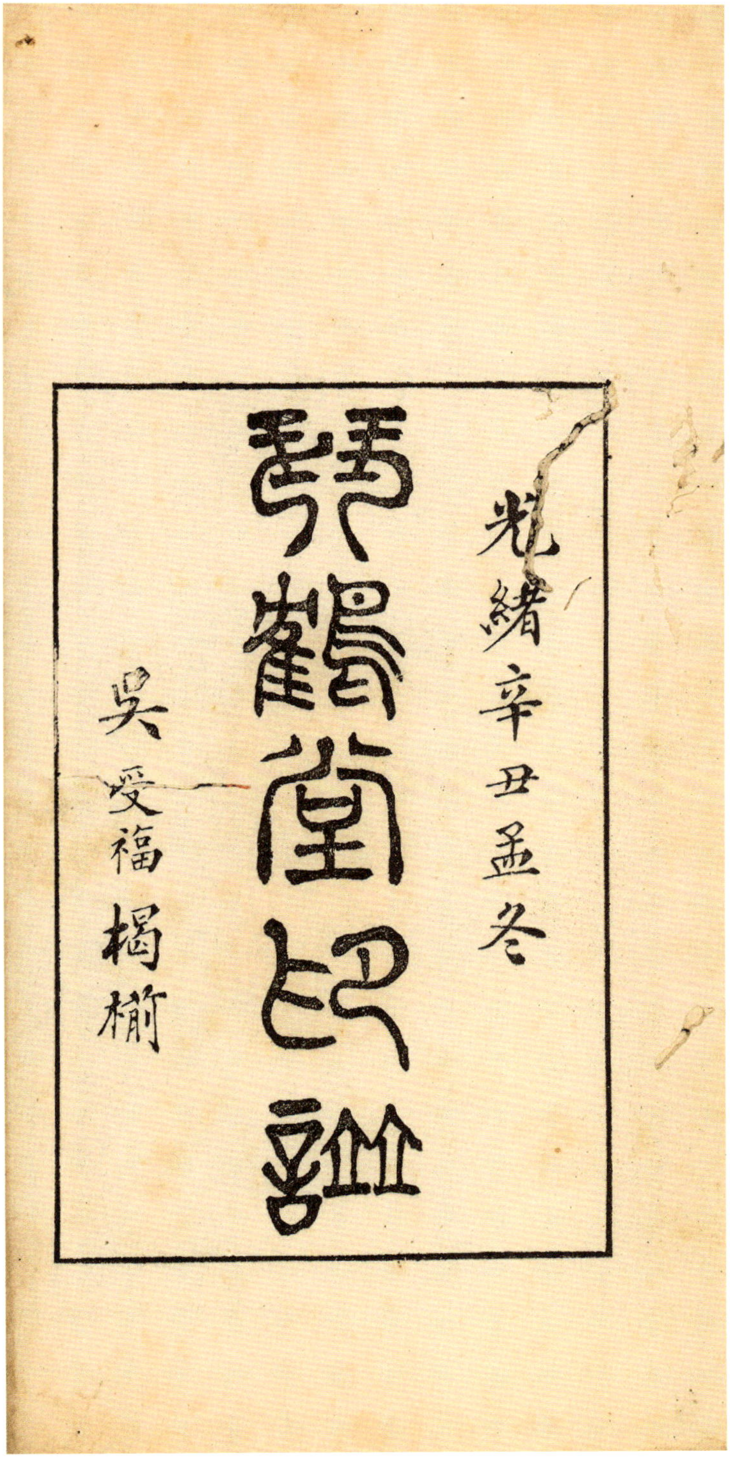

光緒辛丑孟冬

琴鶴堂印譜

吳受福楬櫫

琴鶴堂印譜不分卷　（清）繼良輯　清光緒二十七年（1901）鈐印本

匡高 13.5 厘米，廣 8.4 厘米。半葉行款不一，白口，四周單邊。

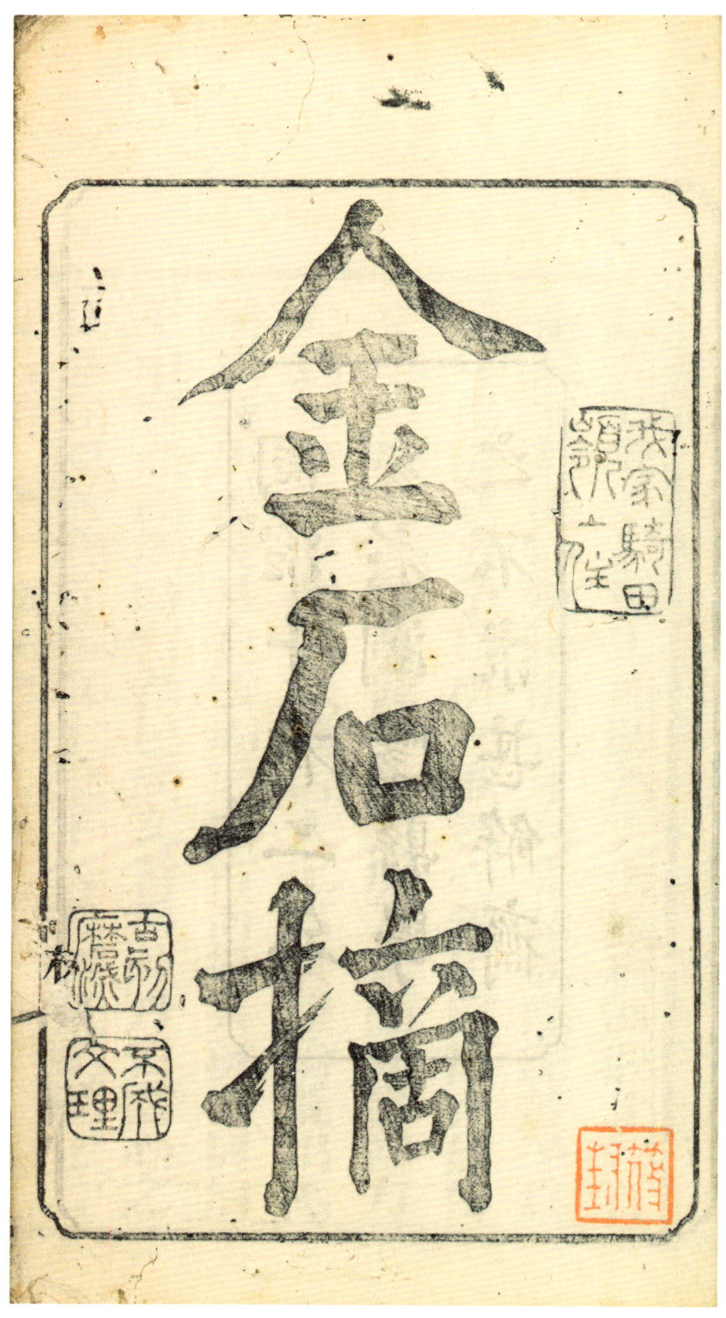

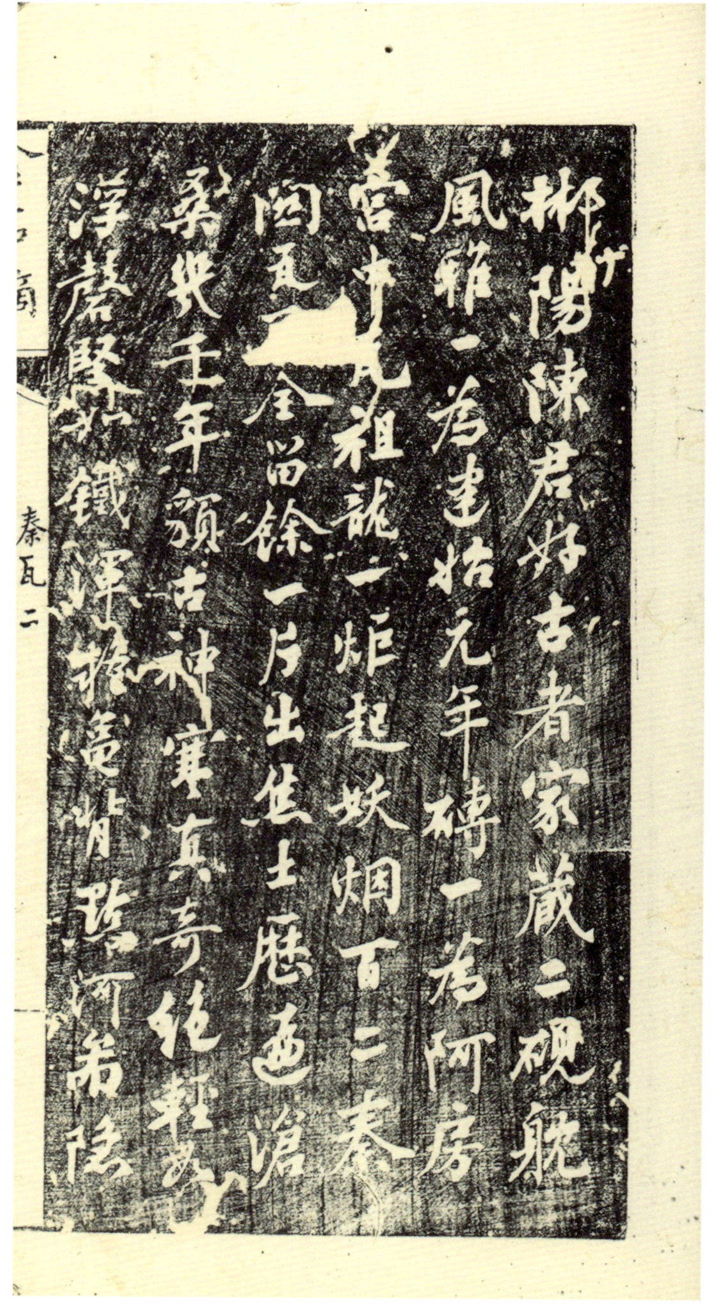

金石摘不分卷　（清）陳善墀輯　清光緒二年（1876）刻本

半葉行款不一，白口，四周單邊。

◎子部◎

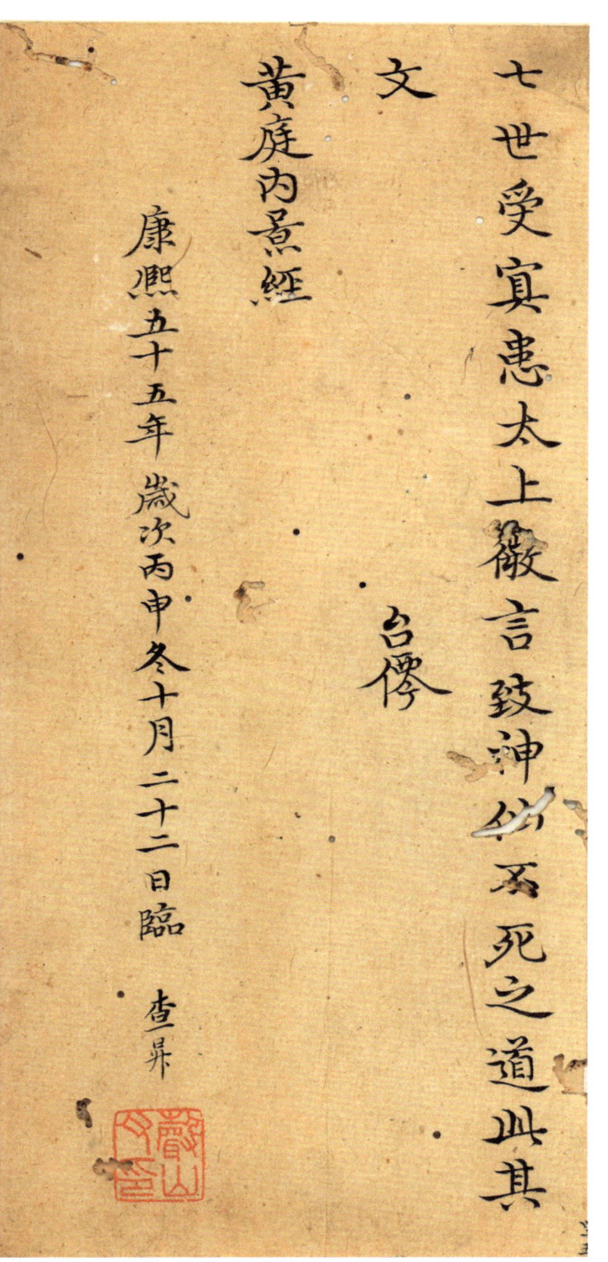
七世受寘患太上微言致神仙不死之道此其
文
台傳
黄庭内景經
康熙五十五年歲次丙申冬十月二十二日臨 查昇

聲山宮詹先生太上黄庭内景经 鄭親王題簽

楊羲和内景經

太上黄庭内景經 扶桑太帝君命暘谷神仙王傳魏夫人

黄庭内景經者一名太上琴心文 琴和也誦之可以和六府寧心神使得神仙

一名太上金書 扶桑太帝君宮中盡誦此經以金簡刻書之故曰金書也

一名東華

聲山宮詹先生太上黄庭内景經 （清）查昇書 清康熙五十五年（1716）

抄本

無版框。

待申報下一批國家珍貴古籍名録。

淮南子卷一
漢涿郡高誘注　　武進莊逵吉校刊
原道訓原本也本道根眞包裹天地以歷萬物故曰原道因以題篇
夫道者覆天載地道無形而大也廓四方柝八極廓張也柝開也八極八方
之極也言其遠柝讀重門擊柝之柝也高不可際深不可測際至也度深曰測一曰晝
也包裹天地稟授無形稟給也授予也無形萬物之本形者皆生於道故曰稟授無形
也原流泉浡沖而徐盈混混滑滑濁而徐清原泉之所自出也浡
湧也沖虛也始出虛徐流不止能漸盈滿以喻於道亦然也滑讀曰骨也故植之而塞于天
地橫之而彌于四海施之無窮而無所朝夕植立也塞滿也彌猶
絡也施用也用之無窮竭也無所朝夕盛衰舒之幎於六合卷之不盈於一
握舒散也幎覆也孟春與孟秋爲合仲春與仲秋爲合季春與季秋爲合孟夏與孟冬爲合仲夏與仲冬爲

淮南子卷一　一

十子全書十種一百二十卷　（清）王子興輯　清嘉慶九年（1804）刻本

匡高 18.0 厘米，廣 13.5 厘米。半葉十一行，行二十一字，小字雙行同，黑口，四周單邊。

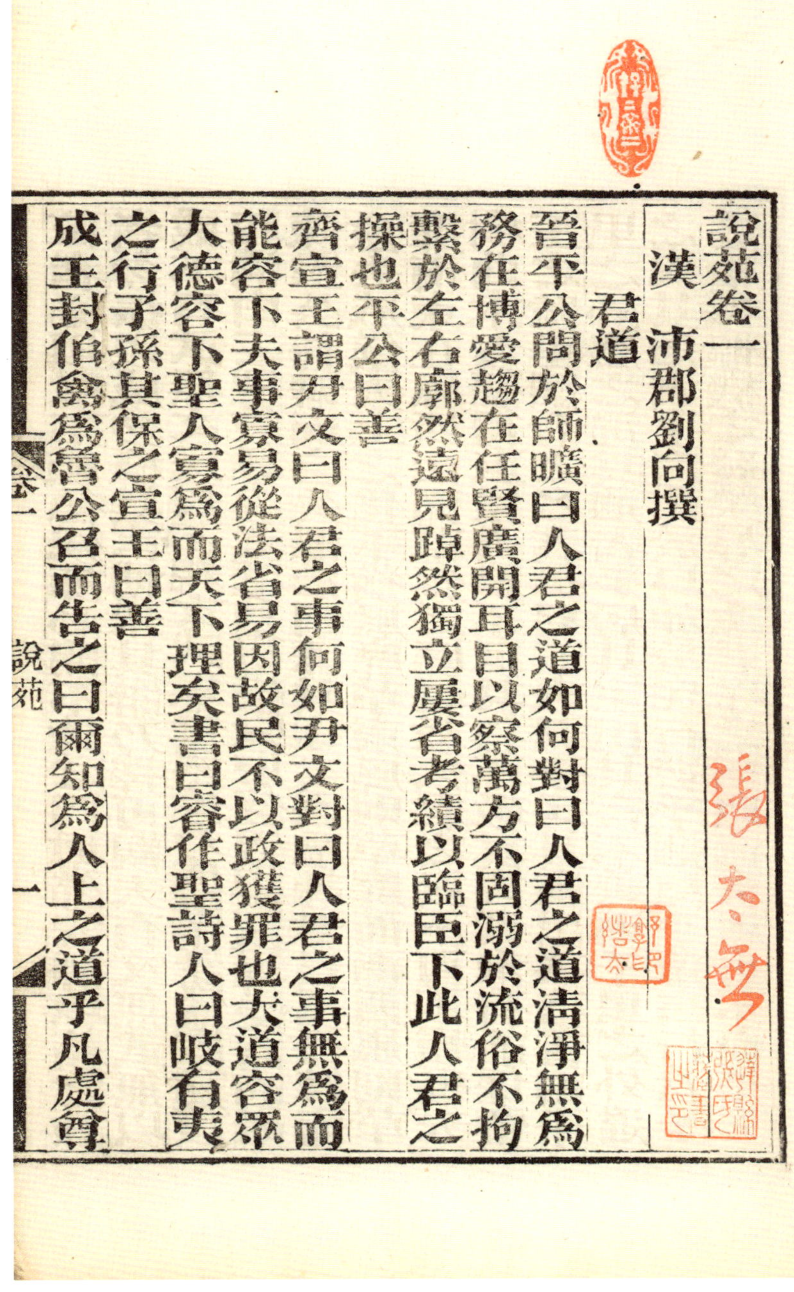
說苑卷一

漢　沛郡劉向撰

君道

晉平公問於師曠曰人君之道如何對曰人君之道清淨無爲務在博愛趨在任賢廣開耳目以察萬方不固溺於流俗不拘繫於左右廓然遠見踔然獨立屢省考績以臨臣下此人君之操也平公曰善

齊宣王謂尹文曰人君之事何如尹文對曰人君之事無爲而能容下夫事寡易從法省易因故民不以政獲罪也大道容衆大德容下聖人寡爲而天下理矣書曰睿作聖詩人曰岐有夷之行子孫其保之宣王曰善

成王封伯禽爲魯公召而告之曰爾知爲人上之道乎凡處尊

卷一　說苑　一

說苑二十卷　（漢）劉向撰 清光緒元年（1875）崇文書局刻本

匡高 18.9 厘米，廣 14.8 厘米。半葉十二行，行二十四字，黑口，四周雙邊。

唐氏蒙求卷上

長沙唐仲冕六幕著

人性本善　氣習浸遠　少成若性　蒙養宜勉

聖人施教　弟子當遵　入孝出弟　首重天倫

日謹而信　愛衆親仁　行有餘力　則以學文

垂爲大訓　自古依循　敬申其義　備述前聞

孝爲順德　必竭其力　父母恩劬　欲報罔極

心有深愛　必有愉色　出以至誠　循夫內則

唐氏蒙求二卷　（唐）唐仲冕撰　清嘉慶九年（1804）刻本

匡高18.6厘米，廣12.0厘米。半葉八行，行二十字，小字雙行同，白口，四周雙邊。

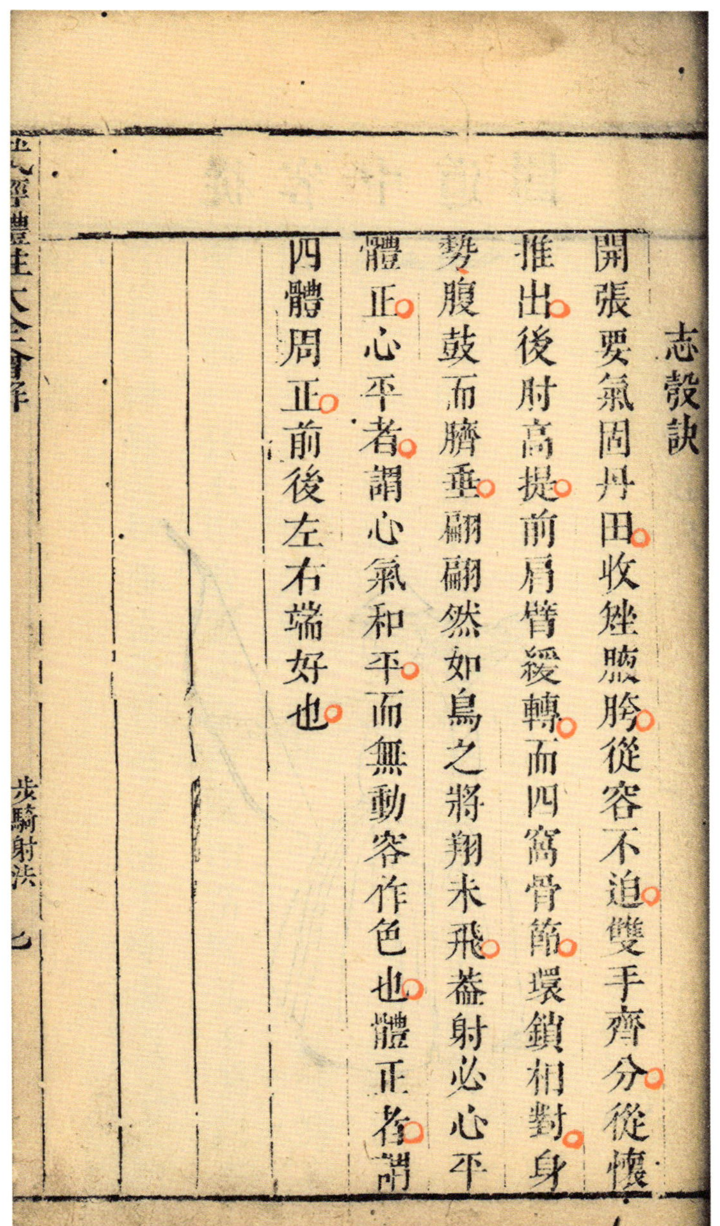

寧致堂武經體注大全會解七卷 （清）夏振翼　湯綱纂輯　（清）胡秉中參訂　清康熙（1662－1722）三畏堂光啓堂刻本

匡高 22.8 厘米，廣 14.5 厘米。行款不一，白口，左右雙邊間四周單邊。

五腔痛　即前兩膀與甲痛因愺起勞傷痛的宋

靈仙　加皮　然銅　花粉　防風
香附　丹皮　川芎　桔梗　没藥
羌活　丁香　白芷　紅花　當歸
台烏　檳榔　茴香　蒼术　官桂
甘草　童便酒為引

療馬全書一卷　清抄本

匡高16.4厘米，廣11.1厘米。半葉七行，行二十字，小字雙行不等，白口，四周雙邊，朱絲欄。

佩文齋廣羣芳譜卷第十一

桑麻譜

桑

原 桑東方自然神木之名其字象形蠶所食也見徐鍇說文通釋皮裂榦疎葉面深綠光澤多刻鈌方書稱桑之功最神在人資用尤衆其種類甚多不可徧舉世所名者荊與魯也荊桑多椹葉薄而尖邊有瓣凡枝榦條葉堅勁者皆荊類也魯桑少椹葉圓厚而多津凡枝榦條葉豐腴者皆魯類也荊類根固而心實能久宜爲樹魯類根不固心虛不能久宜爲地桑荊葉不如魯之盛當以魯接荊則久而又茂魯爲地桑有壓條法傳轉無窮是亦

廣羣芳譜　桑麻譜一　桑

佩文齋廣群芳譜一百卷目録二卷 （明）王象晉原編　（清）汪灝重編　清同治七年（1868）刻本

匡高 24.6 厘米，廣 15.9 厘米。半葉十一行，行二十一字，小字雙行同，白口，左右雙邊。

類證普濟本事方卷第一
宋白沙許學士原本
長洲葉　桂香巖釋義
治中風肝膽筋骨諸風
治肝經因虛內受風邪臥則魂散而不守狀若驚悸真
珠圓
真珠母叁分研細同碾　熟乾地黄
當歸各壹兩半　人參
柏子仁　酸棗仁各壹兩
雲茯神　暹邏犀角

類證普濟本事方十卷附治藥總例一卷　（宋）許叔微撰　（清）葉桂釋義　清嘉慶十九年（1814）姑蘇掃葉山房刻本

匡高 18.0 厘米，廣 14.2 厘米。半葉十行，行二十一字，小字雙行同，黑口，左右雙邊。

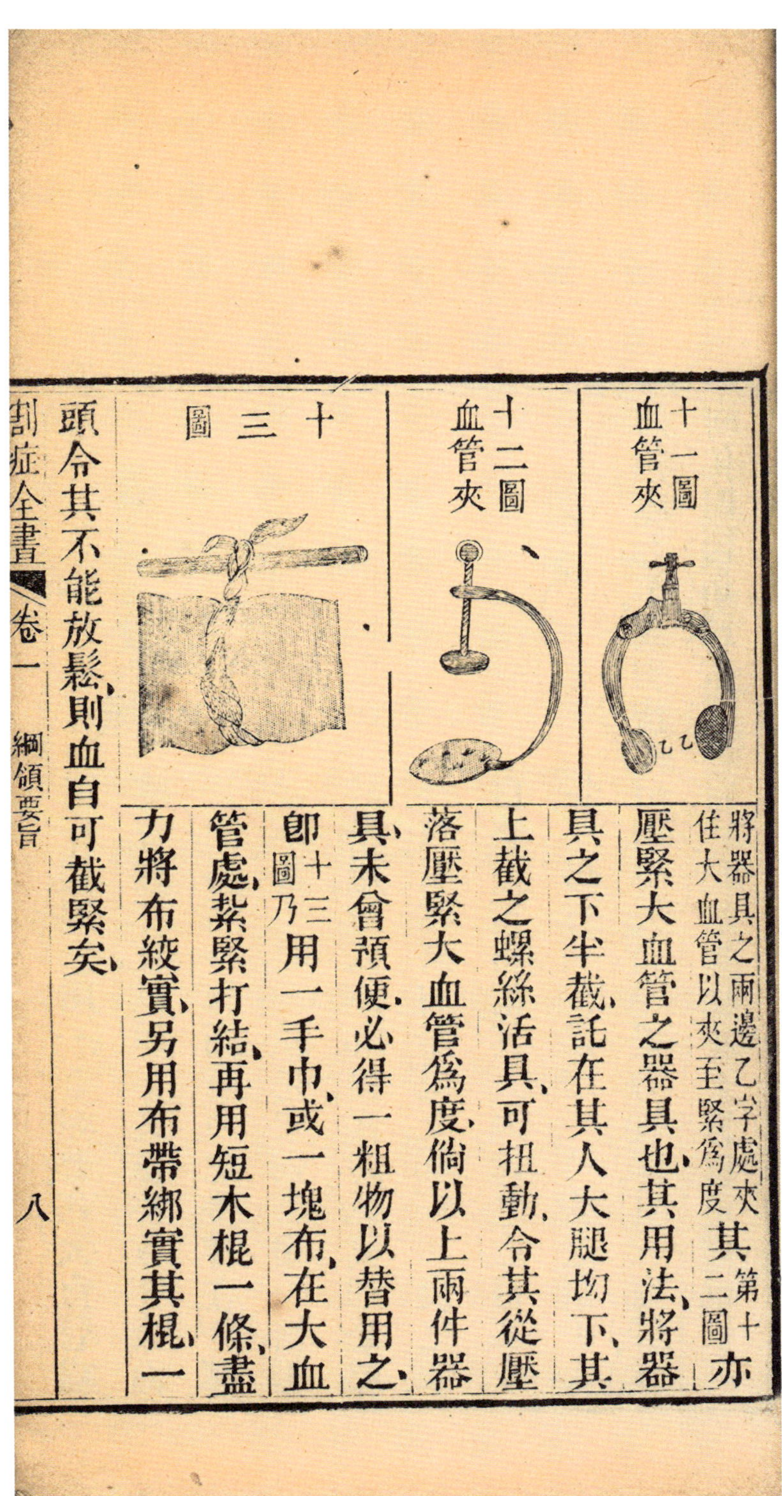

十一圖 血管夾

十二圖 血管夾

十三圖

將器具之兩邊乙字處夾住大血管以夾至緊爲度其第十二圖亦壓緊大血管之器具也、其用法、將器具之下半截、託在其人大腿坳下、其上截之螺絲活具、可扭動、令其從壓落壓緊大血管爲度、倘以上兩件器具未曾預便、必得一粗物以替用之、卽十三圖乃用一手巾或一塊布、在大血管處、紮緊打結、再用短木棍一條、盡力將布絞實、另用布帶綁實其棍一頭、令其不能放鬆、則血自可截緊矣、

割症全書 卷一 綱領要旨 八

割症全書七卷 ［美國］嘉約翰譯 清光緒十六年（1890）羊城博濟醫局刻本

匡高 19.3 厘米，廣 14.1 厘米。半葉十行，行二十四字，小字雙行同，白口，四周雙邊。

脈音麥本作䘑䘑俗誤作脉、確苦角切腔入聲音卻、

脈訣采眞卷一

成都棉花街西江公所隔壁第十四號閑存齋藏板

蜀古遂州王鴻驥翔鶴編輯

蜀陽安郡馬世儒伯崇

黔威甯州朱光壁星樞參校

蜀古遂州吳景澄仲如

受業簡州馬心融君長音校

脈確 黃韞兮著

浮陽○內經謂之毛

脈訣采眞卷一　一

利溥集四種十八卷 （清）王鴻驥編　清宣統二年（1910）成都閑存齋刻本

匡高16.0厘米，廣10.9厘米。半葉八行，行二十字，小字雙行同，白口，四周雙邊。

黃氏醫書八種

庚申孟夏月

上海錦章圖書局印行

五官開竅

肝竅於目心竅於舌脾竅於口肺竅於鼻腎竅於耳五藏之精氣開口于頭上是謂五官手之三陽自手走頭足之三陽自頭走足頭為手足六陽之所聚會五藏陰也陰極生陽陽性清虛而親上清虛之極神明出焉五神發露上開七竅聲色臭味於此攸辨官竅者神氣之門戶也清陽上升則七竅空靈濁陰上逆則五官窒塞清升濁降一定之位人之少壯清升而濁降故上虛而下實人之衰老清陷而濁逆故上實而下虛七竅之空靈者以其上虛五官之窒塞者以其上實其實者以其虛也其虛者以其實也

五氣分主

肝屬木其色青其臭臊其味酸其聲呼其液泣心屬火其臭焦其味苦其聲笑其液汗其色赤脾屬土其味甘其聲歌其液涎其色黃其臭香肺屬金其聲哭其液涕其色白其臭腥其味辛腎屬水其液唾其色黑其臭腐其味鹹其聲呻蓋肝主五色五藏之色皆肝氣之所入也入心為赤入脾為黃入肺為白入腎為黑心主五臭五藏之臭皆心氣之所入也入脾為香入肺為腥入腎為腐入肝為臊脾主五味五藏之味皆脾氣之所入也入肺為辛入腎為鹹入肝為酸入心為苦肺主五聲五藏之聲皆肺氣之所入也入腎為呻入肝為呼入心為言入脾為歌腎主五液五藏之液皆腎氣之所入也入肝為淚入心為汗入脾為涎入肺為涕

五味根原

木曰曲直曲直作酸火曰炎上炎上作苦金曰從革從革作辛水曰潤下潤下作鹹土爰稼穡稼穡作甘火性炎上炎上則作苦水性潤下潤下則作鹹木性升發直則升而曲則不升鬱而不升是以作酸金性降斂從則降而革則不降滯而不降是以作辛使坎離交媾龍虎迴環則火下炎而不苦水上潤而不鹹木直升而不酸金從降而不辛金木者水火所由以升降也木直則腎水隨木而左升金從則心火隨金而右降木曲而不直故腎水下潤金革而不從故心火上炎而交濟水火升降金木之權總由於土土者水火金木之中氣左旋則化木火右轉則化金水實四象之父母也不苦不鹹不酸不辛是以味甘己土不升則水木下陷而作酸鹹戊土不降則火金上逆而作苦辛緣土主五味四象之酸苦辛鹹皆土氣之中鬱也四象之內各含土氣土鬱則傳於四藏而作諸味調和五藏之原職在中宮也

五情緣起

肝之氣風其志為怒心之氣熱其志為喜肺之氣燥其志為悲腎之氣寒其志為恐脾之氣濕其志為思蓋陽升而化火則熱

四聖心源　卷一

黃氏醫書八種　（清）黃元御撰　清宣統元年（1909）上海錦章圖書局石印本

匡高 18.2 厘米，廣 12.1 厘米。半葉二十三行，行四十八字，白口，四周雙邊。

按古方書皆曰中風今日傷風

外感熱閉衛氣之外發也内熱損營之內傷皮毛在外感熱在內皆不同治法毒癥傷發熱內傷見不可下方熱

傅青主男科卷上

傷寒門

初病說

凡病初起之時用藥原易奏功無如世人看不清證用藥錯亂往往致變證蜂起苟看病清用藥當何變證之有

傷風

凡人初傷風必然頭痛身痛咳嗽痰多鼻流清水切其脉必浮方用　荆芥防風柴胡黄芩半夏甘草各等分水煎服一劑即止不必再劑也

傷寒

凡傷寒初起鼻塞目痛項强頭痛切其脉必浮緊方用　桂枝乾葛陳皮甘草各等分水煎服一劑即愈

外感

凡人外感必然發熱方用　柴胡黄芩荆芥半夏甘草各等分水煎服　四時不正之氣來犯人身必然由皮毛而入營衛故用柴胡荆芥先散皮毛之邪邪既先散安得入內又有半夏以祛痰使邪不得挾痰以作祟黄芩以清火使邪不得挾火以作殃甘草調藥以和中是以邪散而無傷於正氣也若內傷之發熱則不可用此方

傷食

凡傷食必心中飽悶見食則惡食之轉痛也方用　白朮　茯苓　枳殼各一錢　穀芽　麥芽各二錢　山查十二個　神麯五錢　半夏一錢　甘草五分　砂仁三粒　水煎服一劑快二劑愈

傅青主男科二卷　（清）傅山撰　清光緒三十二年（1906）上海掃葉山房石印本

匡高 16.2 厘米，廣 11.4 厘米。半葉十八行，行四十字，小字雙行同，白口，四周雙邊。

律例館校正洗冤錄卷一

檢驗總論

事莫重於人命罪莫大於死刑殺人者抵法固無恕施刑失當心則難安故成招定獄全憑屍傷檢驗爲眞傷眞招服一死一抵俾知法者畏法民鮮過犯保全生命必多倘檢驗不眞死者之冤未雪生者之冤又成因一命而殺兩命數命仇報相循慘何底止人命重獄關係匪小被傷之人未死以前全在官司據報即時親驗註明受傷在何要害之處辨別輕重立

洗冤錄　卷一　檢驗總論　一

律例館校正洗冤録四卷　（宋）宋慈撰　清刻本

匡高 21.6 厘米，廣 16.8 厘米。半葉九行，行二十字，小字雙行同，白口，四周雙邊。

重刊巢氏諸病源候總論卷一
隋大業六年太醫博士臣巢元方等奉勅撰
風病諸候上　凡二十九論
中風候
中風者風氣中於人也風是四時之氣分布八方主長養萬物從其鄉來者人中少死病不從鄉來者人中多死病其爲病者藏於皮膚之間内不得通外不得泄其入經脈行於五藏者各隨藏府而生病焉心中風但得偃臥不得傾側汗出若脣赤汗流者可治急灸心俞百壯若脣或青或黑或白或黄此是心壞

重刊巢氏諸病源候總論五十卷　（隋）巢元方撰　清光緒元年（1875）湖北崇文書局刻本

匡高 18.0 厘米，廣 12.1 厘米。半葉九行，行二十四字，白口，左右雙邊。

脉訣

紫虚崔真人　撰
新安吳勉學　校

人身之脉　本乎榮衛　榮者陰血
衛者陽氣　榮行脉中　衛行脉外
脉不自行　隨氣而至　氣動脉應
陰陽之義　氣如橐籥　血如波瀾
血脉氣息　上下循環　十二經中
皆有動脉　手太陰經　可得而息
此經屬肺　上系吭嗌　脉之大會

東垣十書十種　清文奎堂刻本

匡高 19.1 厘米，廣 13.3 厘米。半葉十行，行二十字，白口，四周雙邊。

麥冬三錢 桔梗一錢 桑皮一錢 半夏一錢 生地一錢 竹茹一錢
麻黃三分 五味五分 甘草五分 生薑三片
小青龍湯　主寒飲咳逆倚息不得卧者。第一神方。　按十棗專
主内飲。不及外邪。此方主内外合邪。以下五法本此加減。
麻黃一錢 桂枝一錢 白芍一錢 乾薑一錢 炙草一錢 半夏八分
五味五分 細辛五分
金匱小青龍五法　桂苓五味甘草湯　青龍徹礙腎元虧　上
逆下流又冒時　桂苓五味和甘草　抑陰斂逆鎮衝宜。
桂枝四錢 茯苓四錢 五味二錢 炙草三錢　主腎陽不足。誤服青

簡易醫訣　卷二 雜病　咳嗽

簡易醫訣四卷　（清）周雲章撰　清宣統元年（1909）新都周氏家刻本

匡高 18.9 厘米，廣 11.7 厘米。半葉九行，行二十五字，小字雙行同，白口，左右雙邊。

邪從口鼻而入故曰上受但春溫冬時伏寒藏於少陰遇春時溫氣而發非必上受之邪也則此所論溫邪乃

種福堂公選良方兼刻古吳名醫精論卷一

古吳葉桂　天士先生論　錫山華南田岫雲較

溫熱論

溫邪上受首先犯肺逆傳心胞肺主氣屬衛心主血屬營辨營衛氣血雖與傷寒同若論治法則與傷寒大異蓋傷寒之邪留戀在表然後化熱入裡溫邪則熱變最速未傳心胞邪尚在肺肺主氣其合皮毛故云在表在表初用辛涼輕劑挾風則加入薄荷牛蒡之屬挾濕加蘆根滑石之流或透濕於熱外或滲濕於熱下不與熱相搏勢必孤矣不爾風挾溫熱而燥生清竅必乾謂水主之氣不能上榮

種福堂公選良方四卷　（清）葉桂撰　清道光九年（1829）衛生堂刻朱墨套印本

匡高 19.2 厘米，廣 13 厘米。半葉十行，行二十二字，白口，四周雙邊。

神農本草經讀卷一

閩吳航陳念祖修園甫著

上品

人參氣味甘微寒無毒主補五藏安精神定魂魄止驚悸除邪氣明目開心益智久服輕身延年

陳修園曰本經止此三十七字其提綱云主補五藏以五藏屬陰也精神不安魂魄不定驚悸不止目不明心智不足皆陰虛爲亢陽所擾也今五藏得甘寒之助則有安之定之止之明之開之益之之效矣曰邪氣者非指外邪而言乃陰虛而壯火食氣火即邪氣也今五藏得甘寒之助則邪氣除矣余細味經文無一字言及溫補回陽故仲景於汗吐下陰傷之症用之以救津液而一切回陽方中絕不加此陰柔之品反緩薑附之功故四逆湯通脈四逆湯爲回陽第一方皆不用人參而四逆加人參湯以其利止亡血而加之也茯苓四逆湯用之者以其在汗下之後也今人輒云以人參回陽此說倡自宋元以後而大盛於薛立齋張景岳李士材輩而李時珍本草綱目尤爲雜沓學者必於此等書焚去方可與言醫道　仲景一百一十二方中用人參者只有一十七方新加湯小柴胡湯柴胡桂枝湯半夏瀉心湯黃連湯生薑瀉心湯旋覆代赭石湯乾薑黃連黃芩人參湯厚朴生薑半夏人參湯桂枝人參湯

神農本草經讀　卷一　上品　　商務印書館印行

陳修園醫書五十種　（清）陳念祖撰　光緒三十一年（1905 年）上海商務印書館鉛印本

匡高 16.5 厘米，廣 11.0 厘米。半葉十六行，行三十三字，白口，四周雙邊。

病症門

風寒頭痛偏正頭風日久者同治

蕎麥粉炒熱加醋再炒乘熱敷上用布包緊勿見風冷則更换日夜不斷

偏頭痛

蘿蔔汁加冰片少許昂頭灌入鼻左痛灌右右痛灌左

一切頭痛

川芎一錢茶葉二錢水煎温服

終年頭似痛非痛此腎水不足邪氣上衝之症也

熟地玉竹各一兩山萸肉四錢眞山藥元參川芎當歸各三錢五味麥冬

各二錢水煎服服後痛甚二劑斷根

風寒感冒頭痛發熱

病症門　一

淑老軒經驗方一卷　（清）黄毓恩輯　清光緒十六年（1890）四川臬署刻本

匡高 18.6 厘米，廣 11.3 厘米。半葉十一行，行三十字，小字雙行同，黑口，四周雙邊。

五種經驗方

痢疾諸方

瘧疾諸方

金創花蕊石散方

疔瘡諸方

喉科諸方

漢陽葉氏重刻

醫爲仁術自古尚矣精於其術診疾酌方則可以神明其用若不知醫不如直用古方自能助效然醫書脈訣代有明賢纂修不惟不能盡讀亦無力購買余每欲於目擊屢驗之方抄之成帙奈謭陋寡聞不能

五種經驗方一卷 （清）葉志詵輯 清道光三十年（1850）粤東撫署刻本

匡高 16.8 厘米，廣 12.0 厘米。半葉十一行，行二十字，黑口，左右雙邊。

白喉治法忌表抉微序

余素未習醫咽喉一症尤屬茫然今年正月余三兒自至戚汪大令處染患白喉延同鄉某甲醫診治據曰此喉痺也切不可破破則不治方用牛蒡桔梗殭蠶杏仁荊芥防風等藥一劑而汗出然鼻塞矣再劑而熱退然音瘂矣又延診之則曰邪退其半矣以前方略加增減一劑而白塊自落矣再劑而鼻流鮮衄矣又延診之則曰邪皆外出矣又以原方去荊防杏仁加射干黄芩一劑而喉外暴腫再劑而喉內全爛且頑痰上壅骨節漲滿神志昏悶睡寤恍惚始知藥誤急改延某乙醫來視曰誤服表藥受患過深

白喉忌表抉微　序言　一

白喉治法忌表抉微一卷　（清）耐修子撰　清刻本

匡高 17.6 厘米，廣 12.4 厘米。半葉十行，行二十二字，小字雙行同，白口，四周單邊。

名醫類案卷第一

新都篁南江瓘集　後學　仁和余集蓉裳　錢塘魏之琇玉横　仁和沈烺敦僧　歙鮑廷博以文　重校

中風

琇按南方中風絶少多屬非風類風皆風木内病臨症之工宜詳審焉○凡風由内發皆屬氣與火若後之虛風涸風是也

許胤宗治王太后病風不能言口噤而脉沉事急矣非大補不可也若用有形之湯藥緩不及事乃以防風黄芪煎湯數斛置於牀下湯氣薰蒸滿室如霧使口鼻俱受之其夕便得語此非智者通神之法不能回也蓋人之口通乎地鼻通乎天口以養陰鼻以養陽天主清故鼻不受有形而

名醫類案卷一　中風　一　知不足齋正本

名醫類案十二卷　（明）江瓘編　清同治十年（1871）藏修堂刻本

匡高 18.0 厘米，廣 14.1 厘米。半葉十行，行二十三字，小字雙行同，黑口，左右雙邊。

羣方續編序

昔人云士君子不爲良相即爲良醫誠以貴賤大小雖若不同其所以利物濟人則一也吾儕讀聖賢書自當以利濟爲念但良相固其難言良醫亦豈易及然術雖難精其志則不可無也嘗聞宋蘇內翰沈存中二公好談方藥閒居退處選擇良多故觸發其意不論今古凡有應驗者並蒐求收葺恨藏書不多見聞未廣終嘗參覈無幾不意於辛巳歲忽遇江西郭謙園先生抱楊公救貧之術作編入聞其于青囊奧妙固已燭照數計直透玄關更能傍通仁岐扁鵲之秘雖不以醫名而施藥濟世者

羣方便覽續編 序 一

群方便覽續編二卷 清同治五年（1866）刻本

匡高 19.9 厘米，廣 13.1 厘米。半葉十行，行二十四字，小字雙行不等，白口，左右雙邊。

乾薑辛溫故用之以回陽氣若併此不得則令壯盛人以氣呵之亦可救倉卒之變

王氏醫案卷一　原名回春錄

杭州王士雄孟英著　同郡周　鑅光遠輯錄

甲申夏予於登廁時忽然體冷汗出氣怯神疲孟英視之曰陽氣欲脫也卒不及得藥適有三年女佩薑一塊約重四五錢急煎而灌之即安後用培補藥率以參耆朮草爲主蓋氣分偏虛也

范慶簪年踰五十素患痰嗽乙酉秋在婺驟然吐血勢頗可危孟英診曰氣虛而血無統攝也雖向來咳嗽陰虧陰藥切不可

王氏醫案二卷續編二卷　（清）王士雄撰　（清）周鑅輯　清道光三十年（1850）刻本

匡高 20.3 厘米，廣 14.9 厘米。半葉九行，行二十四字，白口，四周雙邊。

達生編

衆善捐梓校正無訛

調經訓言

天地生生之理。止陰陽二氣。合則生之理全。分則人之質定。故男秉陽。女秉陰。男肖日。女肖月。男子生氣。一日一動。女子生氣。一月一週。半夜子時。男子生機所發。月經行日。女子生意所萌。能於此生生之時。加意保護。便可御病延年。此一定之理也。每思世間女子。較男子頗逸。至於富貴之家。閨閣婦女錦衣美食。

達生編一卷　（清）亟齋居士撰　清道光二十二年（1842）刻本

匡高20.3厘米，廣14.2厘米。半葉九行，行二十字，小字雙行同，白口，四周雙邊。

醫門法律卷之二

西昌喻昌嘉言甫著

中寒門　論一首　律三條　法十三條　此類法六十九條

風寒暑濕燥火六氣分配手足各六經百病之生莫不繇之軒岐論列要在於此然原始上古經文先師僦季貸所傳每思洪荒初闢結繩紀事書從何來豈光音天化生世界聖有天醫降下乎抑仰求大自在天而得之乎然則醫藥者上天之載也窮理盡性至命首推醫學矣去古漸遠無階可升曰取內經讀之其端緒或有或無有者可求無者將何求耶君相二火及燥氣未曾深及卽寒之一氣賴先聖張仲景推演傷

醫門法律　卷之二　中寒門　一

醫門法律六卷　（清）喻昌撰　清刻本

匡高14.0厘米，廣10.2厘米。半葉十行，行二十三字，白口，四周單邊。存五卷。

高士宗先生手授醫學眞傳

受業門人 王嘉嗣子佳 管益齡介眉 朱升曙升 楊袓長舒 曹增美自王 徐麟辭皆邾 楊吳山邁荃 奚天樞尙公 述

丙子春先生聚門弟子于侶山講堂講學論道四載有餘羣弟子先後進問道漸以明醫漸以備先生著示及門嗣等手錄者不下百餘則因謂及門曰此醫學眞傳也汝等錄之將來可以公諸天下矣嗣因摘述而授之梓

醫道失傳

醫學眞傳　卷上　一

高士宗先生手授醫學真傳三卷　（清）高士宗撰　（清）王嘉嗣等編　清光緒三十二年（1906）成都學海堂刻本

匡高 15.6 厘米，廣 10.5 厘米。半葉九行，行二十字，小字雙行同，白口，四周雙邊。

醫門法律卷一

南昌喻　昌嘉言甫著　　黎川陳守誠伯常重梓

○一明望色之法

望色論 附律一條

喻昌曰人之五官百骸賅而存者神居之耳色者神之旗也神旺則色旺神衰則色衰神藏則色藏神露則色露帝王之色龍文鳳彩神仙之色嶽翠山光榮華之色珠明玉潤壽耇之色柏古松蒼乃至貧夭之色重濁晦滯枯索羹黧莫不顯呈於面而病成於內者其色之著見又當何如內經舉面目為望色之要謂面黃目青面黃目赤面黃目白面黃目黑者皆不死面青目赤面赤目白面青目黑面黑目白面赤目青皆死蓋以黃為中土之色病人面目顯黃色而不受他色所侵則吉面目無黃色而惟受他色所侵則凶雖目色之黃濕深熱熾要未可論於死生之際也然五臟善惡之色見於面者額頰鼻頤各有分部刺熱篇謂肝熱病者左頰先赤心熱病者額先赤脾熱病者鼻先赤肺熱病者右頰先赤腎熱病者頤先赤病雖未發見赤色者刺之名曰治未病是則五藏分部見於面者在所加察不獨熱病為然矣然更有進焉則目下之精明鼻間之明堂是也經謂精明五色者氣之華也是五藏之精華上見為五色變化於精明之間某色為善某色為惡可先知也謂容色見上下左右各在其要是明堂上下左右可分別其色之逆從並可分別男女色之逆從故為要也察色之妙無以加矣仲景更出精微一法其要則在中央鼻準毋亦以鼻準在天為鎮星在地為中嶽木金水火四藏病氣必歸併於中土耶其謂鼻頭色青腹中苦冷痛者死此一語獨刊千古後人每恨卒病論亡莫繇上溯淵源不知此語正其大旨也蓋厥陰肝木之青色挾腎水之寒威上徵於鼻下徵於腹是為暴病頃之亡陽而卒死耳其謂鼻頭色微黑者有水氣又互上句之意見黑雖為腎陰之色微黑且無腹痛但主水氣而非暴病也謂

醫門法律卷一　望色論　一　上海校經山房校印

醫門法律六卷　（清）喻昌撰　清光緒二十六年（1900）上海校經山房石印本

匡高 16.2 厘米，廣 11.5 厘米。半葉十八行，行四十二字，白口，四周雙邊。

證治鍼經卷一

海昌郭誠勳雲臺輯

傷寒心法

仲景先師傷寒論愚既著便讀矣顧後賢輩出各有發明亦未可例之自檜以下也爰撮其要旨輯爲騈辭既便省覽亦備遺忘鄙瑣之誚所不敢辭猶前志云爾癸未季春誌

上篇

證治鍼經　卷一　傷寒上篇　一

證治鍼經四卷　（清）郭誠勳輯　清光緒二十年（1894）簡州施榮泰刻本

匡高 16.5 厘米，廣 11.1 厘米。半葉八行，行二十字，小字雙行同，白口，四周單邊。

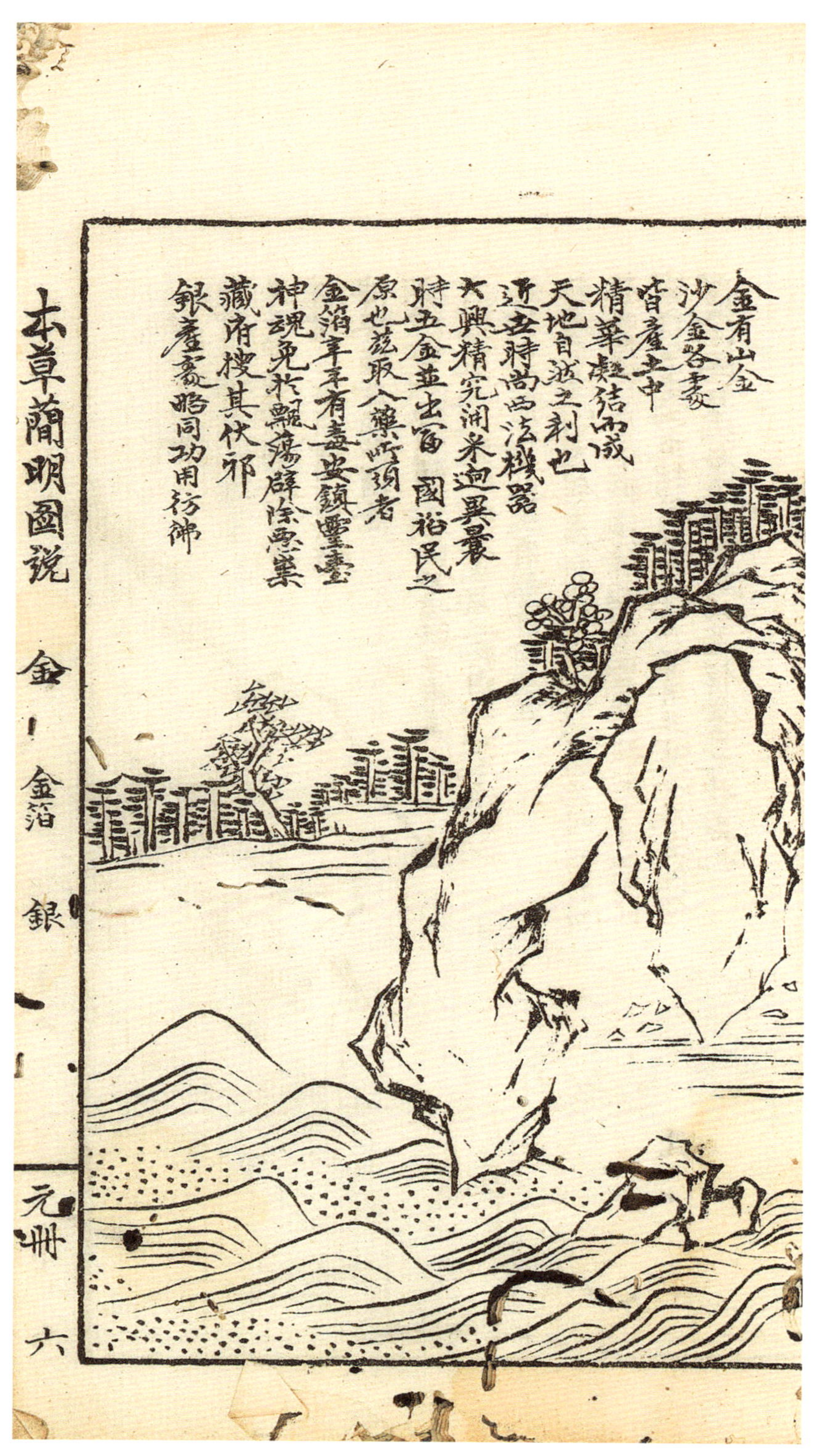

金有山金沙金各處皆產土中精華凝結而成天地自然之利也近去時尚西法機器大興精究淘米迥異最時五金並出富 國裕民之原也茲取入藥所須者金箔年年有毒安鎮靈臺神魂免於飄蕩辟除惡祟藏府樓其伏邪銀產之處略同功用彷彿

本草簡明圖說 金 | 金箔 銀

元冊 六

本草簡明圖說 （清）高承炳撰 清光緒十八年（1892）上海古香閣石印本

匡高 13.2 厘米，廣 8.3 厘米。半葉十行，行三十二字，白口，四周單邊。

本經逢原卷一

長洲石頑張　璐路玉父纂述

男　登誕先　倬飛疇　參訂

水部

諸水　古人服藥必擇水火故凡湯液多用新汲井華水取天真之氣浮於水面也宜文火煎成候溫緩緩服之金匱云凡煮藥飲汁以解毒者雖云救急不可熱飲諸毒病得熱更甚宜冷飲之此言治熱解毒

本經逢原卷一　水部　諸水　一

本經逢原四卷　（清）張璐撰　清末刻本

匡高 18.8 厘米，廣 12.9 厘米。半葉九行，行二十字，白口，四周雙邊。

醫經溯洄集

魏博　王履　著
新安　吴勉學　校

神農嘗百草論

淮南子云神農嘗百草一日七十毒予嘗誦其書每至于此未始不歎夫孟子所謂盡信書則不如無書夫神農立極之大聖也閔生民之不能以無疾故察夫物性之可以愈疾者以貽後人固不待乎物物必嘗而始知也苟待乎物物必嘗而始知則不足謂之生知之聖也以生知之聖言之則雖不嘗亦可知也

溯洄集　一

醫經溯洄集一卷　（元）王履撰　清刻本

匡高 19.9 厘米，廣 13.7 厘米。半葉十行，行二十字，白口，四周雙邊。

辨證録卷之一

山陰陳士鐸敬之甫號遠公又號朱華子著述

會稽陶式玉尚白甫號存齋又號　參訂

傷寒門

一冬月傷寒發熱頭痛汗出口渴人以爲太陽之症也誰知太陽已趨入陽明乎若徒用乾葛湯以治陽明則頭痛之症不能除若徒用麻黄湯以治太陽則汗出不能止口渴不能解勢必變症多端輕變爲重法宜正治陽明而兼治少陽也何則邪入陽明留於太陽者不過零

辨證録　卷之一　傷寒

辨證録十四卷　（清）陳士鐸撰　清道光二十六年（1846）刻本

匡高 17.8 厘米，廣 13.8 厘米。半葉九行，行二十二字，白口，左右雙邊。

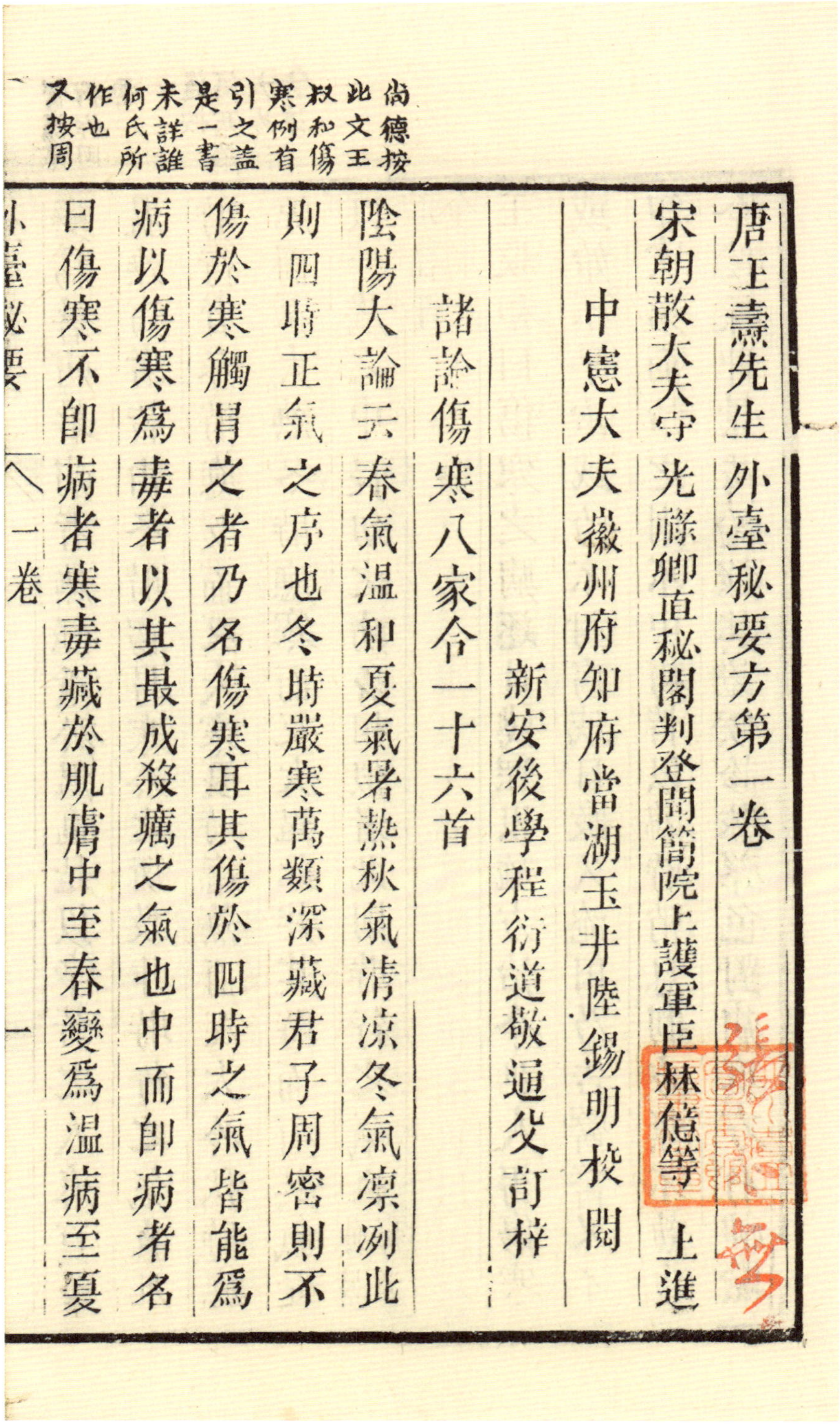

尚德按此文王叔和傷寒例首引之蓋是一書未詳誰何氏所作也又按周

唐王燾先生外臺秘要方第一卷

宋朝散大夫守光祿卿直秘閣判登聞簡院上護軍臣林億等 上進

中憲大夫徽州府知府當湖玉井陸錫明校閱

新安後學程衍道敬通父訂梓

諸論傷寒八家合一十六首

陰陽大論云春氣温和夏氣暑熱秋氣清涼冬氣凜冽此則四時正氣之序也冬時嚴寒萬類深藏君子周密則不傷於寒觸冒之者乃名傷寒耳其傷於四時之氣皆能爲病以傷寒爲毒者以其最成殺厲之氣也中而即病者名曰傷寒不即病者寒毒藏於肌膚中至春變爲温病至夏

外臺秘要 一卷 一

唐王燾先生外臺秘要方四十卷 （唐）王燾撰 清同治十三年（1874）廣州翰墨園刻本

匡高 22.3 厘米，廣 15.5 厘米。半葉十行，行二十二字，小字雙行同，白口，左右雙邊間四周單邊。

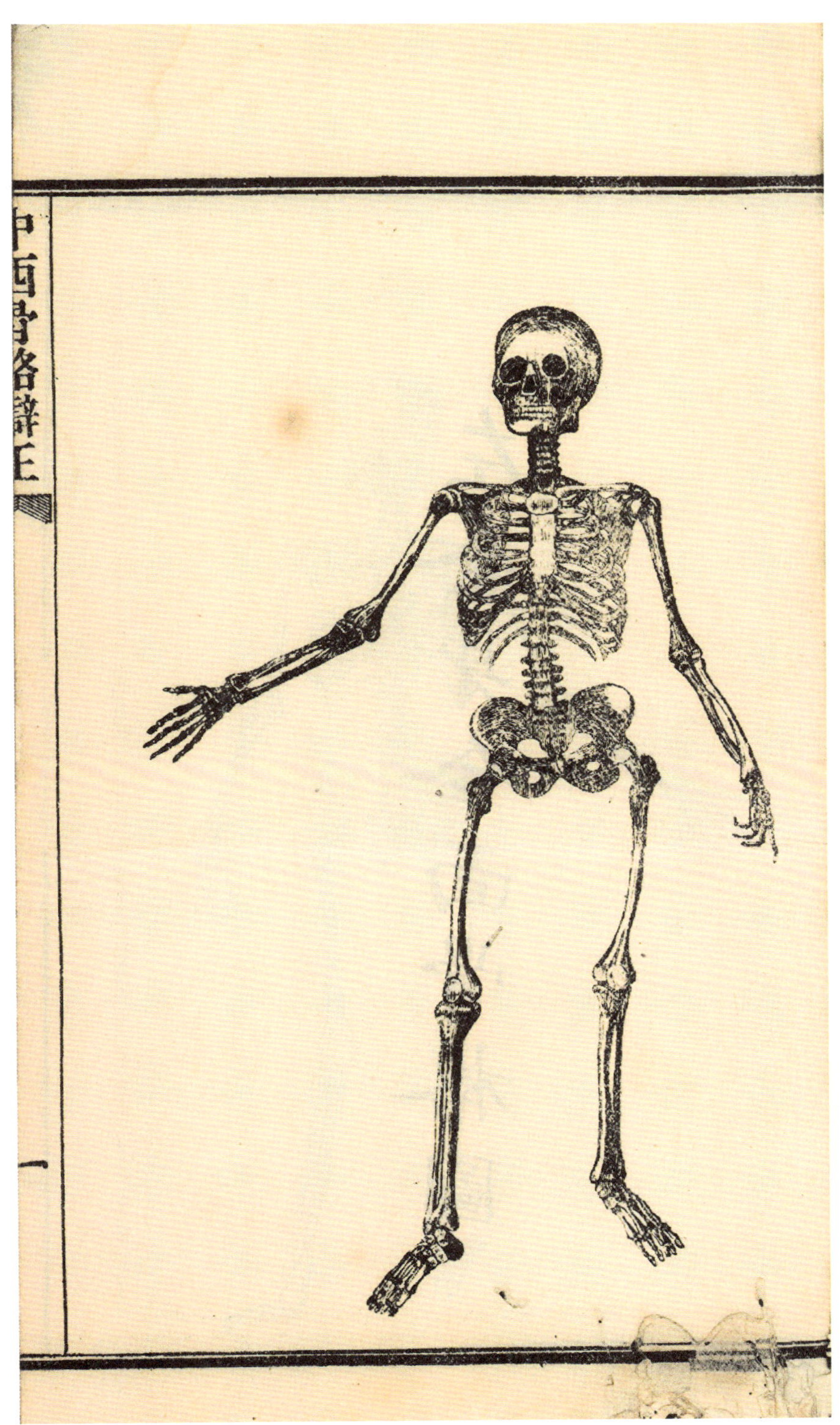

中西骨格辯正六卷附骨格圖一卷 （清）劉廷楨輯　清光緒二十九（1903）上海美華書館鉛印本

匡高 19.5 厘米，廣 13.5 厘米。半葉十五行，行三十四字，小字雙行同，白口，四周雙邊。

簡易醫訣卷一
新都周雲章松僊甫著
男祖佑孫琛校刊
傷寒論六經口訣
太陽證
太陽證。熱惡寒。頭項強。骨節痠。肢拘喘。外邪干。
太陽爲寒水之經。主一身之表。行身之背。其爲病脈浮。發熱而惡寒。頭項強痛。腰背骨節疼痛。四肢拘急。甚則喘。其經本寒。標熱。中見少陰。太陽與少陰爲表裏。三陽經太陽爲開。陽明

簡易醫訣　卷一　一

簡易醫訣四卷　（清）周雲章撰　清宣統元年（1909）新都周氏家刻本

匡高 19.2 厘米，廣 12.0 厘米。半葉九行，行二十五字，小字雙行同，白口，左右雙邊。

蘇沈良方卷一

宋　蘇軾 沈括　著

鍊丹砂法　王倪丹砂無所不主尤補生益精血愈痰疾壯筋骨久服不死王倪者丞相遵十二代孫文明九年爲滄州無棣令有桑門善相人知其死期無不驗見倪曰公死明年正月乙夘倪以爲妄囚之復令驗邑人其言死者數輩皆信倪乃出桑門禮謝之日爲死計忽有人不言姓名謂倪曰知公憂死我有藥可以不死公能從所授乎倪再拜稱幸乃出鍊丹砂法授之倪餌之逾明年正月乃復召桑門視之桑門駭曰公必遇神藥

蘇沈良方　卷一　一

蘇沈良方八卷　（宋）蘇軾 沈括撰　清光緒三十年（1904）善成裕記刻本

匡高 18.9 厘米，廣 13.1 厘米。半葉九行，行二十四字，小字雙行不等，白口，四周雙邊。

名醫類案卷第一

新都篁南江瓘集　後學　仁和余集蓉裳　錢塘魏之琇玉横　仁和沈烜敦曾　歙鮑廷博以文　重校

中風　琇按南方中風絕少多屬非風類風皆風木內病臨症之工宜詳審焉凡風由內發皆屬氣與火若後之虛風迴風是也

許胤宗治王太后病風不能言口噤而脉沉事急矣非大補不可也若用有形之湯藥緩不及事乃以防風黃芪煎湯數斛置於牀下湯氣薰蒸滿室如霧使口鼻俱受之其夕便得語此非智者通神之法不能回也蓋人之口通乎地鼻通乎天口以養陰鼻以養陽天主清故鼻不受有形而

名醫類案卷一　中風　一

名醫類案十二卷附録一卷　（明）江瓘编　清光緒二十年（1894）上海著易堂刻本

匡高 18.9 厘米，廣 15.0 厘米。半葉十行，行二十三字，小字雙行同，黑口，左右雙邊。

臨證指南醫案十卷 （清）葉桂撰　清道光二十四年（1844）蘇州經鉏堂刻朱墨套印本

匡高 20.0 厘米，廣 14.5 厘米。半葉十行，行二十二字，小字雙行同，白口，左右雙邊。

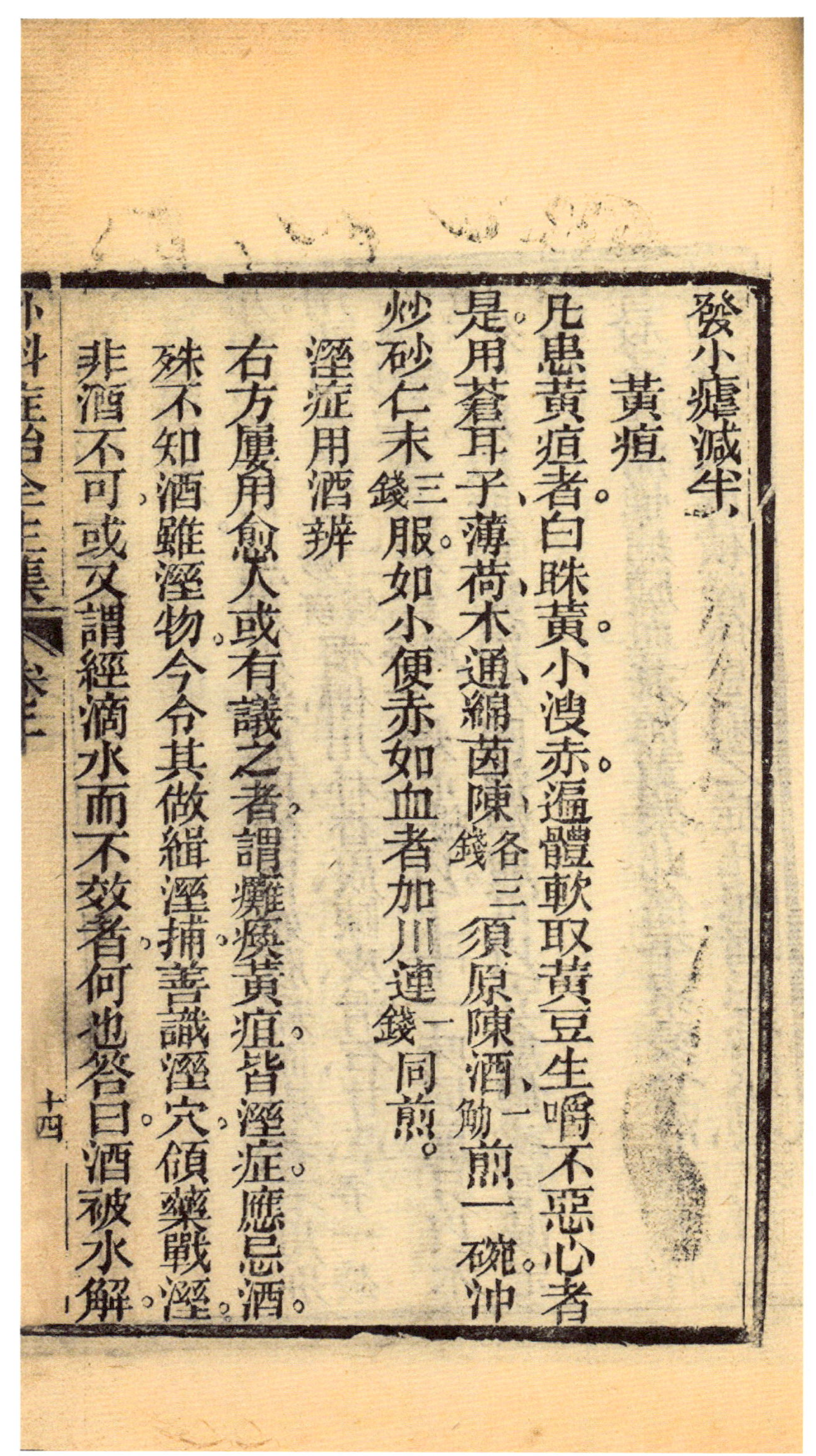

發小癃減半、

黃疸

凡患黃疸者白睛黃小溲赤遍體軟取黃豆生嚼不惡心者是用蒼耳子、薄荷、木通、綿茵陳各三錢須原陳酒一觔煎一碗沖炒砂仁末三錢服如小便赤如血者加川連一錢同煎。

溼症用酒辨

右方屢用愈人或有識之者謂癱瘓黃疸皆溼症應忌酒殊不知酒雖溼物今令其做緝溼捕善識溼穴領藥戰溼非酒不可或又謂經滴水而不效者何也答曰酒被水解

外科症治全生集 卷上 十四

外科症治全生集四卷　（清）王維德輯　清刻本

匡高 15.5 厘米，廣 11.2 厘米。半葉九行，行二十三字，白口，左右雙邊。

經脈之與絡脈異也、經脈者、常不可見也、深隱於內其虛實也、以氣口知之。言惟氣口顯露脈之見者皆絡脈也、凡診絡脈、脈色青則寒且痛、赤則有熱、胃中寒、手魚之絡多青矣、胃中有熱、魚際絡赤、其暴黑者、留久痹也、其有赤有黑有青者、色不常寒熱氣也、病往來其青短者、短爲不足少氣也、經脈篇經脈爲裏。直行深伏裏而難見支而橫者爲絡。支橫而淺在表易見絡之別者爲孫、言其小盛而血者疾誅除也之、盛者寫之、虛者飲藥以補之。靈樞脈度篇

入

肉之大會爲谷。肉之小會爲谿。肉之會依於骨骨之會在乎節故大節小節之間節

類經纂要　卷上　經絡　五十

類經纂要三卷　（清）虞庠輯　（清）王廷俊注　清同治六年（1867）浙江翰墨齋刻本

匡高 19.5 厘米，廣 14.5 厘米。半葉十行，行二十二字，小字雙行同，白口，四周雙邊。

理瀹駢文（原名外治醫說）　錢塘吳師機尙先學

外治無專書先賢洞達元奧不必以是爲說也世日降則道日微論日卑亦自然之勢耳篇中歷陳外治之善方隨症列法在其中繁而不節取便覽也俚而不文取易曉也自知於道無得以其搜羅彙萃閱十數寒暑而後成此亦旣耗其心力姑存此說以聽用者之消息焉語云拙工療病不如不療或不療之療而可進一說歟醫者意也藥者療也醫不能活人雖熟讀金匱石室之書無益也藥不能中病雖廣搜橘井杏林之品無當也

理瀹駢文　一

理瀹駢文不分卷　（清）吴師機撰　清同治十二年（1873）刻本

匡高 18.3 厘米，廣 13.9 厘米。半葉十行，行二十一字，小字雙行同，白口，四周單邊。

急救應驗良方

邵武小勿徐　幹選　　震澤友棠費山壽纂輯

安義殿丞熊　鑾重刋

醴泉鏡軒韓鑑吾重刋

華陽芋秋李承光重刋

潙山童兆蓉　重刋

回生第一仙丹　治跌傷壓傷打傷刀傷銃傷自刎自縊

驚死溺死等症雖徧體重傷死已數日只要身體稍軟

用此丹灌服少刻卽有微氣再服一次卽活大便如下

急救應驗良方　一

急救應驗良方不分卷　(清)徐幹選　(清)費山壽纂輯　清光緒十八年(1892)四川巴州刻本

匡高 19.4 厘米，廣 13.2 厘米。半葉九行，行二十二字，小字雙行二十二字，白口，四周雙邊。

治法

爛潰不斂治法

如爛潰不堪之患。以洞天救苦丹三服。每服三錢。陳酒送服。醉蓋取汗隔兩日又送一服。再隔兩日。再送一服。所空隔之兩日以醒消丸每日一服。服後毒水流盡。七日後再服醒消丸兩次。接服大棗丸每日早晚。各進五錢。最危險者。可奏奇效。

患孔毒根治法

爛孔有惡肉突起。名曰毒根。往往有用降藥爛去者。此乃殺之欲速也。獨不知弱體豈可增痛。孔爛去仍又長出。安可再爛耶。惟平安餅。專貼毒根。外以陽和解凝膏貼掩。一日一易。輕者二三日重者六七日不癢不痛。毒根自落。貼餅時日服托毒散。候毒根落後。當服保元四物二湯收功。

外科證治全生 治法

王洪緒先生外科證治全生集不分卷 （清）王維德輯　清咸豐十一年（1861）武昌節署刻本

匡高 21.8 厘米，廣 15.4 厘米。半葉十行，行二十四字，白口，四周雙邊。

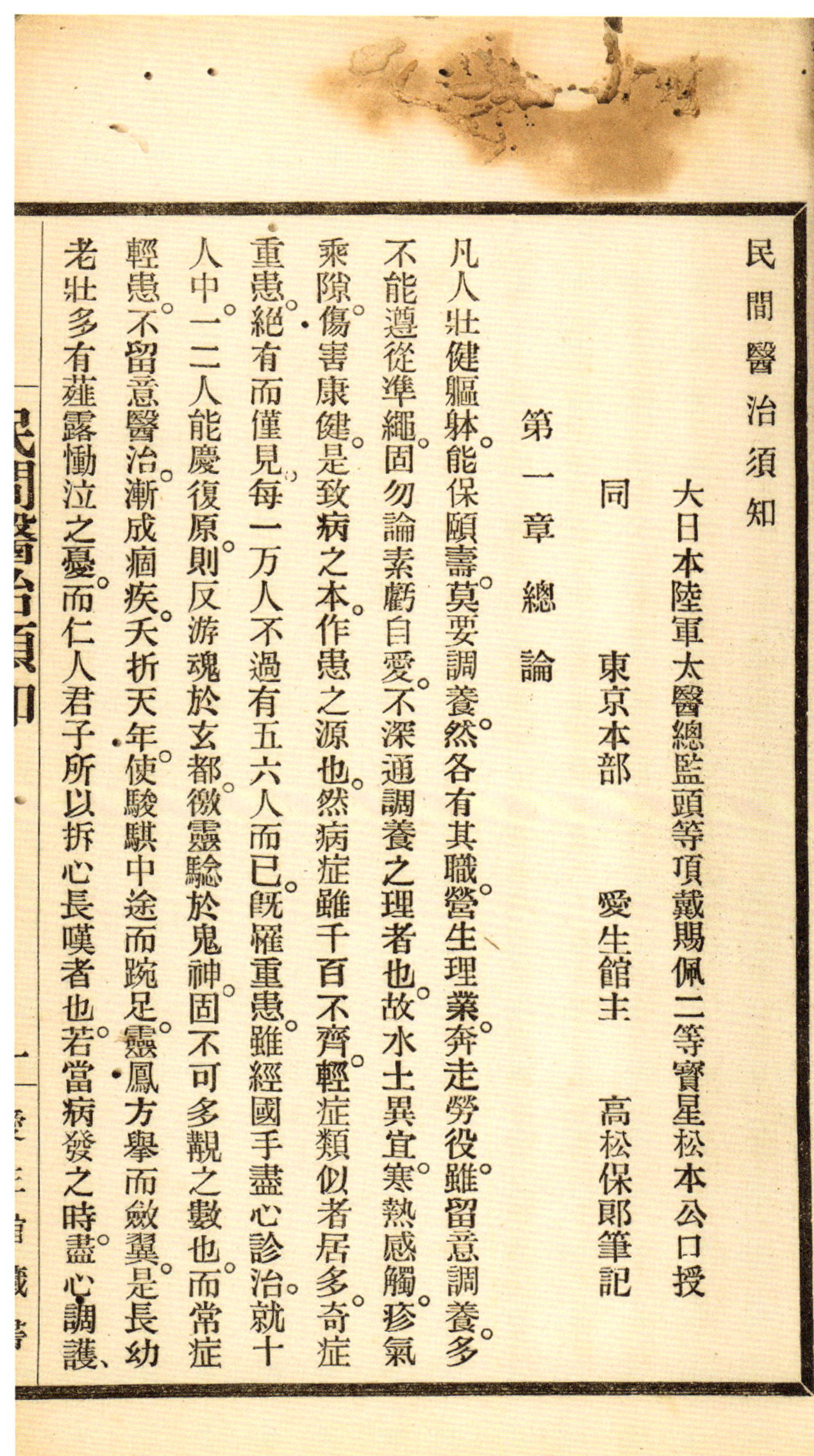

民間醫治須知

大日本陸軍太醫總監頭等項戴賜佩二等寶星松本公口授

同　東京本部　愛生館主　高松保郎筆記

第一章　總論

凡人壯健軀躰能保頤壽莫要調養然各有其職營生理業奔走勞役雖留意調養多不能遵從準繩固勿論素虧自愛不深通調養之理者也故水土異宜寒熱感觸疹氣乘隙傷害康健是致病之本作患之源也然病症雖千百不齊輕症類似者居多奇症重患絕有而僅見每一万人不過有五六人而已既罹重患雖經國手盡心診治就十人中一二人能慶復原則反游魂於玄都微靈驗於鬼神固不可多覯之數也而常症輕患不留意醫治漸成痼疾夭折天年使駿騏中途而蹶足靈鳳方舉而斂翼是長幼老壯多有薤露慟泣之憂而仁人君子所以拆心長嘆者也若當病發之時盡心調護、

民間醫治須知　一　愛生館藏書

民間醫治須知不分卷　［日本］松本順撰　日本明治二十三年（1890）愛生館鉛印本

匡高 16.7 厘米，廣 11.0 厘米。半葉十二行，行三十三字，白口，四周單邊。

第三章論治理子宮症最要之法

按治理之法本不欲於此處另章詳論然其至要之端必須專篇以敘之恐於各症後未能醒目也然爲醫者更應知治法與調理不同卽如兩症雖有大同小異而調養身體則出乎一轍如節飲食勤運動以壯腦筋而益血脈並於子宮各症小心審查盡意調理等事是也此則以補劑爲宜者居多其中亦有不受補者如腦筋血脈無虧則病未久而患狀亦未顯露似不宜補茲將調理要法詳列於後

一當醫治之時病者心宜醒定勿自相左

二須食新鮮牛羊雞鴨稱肉佐以粉絲蛋易化之物按時而進

婦科精蘊圖說 卷一 論治理子宮症要法 七 第三章

婦科精蘊五卷 ［美國］妥瑪氏撰 （清）孔慶高筆譯 ［美國］嘉約翰校正

清光緒十五年（1889）羊城博濟醫局刻本

匡高 15.2 厘米，廣 11.7 厘米。半葉十行，行二十四字，白口，四周雙邊。

傷寒雜病論卷之一

武進胡嗣超鶴生著

辨惑論 共三十則

前之是叔和者是傷寒後之非叔和者非傷寒獨卒病之說無是非是叔和者固非非叔和者亦非何則仲景本是傷寒與卒病合論註者竟將卒病二字削去祇就傷寒上逐條靠定解說雜博引曲喻據古徵經終與合論之旨趣有毫釐千里之謬家家犯此病人苦不自知難矣哉

卒同雜古通用雜病二字見靈樞經迺諸家解作倉卒之卒而

傷寒雜病論 卷一 辨惑 一

傷寒雜病論十六卷 （漢）張仲景撰　清道光二十四年（1844）海隱書屋刻本

匡高 16.4 厘米，廣 12.1 厘米。半葉九行，行二十四字，白口，左右雙邊。

人與萬物皆在天地氣交之中此處提出氣字以分清濁聚散强弱乃探本之言知此則父母之所以生育醫者之所以調護皆有筋要易知易守之訣。

幼幼集成卷之

紫莢居士評點

羅浮陳復正飛霞輯

廬陵劉一勷宋孟校

遂陽周宗頤虛中參

〇賦禀

夫人之生也稟兩大以成形藉陰陽而賦命是故頭圓象天足方象地五行運於內二曜明於外乃至精神魂魄知覺靈明何者非陰陽之造就與氣化相盛衰然天地之氣化有古今斯賦禀由之分厚薄上古元氣渾龐太和洋溢八風正而寒暑調六氣勻而雨暘若人情敦茂物類昌明當是之時有情無情悉歸於厚非物之厚由氣厚也及開闢既久人物繁植世風漸下人情

幼幼集成　卷之一　賦禀　一

幼幼集成六卷　（清）陳復正輯　清紫莢仙館刻本

匡高 17.2 厘米，廣 12.5 厘米。半葉十一行，行二十五字，黑口，四周雙邊。

痲症總論

痲從肺胃而出始起於脾歸重於肺胃原由先天胎毒與痘相似但痲屬陽而治異耳其病屬肺胃故喜潤而不喜燥其症屬表故喜散而不喜斂其毒屬陽故喜涼而不喜溫其始發熱因火與血煎熬故血多虛耗發則眼赤腮紅淚常不乾目中水淋淋眼胞微腫噴嚏流涕咳嗽不已是其候也未見點時法當表散已見點時法當疎托及至點子將齊方可兼用清涼若遇點色焦紫模糊不清大熱不退飲食不進神氣不安或作腹痛或作瀉痢此火毒盛也急宜清涼

郁謝麻科合璧不分卷　（明）郁氏　謝心陽撰　（清）楊開泰匯輯　清咸豐九年（1859）刻本

匡高 13.5 厘米，廣 9.8 厘米。半葉十行，行二十字，小字雙行二十字，白口，左右雙邊。

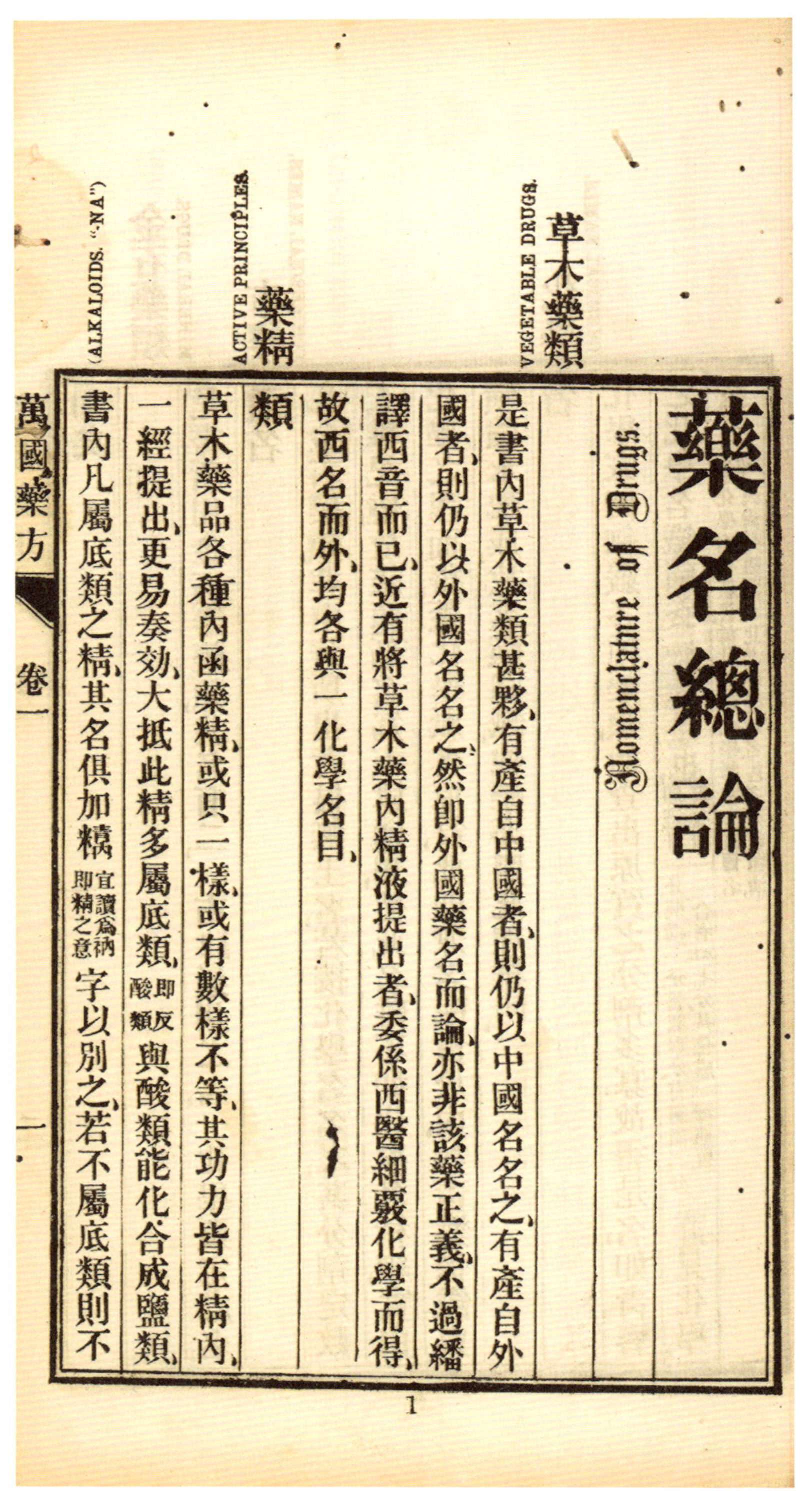

藥名總論

Nomenclature of Drugs.

是書內草木藥類甚夥、有產自中國者、則仍以中國名名之、有產自外國者、則仍以外國名名之、然卽外國藥名而論、亦非該藥正義、不過繙譯西音而已、近有將草木藥內精液提出者、委係西醫細覈化學而得、故西名而外、均各與一化學名目、

草木藥類 VEGETABLE DRUGS.

藥精類 ACTIVE PRINCIPLES.

草木藥品各種內函藥精、或只一樣、或有數樣不等、其功力皆在精內、一經提出、更易奏効、大抵此精多屬底類、（即反酸類）與酸類能化合成鹽類、書內凡屬底類之精、其名俱加精（宜讀爲衲卽精之意）字以別之、若不屬底類則不

(ALKALOIDS. "-NA")

萬國藥方　卷一　一

1

萬國藥方八卷　［美國］洪士提反譯　清光緒二十二年（1896）上海美華書館石印本

匡高 17.9 厘米，廣 13.2 厘米。半葉十二行，行二十七字，小字雙行不等，白口，四周雙邊。

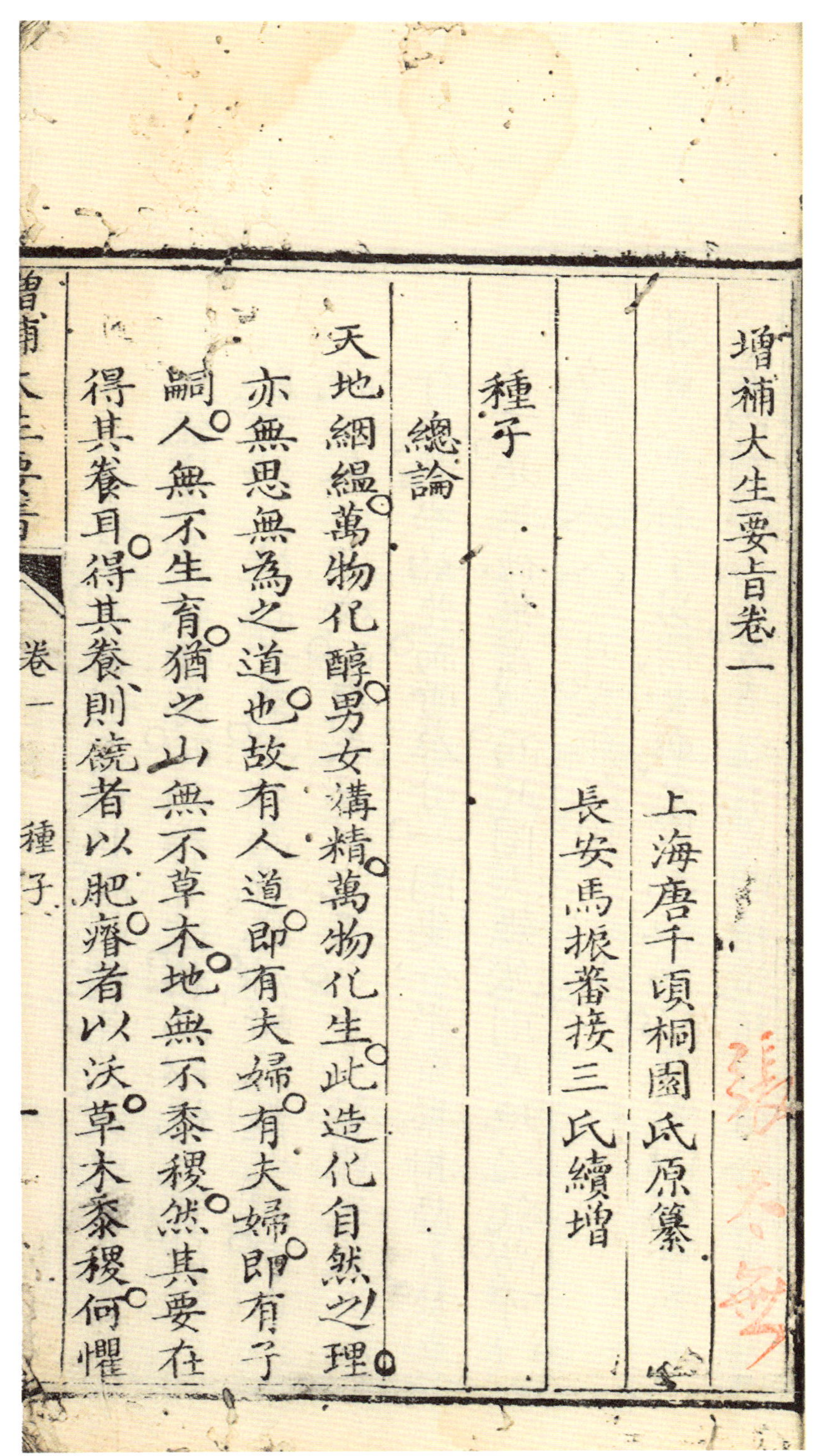

增補大生要旨五卷 （清）唐千頃纂 （清）馬振蕃續增 清道光九年（1829）慎德堂寫刻本

匡高 18.5 厘米，廣 12.5 厘米。半葉九行，行二十三字，小字雙行同，白口，四周雙邊。

新訂小兒科臍風驚風合編並附各證目録

小兒臍風

防治臍風諸法

鼠腎仙丹 專治臍風

醋湯活命仙丹 治臍風驚風並男婦大小熱證及百病氣絶諸證

燒頭頂方 治臍風驚風及角弓反張並男婦大小熱證及百病氣絶諸證

擦前後心方 治臍風急驚風並男婦熱證斑證痧證

引火下行法 治臍風急驚風並男婦大小一切熱證

疳疾蟲疾聖藥 治小兒疳疾並治男婦一切蟲疾

小兒慢驚風

驚風合編 目録 一

新訂小兒科臍風驚風合編不分卷 （清）鮑雲韶輯　清光緒元年（1875）刻本

匡高 19.1 厘米，廣 13.1 厘米。半葉十行，行二十二字，白口，四周雙邊。

百合滑石代赭湯方
百合擘七枚　滑石三兩碎綿裹　代赭石如彈丸大一枚碎綿裹
右先煎百合如前法別以泉水二升煎滑石代赭取一升去滓後合和重煎取一升五合分溫再服
百合病吐之後者百合鷄子湯主之
本草鷄子安五藏治熱疾吐後藏氣傷而病不去用之不特安内亦且攘外也
百合鷄子湯方
百合擘七枚　鷄子黄一枚
右先煎百合如前法了内鷄子黄攪匀煎五分溫服

金匱心典三卷　（漢）張仲景撰　（清）尤怡集注　清刻本

匡高 18.0 厘米，廣 12.8 厘米。半葉十行，行二十一字，小字雙行同，白口，左右雙邊。

萬氏女科目錄卷二　西昌裘瑔玉聲氏重刊

立科大概　濟陰通元賦概論八條

調經章概論五條　不及期而經先行

經過期後行　一月而經再行　數月而經一行

經行或前或後　經期腹痛　經水多少

經水紫色淡色　經閉不行　石瘕附

腸覃附　崩漏章　崩

漏　經水妄行附　赤白帶下

白濁白淫白帶辨症　種子章十條

萬氏女科《目錄　一

萬氏女科三卷　（明）萬全撰　清光緒十五年（1889）刻本

匡高 17.7 厘米，廣 11.6 厘米。半葉九行，行二十一字，白口，四周雙邊。

骸適

外科證治全書卷一
環峯許克昌倫聲
木未畢　法蒼霖　同輯
癰疽治法統論
問曰。癰疽何為而發也。答曰。人之一身氣血而已。非氣不生。非血不行。氣血者陰陽之屬也。陰陽調和。百骸暢適。苟六淫外傷。七情內賊。飲食不節。起居不慎。以致臟腑乖變。經絡滯隔。氣血凝結。隨其陰陽之所屬而攻發於肌膚筋脈之間。此癰疽之所以發也。曰然則癰疽有別乎。曰癰者壅也。邪熱壅聚。氣血不宣。其為症也。為陽屬六腑高腫色

外科證治全書　卷一　癰疽治法統論

外科證治全書五卷　（清）許克昌 畢法輯　清同治六年（1867）成都刻本

匡高18.7厘米，廣12.8厘米。半葉十行，行二十二字，小字雙行四十四字，白口，左右雙邊。

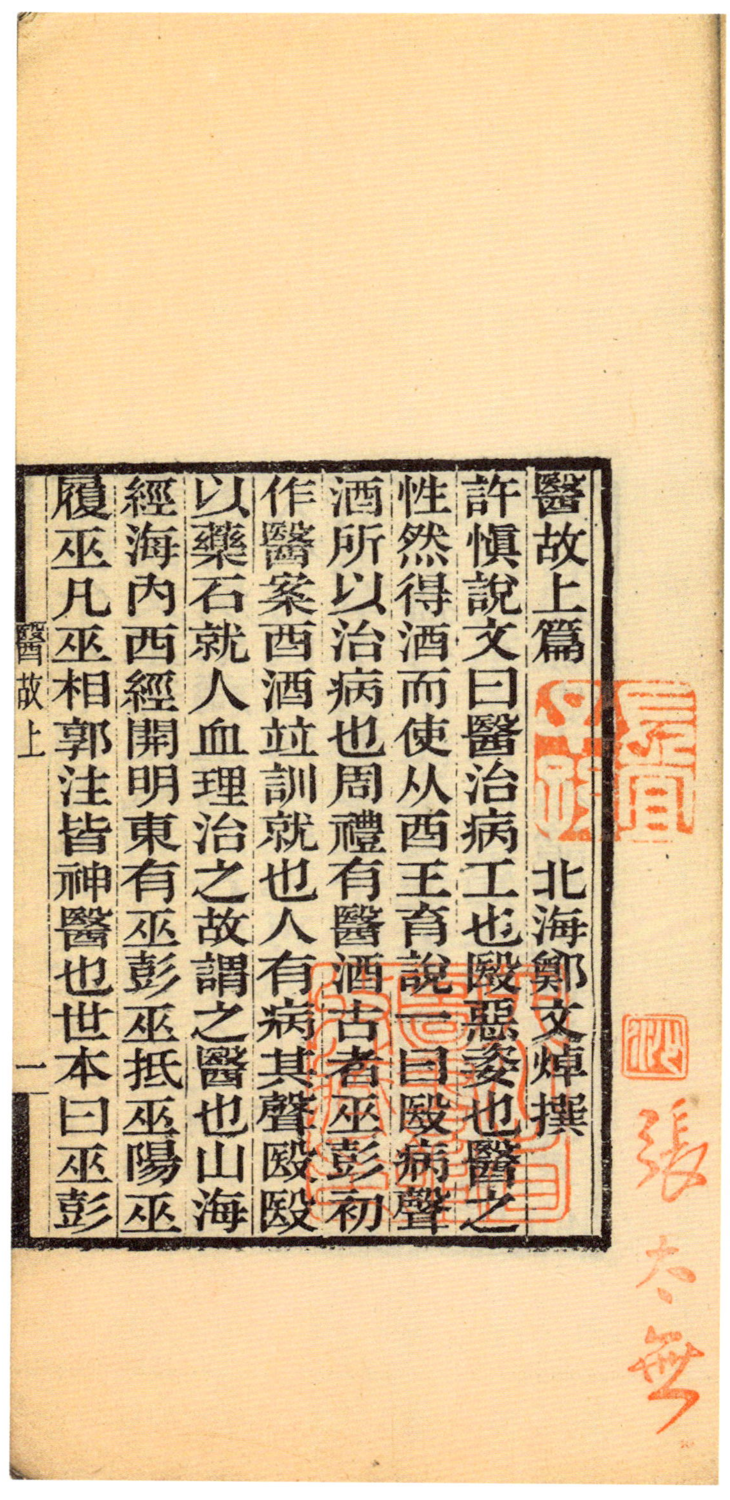
醫故上篇　北海鄭文焯撰
許愼說文曰醫治病工也殹惡姿也醫之
性然得酒而使从酉王育說一曰殹病聲
酒所以治病也周禮有醫酒古者巫彭初
作醫案酉酒竝訓就也人有病其聲殹殹
以藥石就人血理治之故謂之醫也山海
經海內西經開明東有巫彭巫抵巫陽巫
履巫凡巫相郭注皆神醫也世本曰巫彭

醫故上　一

醫故二卷　（清）鄭文焯撰　清光緒（1875－1908）刻本

匡高 12.8 厘米，廣 9.5 厘米。半葉八行，行二十六字，黑口，左右雙邊。

大原生地八兩清水洗刷淨入瓦罐中水煮一晝夜再蒸晒九次焙乾

山萸肉　四兩酒拌炒　淮山藥四兩乳拌蒸晒　丹皮　三兩酒炒

塊雲苓　三兩乳拌蒸晒　澤瀉　三兩鹽水炒　當歸身四兩酒炒

淮牛膝　二兩炒　杜仲　二兩鹽水炒　川續斷二兩鹽水炒

枸杞子　四兩酒拌蒸炒　五味子二兩炒　女貞子三兩鹽水蒸炒

車前子　二兩炒　覆盆子三兩鹽水洗晒炒

外用紫河車一具、甘草煎水浸洗淨、挑去血筋、煮爛打、或焙

乾炒磨

以上共爲末、煉蜜爲丸、每晨淡鹽湯服四五錢、久服自能

產科心法二卷　（清）汪喆撰　清嘉慶九年（1804）刻本

匡高 20.0 厘米，廣 12.6 厘米。半葉九行，行二十四字，小字雙行同，白口，左右雙邊。

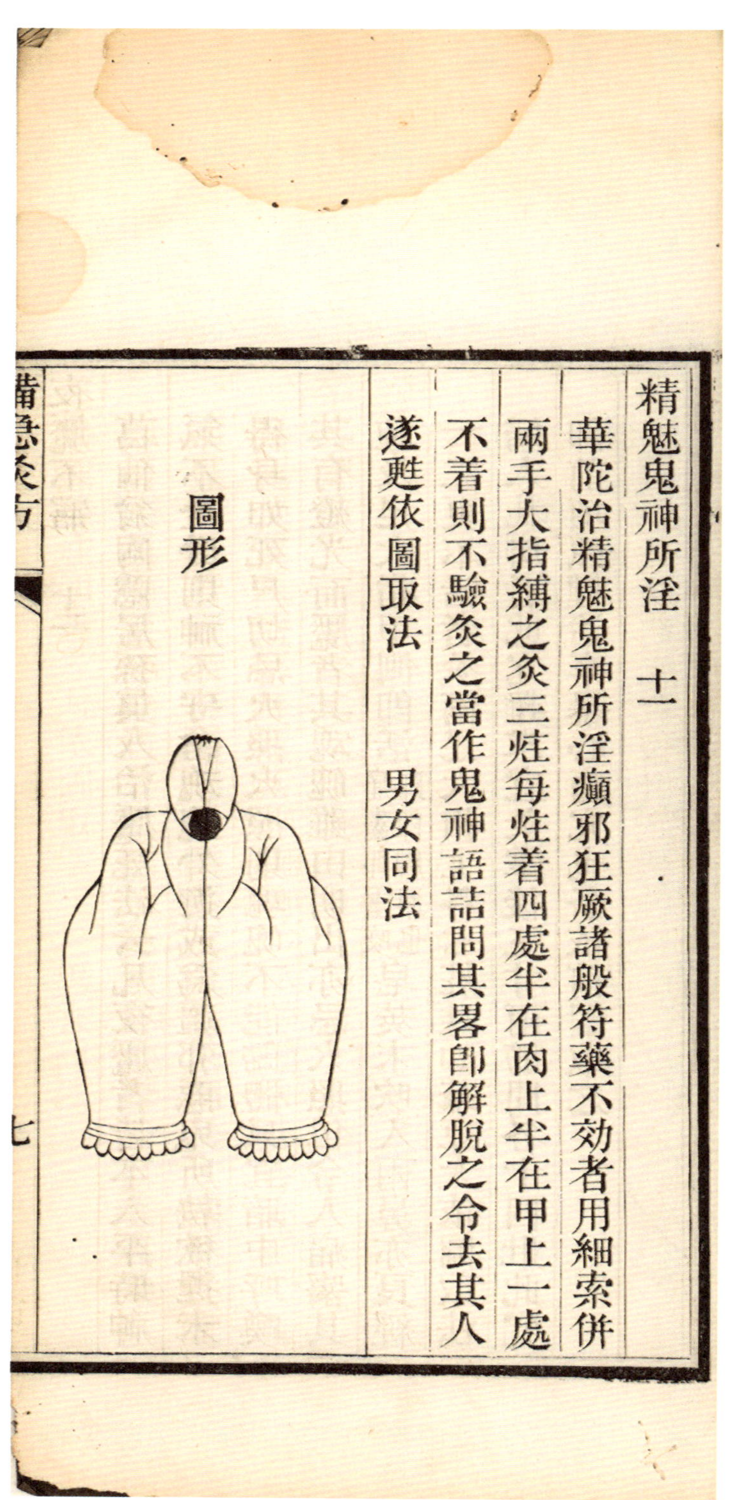

備急灸法一卷 （宋）李聞人撰　清光緒十八年（1892）海寧鍾氏刻本

匡高 19.0 厘米，廣 12.9 厘米。半葉十行，行二十五字，小字雙行二十五字，白口，四周雙邊。

婦科一門最屬難治不難於用方難於辨證也五帶證辨之極明立方極善繡用之不敘者必其人經水不調項於調經種子二門參酌治之無不見效即如白帶證備服藥不敘其人必經水過朗少服急追宜服寬帶湯餘宜類參方見三十三

傅青主女科卷上

青浦金汝霖品三甫校

白帶下一

夫帶下俱是濕證而以帶名者因帶脈不能約束而有此病故以名之蓋帶脈通於任督任督病而帶脈始病帶脈者所以約束胞胎之系也帶脈無力則難以提繫必然胞胎不固故曰帶弱則胎易墜帶傷則胎不牢然而帶脈之傷非獨跌閃挫氣已也或行房而放縱或飲酒而顛狂雖無疼痛之苦而有暗耗之害則氣不能化經水反變為帶病矣故帶病者惟尼僧寡婦出嫁之女多有之而在室之女則少也況加以脾氣之虛肝氣之鬱濕氣之侵熱氣之逼安得不成帶下之病哉故婦人有終年累月下流白物如涕如唾不能禁止甚則臭穢者所謂白帶也夫白帶乃濕盛而火衰肝鬱而氣弱則脾氣受傷濕土之氣下陷是以脾精不守不能化榮血以為經水反變成白滑之物由陰門直下欲自禁而不可得也治法宜大補脾胃之氣稍佐以舒肝之品使風木不閉塞於地中則地氣自升騰於天上脾氣健而濕氣消自無白帶之患矣方用完帶湯 白朮一兩土炒 山藥一兩炒 人參二錢 白芍五錢酒炒 車前子三錢酒炒 蒼朮三錢製 甘草一錢 陳皮五分 黑芥穗五分 柴胡六分 水煎服二劑輕四劑止六劑則白帶全愈此方脾胃肝三經同治之法寓補於散之中寄消於升之內開提肝木之氣則肝血不燥何至下剋脾土補益脾土之元則脾氣不濕何難分消水氣至於補脾而兼以補胃者由裏以及表也脾非胃氣之強則脾之弱不能旺是補胃正所以補脾耳

青帶下二

婦人有帶下而色青者甚則綠如綠豆汁稠粘不斷其氣腥臭所謂青帶也夫青帶乃肝經之濕熱肝屬木木色屬青帶下流如綠豆汁明明是肝木之病矣但肝木最喜水潤濕亦水之積似濕非肝木之所惡

傅青主女科四卷 （清）傅山撰 清光緒三十二年（1906）上海掃葉山房石印本

匡高 16.0 厘米，廣 11.5 厘米。半葉行，行字，小字雙行同，白口，四周雙邊。存二卷。

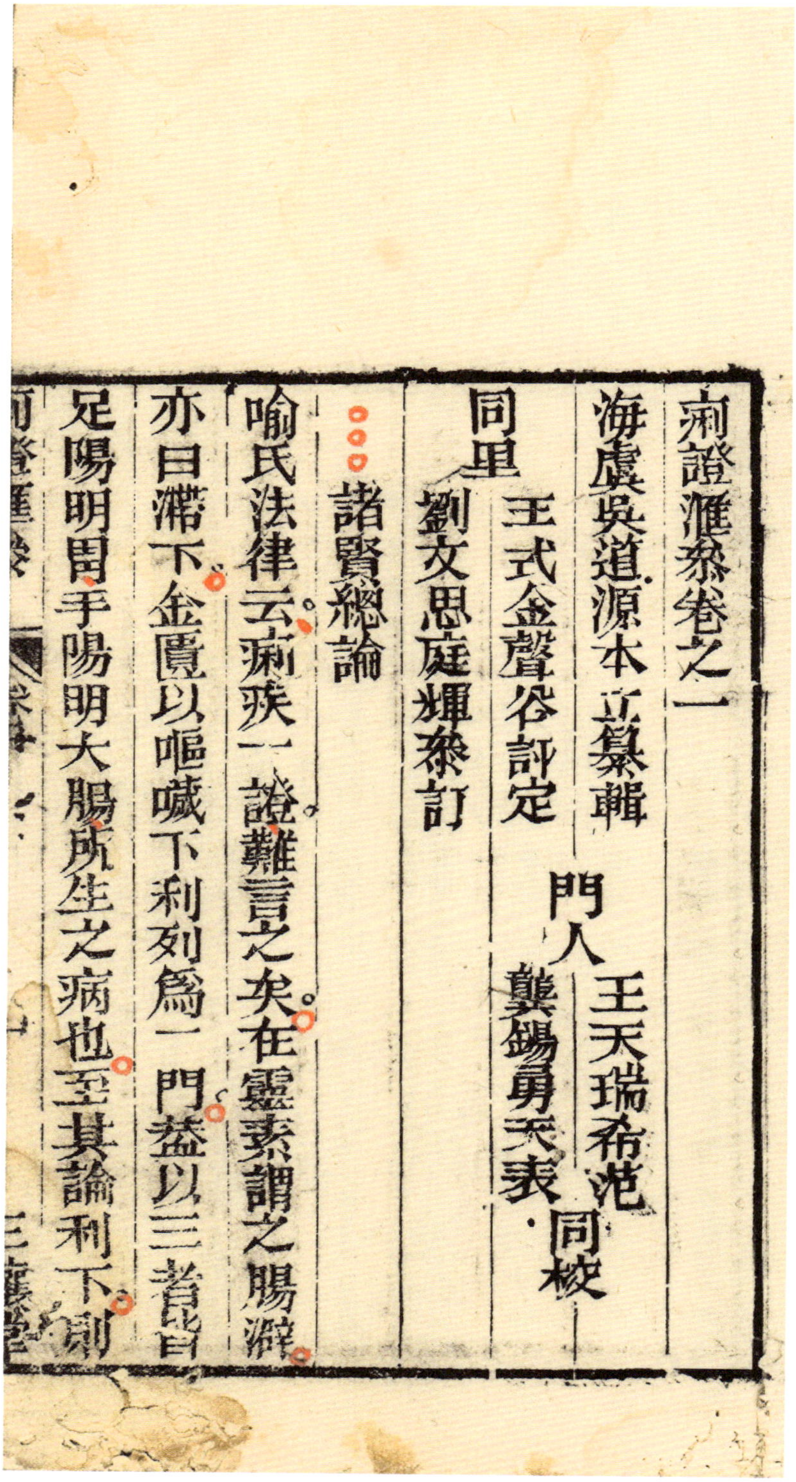

痢證滙參卷之一

海虞吳道源本立纂輯　門人王天瑞希范

同里王式金聲谷評定　龔錫勇天衷同校

劉文思庭耀參訂

諸賢總論

喻氏法律云痢疾一證難言之矣在靈素謂之腸澼

亦曰滯下金匱以嘔噦下利列爲一門益以三者皆

足陽明胃手陽明大腸所生之病也至其論利下則

痢證滙參十卷　（清）吴道源纂　清三讓堂刻本

匡高 14.5 厘米，廣 10.8 厘米。半葉八行，行二十字，白口，四周單邊。

理虛元鑑卷上

綺石先生著　古吳柯懷祖德修訂

治虛脉法總括

脉來緩者爲虛軟微弱皆虛也弦爲中虛細而微者氣血皆虛小者氣血皆少又脉芤血氣脫沉小遲者脫氣以上皆勞倦之脉虛怯勞熱之症也又微而數者爲虛熱微而緩滑者爲虛痰

治虛脉法分類

一心腎不交兩寸弦數兩尺濇細傳曰左寸脉遲心

理虛元鑑　卷上　一

理虛元鑑二卷　（明）綺石先生撰　（清）柯懷修　清光緒二年（1876）葛氏嘯園刻本

匡高12.8厘米，廣9.4厘米。半葉九行，行二十字，小字雙行同，黑口，四周雙邊。

女科仙方卷一

陽曲傅青主徵君手著

白帶下

夫帶下俱是濕症而以帶名者因帶脈不能約束而有此病故以名之蓋帶脈通於任督任督病而帶脈始病帶脈者所以約束胞胎之系也帶脈無力則難以提繫必然胎胞不固故曰帶弱則胎易墜帶傷則胎不牢然而帶脈之傷非獨跌閃挫氣已也或行房而放縱或飲酒而顛狂雖無疼痛之苦而有暗耗之

女科仙方　卷一　白帶下　一

女科仙方四卷 （清）傅山撰　清光緒二十三年（1897）刻本

匡高 17.6 厘米，廣 12.5 厘米。半葉九行，行二十字，小字雙行四十字，白口，四周單邊。

注解傷寒論卷第一

漢張仲景述　王叔和撰次　成無已注解

辨脉法第一

問曰脉有陰陽者何謂也答曰凡脉大浮數動滑此名陽也脉沉濇弱弦微此名陰也凡陰病見陽脉者生陽病見陰脉者死

內經曰微妙在脉不可不察察之有紀從陰陽始始之有經從五行生茲首論脉之陰陽者以脉從陰陽始故也陽脉有五陰脉有五以脉從五行生故也陽道常饒大浮數動滑五者比之平脉也有餘故謂之陽陰道常乏沉濇弱弦微五者比之平脉也不及故謂之陰傷寒之爲病邪在表則見陽脉邪在裏則見陰脉陰病見陽脉而主生者則邪氣自裏之表欲汗而解也如厥陰中風脉微浮爲欲愈不浮爲未愈者是也陽病見陰脉而主死者則邪氣自表入裏正虛邪勝如讝

傷寒論　卷一　一

注解傷寒論十卷　（漢）張仲景述　（晉）王叔和撰次　（金）成無已注解　清光緒六年（1880）上海掃葉山房刻本

匡高 18.6 厘米，廣 13.8 厘米。半葉十行，行二十字，白口，左右雙邊。

引言

歲丁丑都門疫甚有友云疫無定證皆誤治耳服其藥者果立起活人無算余亦其一也叩其術歷數群書余不知醫頗苦其多乃云溫疫條辨摘要一本言簡且賅即不曉脈息按證施治靡不應手嗣徧覓坊閒越二年始獲此本

瘟疫條辨　引言　一

瘟疫條辨摘要不分卷（清）呂田集録　清光緒十五年（1889）浙江書局刻本

匡高 18.4 厘米，廣 12.8 厘米。半葉九行，行二十四字，小字雙行同，白口，左右雙邊。

傷寒醫訣串解卷三

閩長樂陳念祖修園著

受業姪道著纂集

東冶林壽萱校訂

少陽篇第三 少陽主半表半裏

何謂少陽經症曰口苦咽乾目眩是也有虛火實火二症之辨

寒熱往來於外胸脇苦滿默默不欲食心煩喜嘔為虛火症宜小柴胡湯

寒熱往來於外心中痞鞕鬱鬱微煩嘔不止為實火症

傷寒醫訣串解 卷三 少陽篇 一

傷寒醫訣串解六卷 （清）陳念祖撰 清咸豐六年（1856）刻本

匡高 15.9 厘米，廣 10.7 厘米。半葉十行，行二十一字，白口，左右雙邊。

原序

余每覽越人入虢之診望齊侯之色未嘗不慨然嘆其才秀也怪當今居世之士曾不留神醫藥精究方術上以療君親之疾下以救貧賤之厄中以保身長全以養其生但競逐榮勢企踵權豪孜孜汲汲惟名利是務崇飾其末忽棄其本華其外以悴其內皮之不存毛將安附焉卒然遭邪風之氣嬰非常之疾患及禍至而方震慄降志屈節欽望巫祝告窮歸天束手受敗賚百年之壽命持至貴之重器委付凡醫恣其所措咄嗟嗚呼厥身以斃神明消滅變爲異物幽潛重泉徒爲啼泣痛夫舉世昏迷莫能覺悟不惜其命若是輕生彼何榮勢之云哉而進不能愛人知人退不能愛身知己遇災值禍身居厄

張仲景傷寒論原文淺注六卷 （清）陳念祖集注　清光緒二十四年（1898）刻本

匡高 19.0 厘米，廣 13.6 厘米。半葉十行，行二十六字，小字雙行同，白口，四周雙邊。

醫效秘傳卷一

古吳葉桂天士述　　資州林金濤鏡波校訂

要書說○

傷寒之病不外六經欲明六經當知其要要者何定其名分其經審其症察其脈識陰陽明表裏度虛實知標本者是也定其名者是定其正傷寒或感冒與風溫溫毒之類也分其經者是分其陽經陰經直中之類審其症者是審其陽症陰症表症裏症虛症實症寒症熱症

醫效秘傳卷一　一

醫效秘傳三卷　（清）葉桂撰　清同治十二年（1873）刻本

匡高 15.7 厘米，廣 11.0 厘米。半葉八行，行二十一字，白口，左右雙邊。

尚論篇卷首

尚論張仲景傷寒論大意

後漢張仲景著卒病傷寒論十六卷。當世兆民賴以生全。傳之後世。如日月之光華。旦而復旦。萬古常明可也。斯民不幸。至晉代不過兩朝相隔。其卒病論六卷已不可復覩。即傷寒論十卷。想亦劫火之餘。僅得之讀者之口授。故其篇目先後差錯。頗有三百九十七法一百一十三方之名。亦可為校正大醫令王叔和附以己意編集成書。共二十二篇。後人德之。稱為仲景之徒。究竟述者之明。不及作者之聖。祇令學者童而習之。白首不得其解。雖有英賢輩出。莫能舍叔和疆畛。追溯仲景淵源。於是偶窺一斑者。各鳴一得。如龐安常朱肱許叔微韓祇和王實之流。非不互有闡發。然不過為叔和之功臣止耳。未見為仲景之功臣也。今世傳仲景傷寒論。乃宋秘閣臣林億所校正。宋人成無己所詮註之書也。林億不辨朱紫菽粟。謂自仲景于今八百餘年。惟王叔和能學之。其間如葛洪陶景胡洽徐之才孫思邈輩。皆不及也。又傳稱成無己註傷寒論十卷。深得長沙公之秘旨。殊不知林成二家。過於尊信叔和。往往先傳後經。將叔和緯翼仲景之辭。且混編為仲景之書。況其他乎。如一卷之平脉法。二卷之序例。其文原不雅馴。反首列之。以錯亂聖言。則其所為校正。所為詮註者。乃仲景之不幸。斯道之大厄也。元泰定間。程德齋作傷寒論法。尤多不經。 國朝王履并三百九十七法一百一十三方。亦竊疑之。謂仲景書其平易明白。本無深僻。但王叔和雜以己意。遂使客反勝主。而仲景所以創法之意。淪晦不明。今欲以傷寒例居前。六經病次之。類傷寒病又次之。至若雜病雜脉雜論與傷寒無預者。皆略去。計得二百八十三條。并以治字易法字。而曰二百八十三治。雖有深淺。漫無卓識。亦何足取。萬歷間。方有執著傷寒條辨。始先即削去叔和序例。大得尊經之旨。然未免失之過激。不若愛禮存羊。取而駁正之。是非既定。功罪自明也。其於太陽三篇。改叔和之舊。以風寒之傷營衛者分屬。卓識超越前人。此外不達立言之旨者尚多。大率千有

尚論篇 卷首 傷寒大意 辨叔和失 一 上海校經山房校印

尚論篇四卷首一卷 （清）喻昌撰 清光緒庚子二十六年（1900）上海校經山房石印本

匡高 16.5 厘米，廣 11.7 厘米。半葉十八行，行四十二字，白口，四周雙邊。

金匱玉函經二註卷之二
趙以德衍義　元和李清俊養泉重刊
周世俊補註　長洲葉鴻青訥人參校
痓濕暍病脉證第二 論一首 脉證十二條 方十一首
太陽病發熱無汗反惡寒者名曰剛痓。
〔補註〕此論痓病也非傷寒也非寒而何得以太陽目
之以其頭痛腰脊痛與太陽傷營不異故以太陽定
之然既曰太陽又何以名痓其角弓反張正內經之
所謂痓也痓亦為寒因故寒鬱而熱氣閉皮毛汗無
卷二　一　養恬齋藏板

金匱玉函經二注二十二卷　（明）趙以德衍義　（清）周世俊補注　清道光十三年（1833）李清俊養恬齋刻本

匡高16.5厘米，廣12.0厘米。半葉九行，行二十一字，黑口，左右雙邊。存十四卷。

出九卷本神篇

鍼灸甲乙經卷之一

精神五藏論第一

黃帝問曰凡刺之法必先本於神血脉營氣精神此五藏之所藏也何謂德氣生精神魂魄心意志思智慮請問其故岐伯對曰天之在我者德也地之在我者氣也德流氣薄而生也故生之來謂之精兩精相搏謂之神隨神往來謂之魂並精出入謂之魄可以任物謂之心心有所憶謂之意意有所存謂之志因志存變謂之思因思遠慕謂之慮因慮處物謂之智故智以養生也必順四時而適寒暑和喜怒而安居處節陰陽而調剛柔如是則邪僻不生長生久視是故怵惕思慮者則神傷神傷則恐懼流淫而不正因

甲乙經　卷之一　一

鍼灸甲乙經十二卷（晉）皇甫謐輯　清光緒十一年（1885）四明存存軒刻本

匡高 17.3 厘米，廣 13.4 厘米。半葉十二行，行二十字，白口，左右雙邊。

達生編卷上

亟齋居士著

南方恒人述

○原生

天地之大德曰生生生之德無往不在要之莫大於生人夫胎產固生人之始也是以名之曰生生也者天地自然之理如目視而耳聽手持而足行至平至易不待勉強而無難者也然今之世往往以難產聞者得毋以人事之失而損其天耶夫天豈以生道殺人哉必不然矣固

達生編二卷 （清）亟齋居士撰　清道光十七年（1837）刻本

匡高 17.8 厘米，廣 11.9 厘米。半葉九行，行二十二字，白口，左右雙邊。

策問策

或問四條

或問内難經及仲景書皆醫門之寶筏也而子於三書亦多辨駁而取舍得無好議論與妄是非乎予應之曰唯唯否否不然三者是古之遺書然細按多蠹餘而紹續有難苟且盡信者蓋擇其精則深微而廣大竊明而中庸識非至人不能及而摘其謬則穿鑿而附會支離而矛盾稍軌於道者不為也而況軒岐之聖秦越人與張長沙之賢者乎故凡吾書中之所摘皆以情物理之固然是宜以公議折衷之非敢放其私智也善夫孟子之言曰盡信書則不如無書吾於武城取二三策當是時書猶無恙也而吾尚論者言已如此矧迄於今一焚於秦始再焚於漢獻三焚於梁元古籍之亡亂蓋已多矣無論陰符素書盡屬偽託即大如三禮尚多參雜不足盡憑故王荊公過信周禮強作新法天下騷然至老悔曰失在信書事浸成於迂濶晚矣晚矣又況書不及周禮人不及荊公者哉必欲泥而盡信之吾見其為禍烈耳但當斷之以情理雖武城猶進退之況三書乎

或問足少太陰手足少太陽及手足陽明厥陰諸名與夫營衛等字出於内經故自有醫術以來此等名字談者不絕於口書者不離其筆而子之書獨無之何也曰

醫門袠易三卷　（清）周思良撰　清光緒三十二年（1906）豫章氏懷谷抄本

無版框。半葉十四行，行三十二字。

救五絕良方

一曰自縊　二曰墻壁壓　三曰溺水　四曰魘魅
五曰凍死

凡五絕皆以半夏為末。冷水為丸。如豆大。納鼻中即愈。心溫者一日可治。又治卒死。半夏末如大豆許吹鼻中。

扁鵲治産後暈死。半夏為末。冷水丸。如豆大。納鼻孔中即活。

一救自縊死

良方　救五絕　一

屢驗良方一卷　清刻本

匡高 15.8 厘米，廣 10.2 厘米。半葉九行，行二十字，黑口，四周雙邊。

安胎

凡孕三月。體虛者。多有嘔吐不食。名惡阻。宜六君子湯。俗疑半夏碍胎。而不知仲師慣用之妙品也。高鼓峯云半夏合參朮。爲安胎止嘔進食之上藥。不獨于胎無碍。而且大有健脾安胎之功。每用輒效。竹茹、麥冬、砂仁、隨便酌加均可。海藏以四物等分隨所患之症。加入二味。名六合湯。驅病而無損于胎。簡便可從。歌訣宜熟讀

女科要略 安胎 九

女科要略四卷產寶一卷 （清）潘霨輯　清光緒九年（1883）江西書局刻本

匡高 18.2 厘米，廣 12.6 厘米。半葉八行，行十八字，白口，四周雙邊。

醫學金鍼卷一
長樂陳念祖原本
吳縣潘　霨增輯

四診易知

望聞問切。謂之四診。茲採各書之要言不煩者。而列於左。

望色說

額心。鼻脾。左頰肝。右頰肺。頦腎。面上之部位可

醫學金鍼　卷一　望色　一

醫學金鍼八卷　（清）陳念祖撰　（清）潘霨增輯　清光緒九年（1883）江西書局刻本

匡高18.3厘米，廣12.8厘米。半葉八行，行十八字，小字雙行同。白口，四周雙邊。

張氏醫通卷之一

清　長洲石頑張　璐路玉父纂述

男　登誕先　參訂

倬飛疇

日本　大泉長菴前田安宅子仁　再訂

男　典子守

中風門

中風　類中彙八

靈樞云：身半以上者，邪中之也；身半以下者，溼中之也。邪之中於人也，無有常。中於陰則溜於府，中於陽則溜於經。中於面則下陽明，中於項則下太陽，中於頰則下少陽。其中於膺背兩脇，亦下其經。中於陰者，常從臂胻始。其陰皮薄

醫通卷之一　中風　一　思得堂藏

張氏醫通十六卷目録一卷附本經逢原四卷石頑老人診宗三昧一卷傷寒緒論二卷傷寒纘論二卷傷寒舌鑑一卷傷寒兼證析義一卷

（清）張璐纂述　［日本］前田安宅重訂　日本文化元年（1804）思得堂刻清光緒二十五年（1899）浙江官書局重印本

匡高 20.4 厘米，廣 15.1 厘米。半葉十二行，行二十三字，白口，四周雙邊。

顱顖經卷上

脉法

凡孩子三歲以下呼爲純陽元氣未散若有脉候即須於一寸取之不得同大人分寸其脉候來呼之脉來三至吸之脉來三至呼吸定息一至此爲無患矣所言定息呼氣未出吸氣未入定息之中又至此是和平也若以大人脉五至取之即差矣如此七至以上即爲有氣或脉浮如弓之張弦此爲有風並可依後方合藥治之或七至以下此爲冷候亦宜依後方合藥療之或診候取平或忽而不見沉浮不定伏

顱顖經卷上　一　當歸草堂

顱顖經二卷傳信適用方二卷　清光緒四年（1878）錢塘丁丙當歸草堂刻本

匡高16.9厘米，廣13.0厘米。半葉十行，行二十字，小字雙行同。黑口，四周雙邊。

雜氣論節錄

雜氣者天地一切不正之氣楊粟山曰毒霧之來也無端烟瘴之出也無時濕熱薰蒸之惡穢無窮無數兼以餓殍在野胔骼之掩埋不厚甚有死尸連牀魄汗之淋漓自充遂使一切不正之氣升降流行於上下之間凡在氣交中無可逃避雖童男室女以無漏之體富貴豐亨以幽閒之思且不能不共相殘染而辛苦之人可知矣而貧乏困頓之人又豈顧問哉語云大兵之後必有大荒大荒之後必有大疫疵癘旱潦之災禽獸草木往往不免而況於人乎觀此益知瘟病根源絶非冬寒之常氣矣

瘟疫條辨　三

瘟疫條辨摘要一卷　（清）呂田輯　清光緒十一年（1885）高城學院前福文堂刻本

匡高 17.6 厘米，廣 11.3 厘米。半葉九行，行二十四字，小字雙行同，白口，左右雙邊。

醫理畧述

嶺南 尹端模筆譯

第一章

小引 論據理治法之本

夫醫理與治法之名目乍然觀之雖似過於淺易無庸推究惟詳審之然其該括四義各不相同吾人當逐一考察焉

一曰康健 括於治法之第一義乃純屬生性之理者所謂康健或本來之情形經體之已離者離此而經體之須復者復此也夫康健爲諸自然之勢行於人身之效其勢卽内之稟賦外之接受也身内各經其所以至目前之地位者藉有身外種種

醫理畧述　卷一　第一章　論據理治法之本　一

醫理略述二卷 （清）尹端模譯　清光緒十九年（1893）刻本

匡高 14.9 厘米，廣 11.6 厘米。半葉十行，行二十四字，白口，四周雙邊。

者

文祖正訂傷寒瘟疫條辨卷一

夏邑後學栗山楊璿玉衡撰 子 鼎編次

治病須知大運辨

天以陰陽而運六氣須知有大運有小運小則逐歲而更大則六十年而易大小有不合大運於陽歲位居陰是陽中之陰猶夏日之亥子時也大運於陰歲位居陽是陰中之陽猶冬日之巳午刻也民病之應乎運氣在大不在小不可拘小運遺其本而專事其末也譬之子平以運爲主流年利鈍安能移其大局乎病而與大小俱合無論矣有於大運則合歲氣相違者自從其大而畧變其間也此常理也有於小則合

瘟疫條辨 卷一 大運辨 一

文祖正訂寒溫條辨七卷　（清）楊璿撰　清刻本

匡高 19.9 厘米，廣 13.6 厘米。半葉十行，行二十五字，白口，四周雙邊。

太醫局諸科程文卷六

大義第一道

問以左手招穴令定法其地不動右手持鍼象其天而運轉也

對明于用鍼得左招右持之妙知于法象參地靜而動之常且左右則分于陰陽天地則司于覆載左手招穴也令其定而不移所以法坤道之安靜右手持鍼也欲其動而不息所以象乾元之運行即左右言之則左欲靜而右欲動即動靜論之則靜法地而動法天行鍼用刺合乾坤運止之功瀉寔補虛參天地

太醫局諸科程文卷六　一　當歸草堂

太醫局諸科程文九卷　（宋）太醫局編　清光緒四年（1878）錢塘丁丙當歸草堂刻本

匡高 17.2 厘米，廣 13.2 厘米。半葉十行，行二十字，小字雙行同，黑口，四周雙邊。存四卷。

產育寶慶集方卷上

宋李師聖等編

清丁丙校刊

第一論曰熱疾胎死腹中者何答曰因母患熱疾至六七日以後藏府極熱薰灼其胎是以致死緣兒身死冷不能自出但服黑神散煖其胎須臾胎氣温煖即自出何以知其胎之巳死但看產舌色青者是其驗

黑神散

桂心　當歸　芍藥

產育寶慶集方　卷上　一　當歸草堂

產育寶慶集方二卷　（宋）李師聖編　（清）丁丙校刊 清光緒四年（1878）錢塘丁丙當歸草堂刻本

匡高 17.1 厘米，廣 13.2 厘米。半葉十行，行二十字，小字雙行同，黑口，四周雙邊。

急救仙方卷一

背瘡治法

發背廣一尺深一寸雖潰至骨不穿膜不死

此證因飲食而感其毒發在胛肚之間急宜用藥治其胛肚中之毒內外夾攻之否則易腐作臭初發時用追疔奪命湯化毒消腫托裏散內托千金散可以內消中間敷解毒生肌定痛藥四圍敷拔毒散後用生肌膏藥必定見效

蓮子發

此證發于右胛中恐其毒攻心急須用藥散之又

急救仙方　卷一　一　當歸草堂

急救仙方六卷　清光緒四年（1878）錢塘丁丙當歸草堂刻本

匡高15.5厘米，廣12.1厘米。半葉十行，行二十字，小字雙行同。黑口，四周雙邊。

欽定四庫全書
瑞竹堂經驗方
提要
臣等謹案瑞竹堂經驗方五卷元沙圖穆
蘇原作薩理彌寔今改正撰沙圖穆蘇元史無傳其
事蹟不可考以吳澂王都中二序核之則
其字爲謙齋嘗以御史出爲建昌太守是
書即其在郡時所撰集也原書本十五卷
楊士奇等文淵閣書目載有一部一冊而
晁瑮寶文堂書目內亦列其名則是明中

經驗方 提要 一 當歸草堂

瑞竹堂經驗方五卷補遺一卷 （元）沙圖穆蘇撰 清光緒四年（1878）錢塘丁丙當歸草堂刻本

匡高15.8厘米，廣12.0厘米。半葉十行，行二十字，小字雙行同，黑口，四周雙邊。

產寶諸方

產圖

月吉方位

正月壬位安產吉　丙位藏衣吉

四月庚位安產吉　甲位藏衣吉

五月丙位安產吉　丙位藏衣吉

乾天德藏衣吉

六月甲位安產吉　庚位藏衣吉

七月壬位安產吉　丙位藏衣吉

八月庚位安產吉　甲位藏衣吉

產寶諸方　一　當歸草堂

產寶諸方一卷　清光緒四年（1878）錢塘丁丙當歸草堂刻本

匡高16.0厘米，廣12.0厘米。半葉十行，行二十字，小字雙行同，黑口，四周雙邊。

內科闡微

美國　嘉約翰口譯
莆田　林湘東筆述

論驗病形證據

夫病形不一、有向一處而發現者、有向週身而發現者、有病未至而觀其形、卽知其將至者、有病已至而觀其形、卽可分斷者、且更有觀其病形而可決其將來之必愈、可料其將來之必險者、醫者宜平時熟悉一切、而後凡遇病形、方可辨也、大抵欲驗病形、其大綱之法有三、一宜究其病之緣由、二宜驗內部之功用如何、有壞

內科闡微　論驗病形證據　一

內科闡微一卷　［美國］嘉約翰口譯　（清）林湘東筆述　清光緒十五年（1889）羊城博濟醫局刻本

匡高 14.8 厘米，廣 11.3 厘米。半葉九行，行二十五字，白口，四周雙邊。

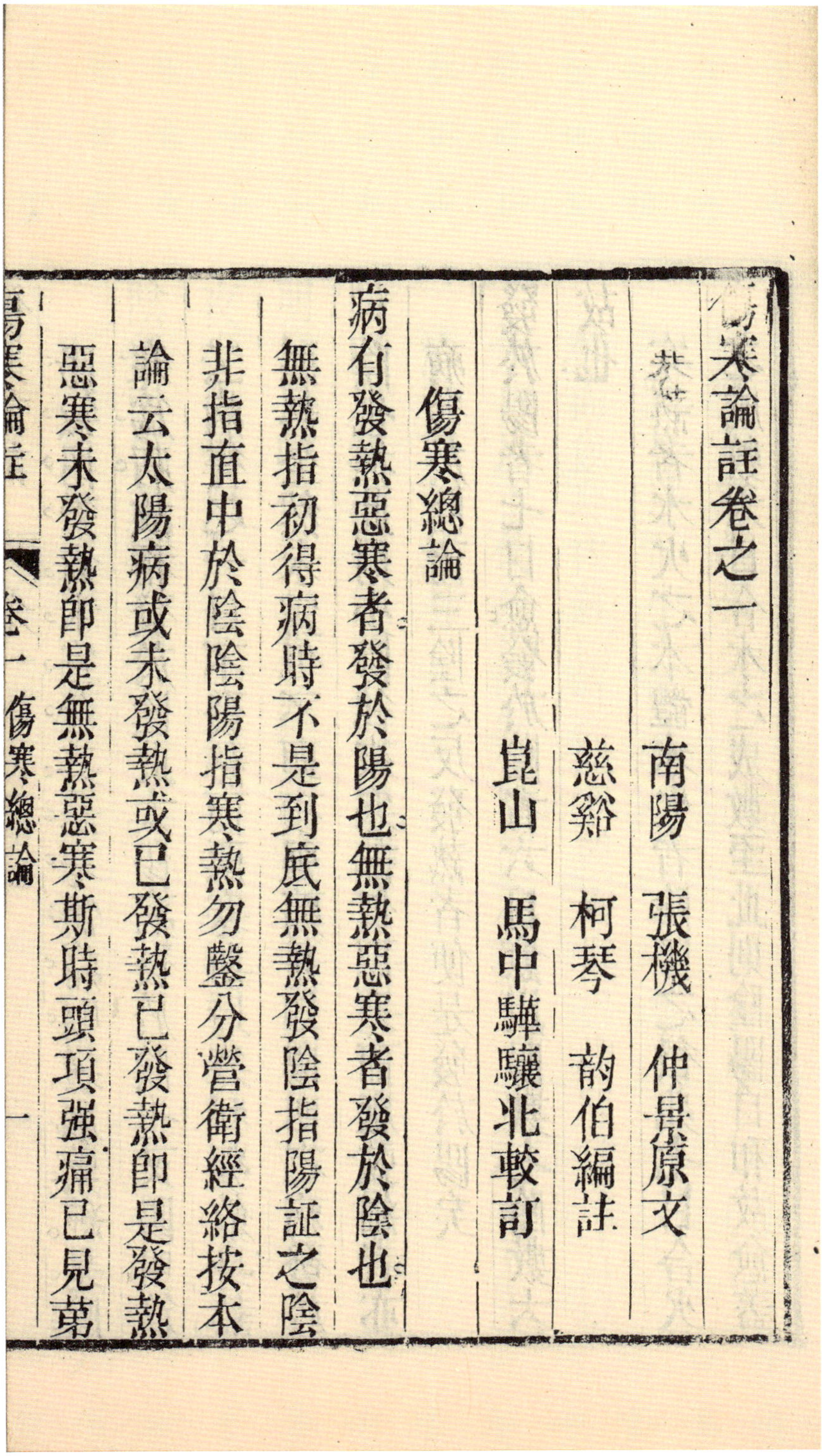
傷寒論註卷之一

南陽　張機　仲景原文

慈谿　柯琴　韵伯編註

崑山　馬中驊驤北較訂

傷寒總論

病有發熱惡寒者發於陽也無熱惡寒者發於陰也

無熱指初得病時不是到底無熱發陰指陽証之陰

非指直中於陰陰陽指寒熱勿鑿分營衛經絡按本

論云太陽病或未發熱或已發熱已發熱即是發熱

惡寒未發熱即是無熱惡寒斯時頭項强痛已見第

傷寒論註　卷一　傷寒總論　一

傷寒論注六卷傷寒來蘇集六卷傷寒附翼二卷　（漢）張機撰　（清）柯琴編注　清金閶經義堂刻本

匡高 18.1 厘米，廣 13.0 厘米。半葉十行，行二十一字，白口，左右雙邊。傷寒論注存四卷，傷寒附翼存一卷。

張仲景金匱要畧卷一

檇李沈明宗目南編註

重編大意

金匱一書文辭簡約義理深玄誠補軒岐之不足爲後學之津梁也但從來著書立言必先綱領次及條目而是編乃以治病問荅冠於篇首敘例大意反次後章且諸方論頭緒參差不齊使讀者如入霧徑失其所之棄而不讀者有之矣嗟乎仲景去今千有餘禩簡多遺亾而原文夾於傷寒論中後人未窺其微以致分出編次失序寔非仲景之

金匱要畧　卷一　一

張仲景金匱要略二十四卷　（清）沈明宗編訂　清道光二十二年（1842）掃葉山房刻本

匡高 20.1 厘米，廣 13.7 厘米。半葉十行，行二十字，白口，四周單邊。存十九卷。

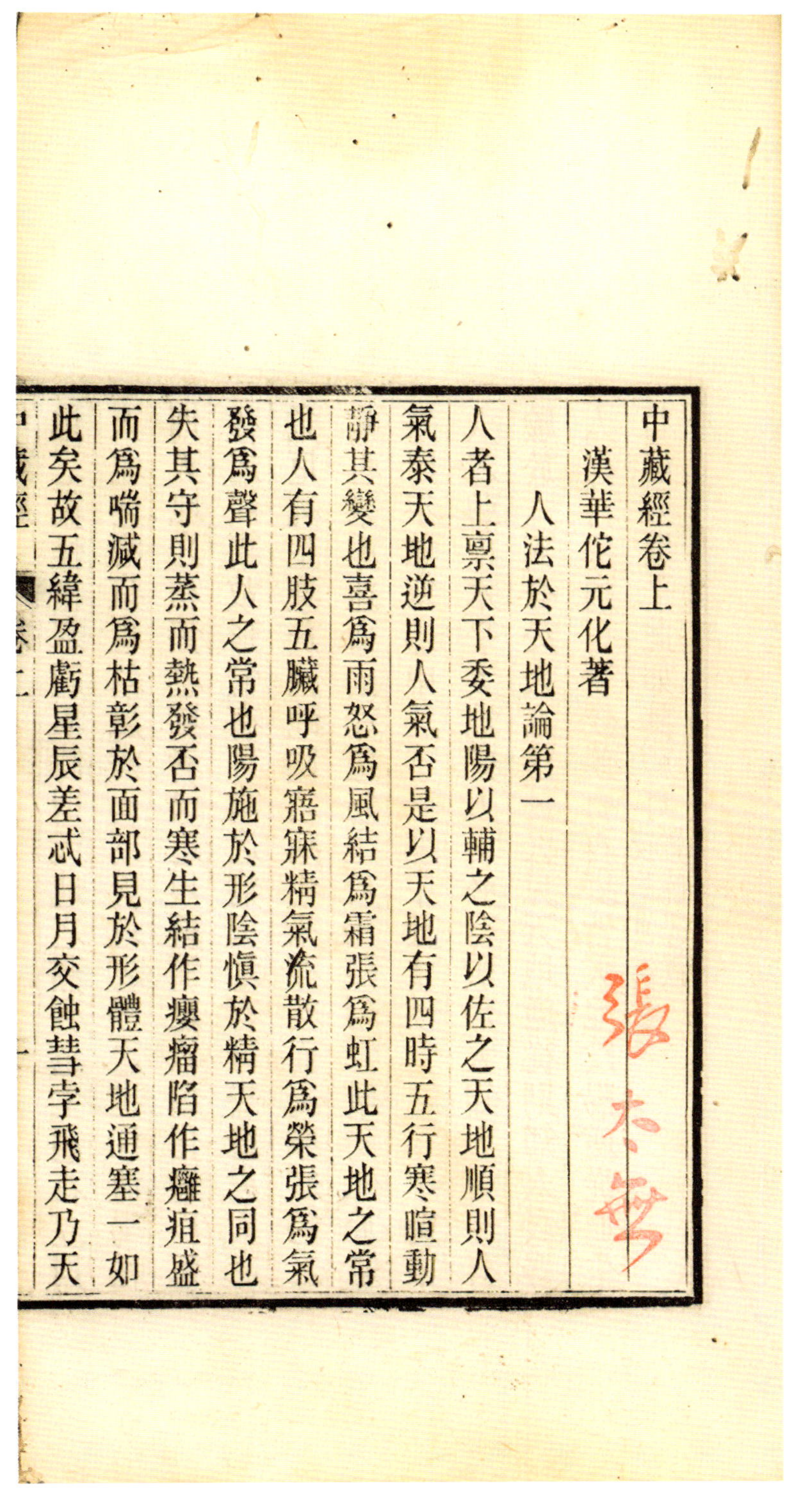

中藏經三卷附方一卷内照法一卷 （漢）華佗撰　清光緒十七年（1891）池陽周氏刻本

匡高 16.0 厘米，廣 11.7 厘米。半葉十行，行二十一字，小字雙行同，白口，四周雙邊。

黃帝內經太素診皮篇補證（此仲景診皮法改診皮名詞釋尺共二種）

隋楊上善撰注

井研廖平補證

靈樞論疾診尺皮篇

太素不錄本經篇名今補之案此經爲診皮正篇楊氏不改字仍原文而曰尺膚尺分之皮膚就誤字立訓過於迂曲且其立篇曰色脈尺診尺診尺寸診尤與經脈名目相混尺與皮字相似本爲皮之剝文後來寸關尺之說大盛皆從尺脈解之無人知爲皮膚轉使僞法得以影射經文而診皮之法因以斷絕固不必避此小嫌遺世大害今故直

診皮篇補證

黃帝内經太素診皮篇補證不分卷　（隋）楊上善撰注　（清）廖平補證

清刻本

匡高 18.5 厘米，廣 13.1 厘米。半葉十行，行二十一字，小字雙行同，白口，四周雙邊。

達生編卷上

上海唐千頃桐園氏原纂

渭陽姜恒泰魯瞻氏重刻

種子

總論

天地絪緼萬物化醇男女搆精萬物化生此造化自然之理亦無思無爲之道也故有人道即有夫婦有夫婦即有子嗣人無一不生育猶之山無不草木地無不黍稷然其要在得其養耳得其養則磽者以肥瘠者以沃草木黍稷何懼

達生編　卷上　種子　一

達生編二卷　（清）亟齋居士撰　清光緒二十二年（1896）四川成都王文成齋刻本

匡高 17.8 厘米，廣 13.2 厘米。半葉九行，行二十三字，白口，四周雙邊。

臨證指南醫案十卷　（清）葉桂撰　清嘉慶八年（1803）衛生堂刻本

匡高 19.0 厘米，廣 13.4 厘米。半葉十行，行二十二字，小字雙行同，白口，左右雙邊。

備急千金要方卷第十七 肺藏

朝奉郎守太常少卿充秘閣校理判登聞檢院護軍賜緋魚袋臣林億等校正

肺藏脉論第一

論曰肺主魄魄藏者任物之精也爲上將軍使在上行所以肺爲五藏之華蓋並精出入謂之魄魄者肺之藏也鼻者肺

備急千金要方三十卷考異一卷 （唐）孫思邈撰　清光緒四年（1878）上海長洲麟瑞堂影刻本

匡高 20.7 厘米，廣 14.8 厘米。半葉十三行，行二十三字，小字雙行不等，白口，左右雙邊。

案中著點者標出病症所在與方之合否相對方合者圈不合者豎

臨證指南醫案卷一

滸關李大瞻翰圃

古吳葉　桂天士先生著　錫山華南田岫雲同較

邵　銘新甫

中風

肝腎虛內風動

錢　偏枯在左血虛不榮筋骨內風襲絡脈左緩大

製首烏四兩烘　枸杞子二兩去蒂　歸身二兩用獨枝者去梢

淮牛膝二兩蒸　明天麻二兩麪煨　三角胡麻二兩打碎水洗十次烘

黃甘菊三兩水煎汁　川石斛四兩水煎汁　小黑豆皮四兩煎汁

臨證指南醫案　卷一　中風　一

臨證指南醫案十卷續編四卷　（清）葉桂撰　清道光二十四年（1844）蘇州經鉏堂刻朱墨套印本

匡高 19.6 厘米，廣 14.8 厘米。半葉十行，行二十二字，小字雙行同，白口，左右雙邊。

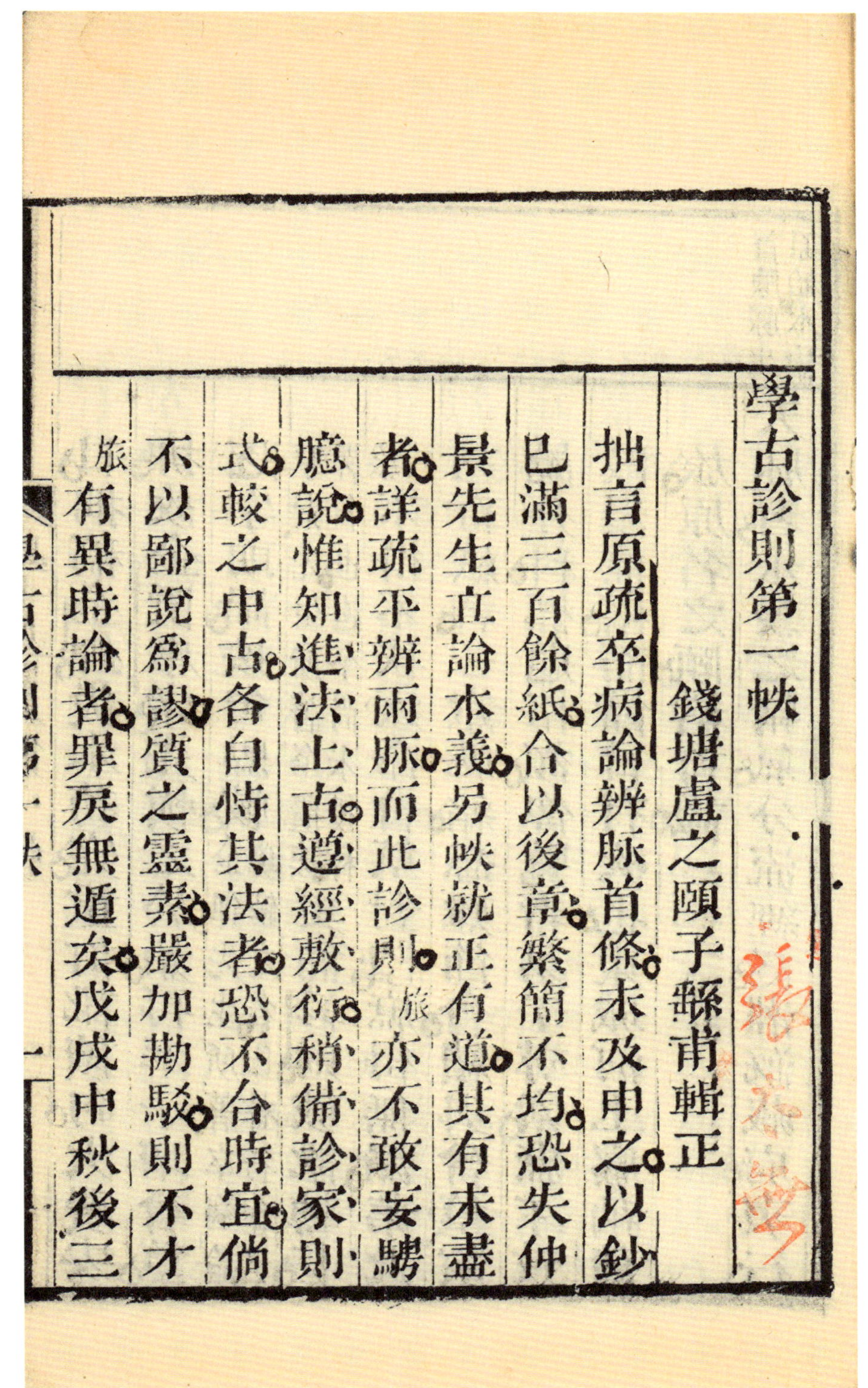

學古診則第一帙

錢塘盧之頤子繇甫輯正

拙言原疏卒病論辨脉首條未及申之以鈔巳滿三百餘紙合以後章繁簡不均恐失仲景先生立論本義另帙就正有道其有未盡者詳疏平辨兩脉而此診則旅亦不敢妄騁臆說惟知進法上古遵經敷衍稍備診家則式較之中古各自恃其法者恐不合時宜倘不以鄙說爲謬質之靈素嚴加勘駁則不才旅有異時論者罪戾無遁矣戊戌中秋後三

學古診則四帙　（明）盧之頤輯　清末刻本

匡高 18.6 厘米，廣 13.3 厘米。半葉十行，行十七字，黑口，四周單邊。

藤氏醫談卷之上

泉堺　草醫　近藤明隆昌　著

辨温病時疫

疫之爲病也歷代諸名家論之者紛々未有定說或云温病或云天行病或云時氣病而中暑傷寒雜糅其間矧則法律莫能曉然及其臨證處方不能無狐疑焉巢氏以温疫爲天行時氣

藤氏醫談　卷之上　一

藤氏醫談二卷　［日本］近藤明撰　日本享和三年（1803）柳原積玉圃森本文金堂合刻本

匡高 20.0 厘米，廣 14.3 厘米。半葉九行，行十八字，白口，四周雙邊。

尚論張仲景傷寒論重編三百九十七法卷之一

西昌喻昌嘉言甫著

論太陽經傷寒症治大意

王叔和當日編次仲景傷寒論以辨痙濕暍脉證爲第一以辨太陽病脉證爲第二謂痙濕暍雖太陽經之見證然宜應別論故列之篇首此等處最不妥當豈有別論反在正論之前者況既應別論即當明言所指而故虛懸其篇此叔和不究心之弊也至於太陽經中一槩混編合病併病溫病壞病過經不解病以及少陽諸病如理棼絲不清其脉寸寸補接所以不適於用徒令觀者歎息此更叔和不究心之弊也宋

尚論篇　卷二　太陽大意　一

尚論篇二卷首一卷後篇四卷　（清）喻昌撰　清竹秀山房刻本

匡高 13.7 厘米，廣 10.1 厘米。半葉十行，行二十四字，小字雙行同，白口，四周單邊。

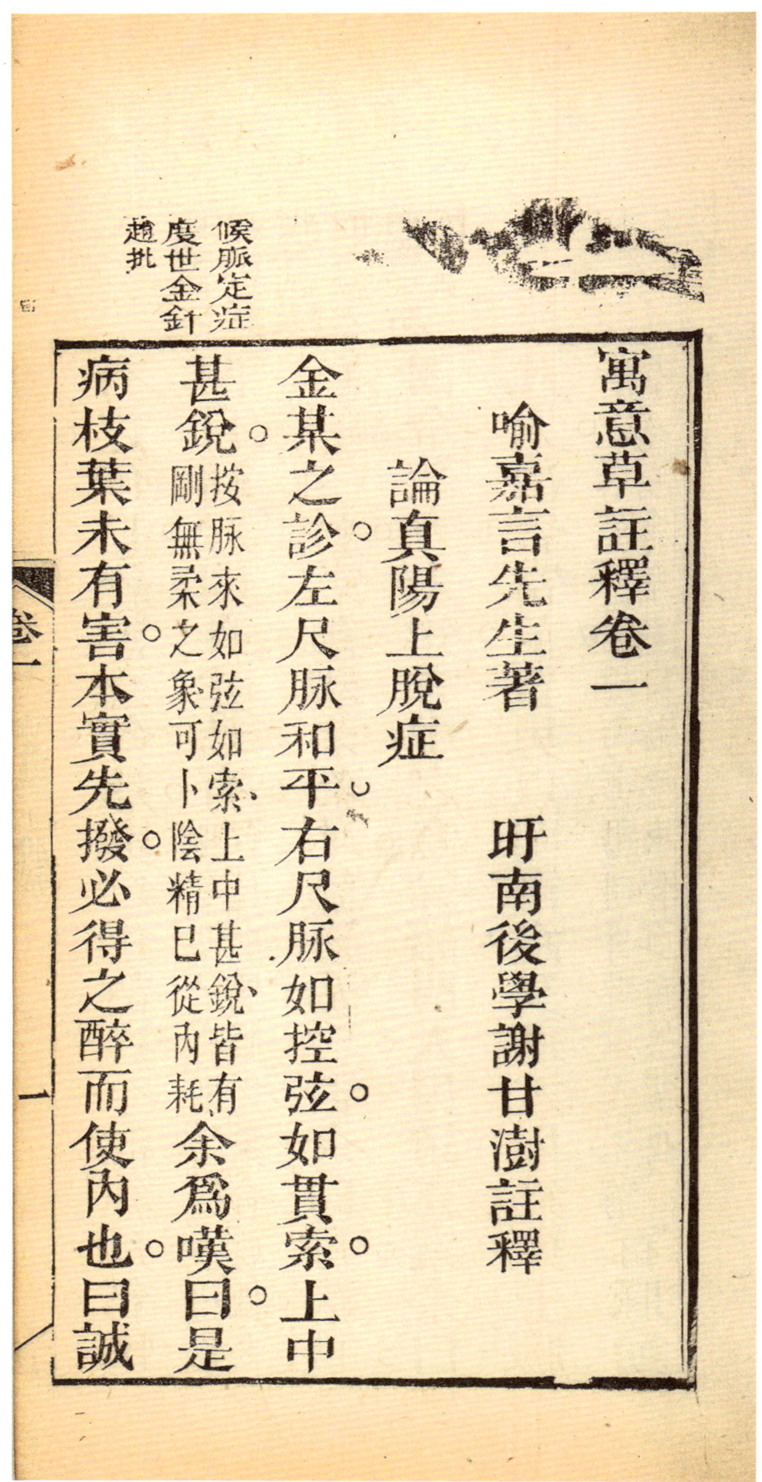

寓意草註釋卷一

喻嘉言先生著　盱南後學謝甘澍註釋

論真陽上脫症

金其之診。左尺脉和平。右尺脉如控弦。如貫索。上中甚銳。按脉來如弦如索上中甚銳皆有剛無柔之象可卜陰精已從內耗余爲嘆曰。是病枝葉未有害。本實先撥。必得之醉而使內也。曰誠

候脉定症度世金針　趙批

卷一　一

寓意草注釋四卷　（清）喻昌撰　（清）謝甘澍注釋　清光緒六年（1880）刻本

匡高17.6厘米，廣11.3厘米。半葉六行，行二十字，小字雙行同，白口，左右雙邊。

局方發揮　丹溪全書一

元義烏朱彥脩震亨撰　長沙陳鴻業校

和劑局方之爲書也可以據證檢方即方用藥不必求醫不必脩製尋購見成丸散病痛便可安痊仁民之意可謂至矣自宋迄今官府守之以爲法醫門傳之以爲業病者恃之以立命世人習之以成俗然予竊有疑焉何者古人以神聖工巧言醫又曰醫者意也以其傳授雖的造詣雖深臨機應變如對敵之將操舟之工自非盡君子隨時反中之妙寧無愧於醫乎今乃集前人已效之方應今人無限之病何異刺舟求劒按圖索驥冀其偶然中難矣

或曰仲景治傷寒著三百一十三方治雜病著金匱要略曰

丹溪全書一　局方發揮　一

丹溪全書十種　清光緒二十六年（1900）刻本

匡高 17.9 厘米，廣 13.7 厘米。半葉十一行，行二十四字，黑口，左右雙邊。

水鍼發明

夫百病之機多由飲食滯氣而得氣陷於大腸爲中焦食阻遂致腸胃上下不通雖有成法而吐法早捐下汗有戒理中一法用藥肆乾薑漂淡無性亦難見功余嘗讀素問脹論見石瘕條皆生於女子可導而下之文乃悟導法非蜜膽瓜根所能盡於是深體俞跗湔浣漱滌而爲水鍼諸藥不效之證水鍼能瘳眞弗待瞑眩之藥矣其法用猪小腸數尺竹管三寸若小筆管狀將腸竹兩端相屬紮以線索務通其中勿塞勿洩然後注水二三觔於腸內以滿爲度勿令留空蓄氣其竹管未紮一

潁川心法彙編　六

潁川心法彙編一卷　（清）陳炳泰撰　清光緒十九年（1893）刻本

匡高 17.8 厘米，廣 13.4 厘米。半葉十行，行二十一字，白口，四周雙邊。

寓意草

南昌喻　昌嘉言甫著

先議病後用藥

從上古以至今時。一代有一代之醫。雖聖神賢明。分量不同。然必不能舍規矩準繩。以為方圓平直也。故治病必先識病。識病然後議藥。藥者所以勝病者也。識病則千百藥中。任舉一二種用之且通神。不識病。則歧多而用眩。凡藥皆可傷人。況於性最偏駁者乎。邇來習醫者衆。醫學愈荒。遂成一議藥不議病之世界。其夭枉不可勝悼。或以為殺運使然。不知天道豈好殺惡生耶。每見仕宦家診畢。即令定方。以示慎重。初不論病從何起。藥以何應。致庸師以模稜迎合之術。妄為擬議。迨藥之不效。諉於無藥。非無藥也。可以勝病之藥。以不識病情而未敢議用也。危哉。靈樞素問甲乙難經無方之書。全不考究。而後來一切有方之書。奉為靈寶。如朱丹溪一家之言。其脈因症治一書。先論脈。次因。次症。後迺論治。其書即不行。而心法一書。群方錯雜。則共宗之。又本草止述藥性之功能。人不加嗜。又繆氏經疏。兼述藥性之過劣。則莫不懸之肘後。不思草木之性。亦取其偏以適人之用。其過劣不必言也。言之而棄置者衆矣。昌不將本草諸藥。盡行刪抹。獨留無過之藥五七十種而用之乎。其於周禮令醫人採毒藥以供醫事之旨。及歷代帝王恐本草為未備。而博采增益之意。不大剌謬乎。欲破此惑。無如議病精詳。病經議明。則有是病即有是藥。病千變藥亦千變。且勿論造化生心之妙。即某病之以某藥為良。某藥為劫者。至是始有定名。若不論病。則藥之良毒善惡。何從定之哉。可見藥性所謂良毒善惡與病體所謂良毒善惡不同也。而不知者必欲執藥性為去取。何其陋耶。故昌之議病非得已也。昔人登壇指顧。後效不爽前言。聚米如山。先事已饒碩畫。醫雖小道。何獨不然。昌即不能變俗。實欲借此榜樣。闡發病機。其能用不能用何計焉。

胡卣臣先生曰。先議病後用藥。真金匱未抽之論。多將熇熇不可救藥。是能議病者。若藥不

寓意草　一　上海校經山房校印

寓意草四卷　（清）喻昌撰　清光緒二十六年（1900）上海校經山房石印本

匡高 16.1 厘米，廣 11.6 厘米。半葉十七行，行四十一字，白口，四周雙邊。

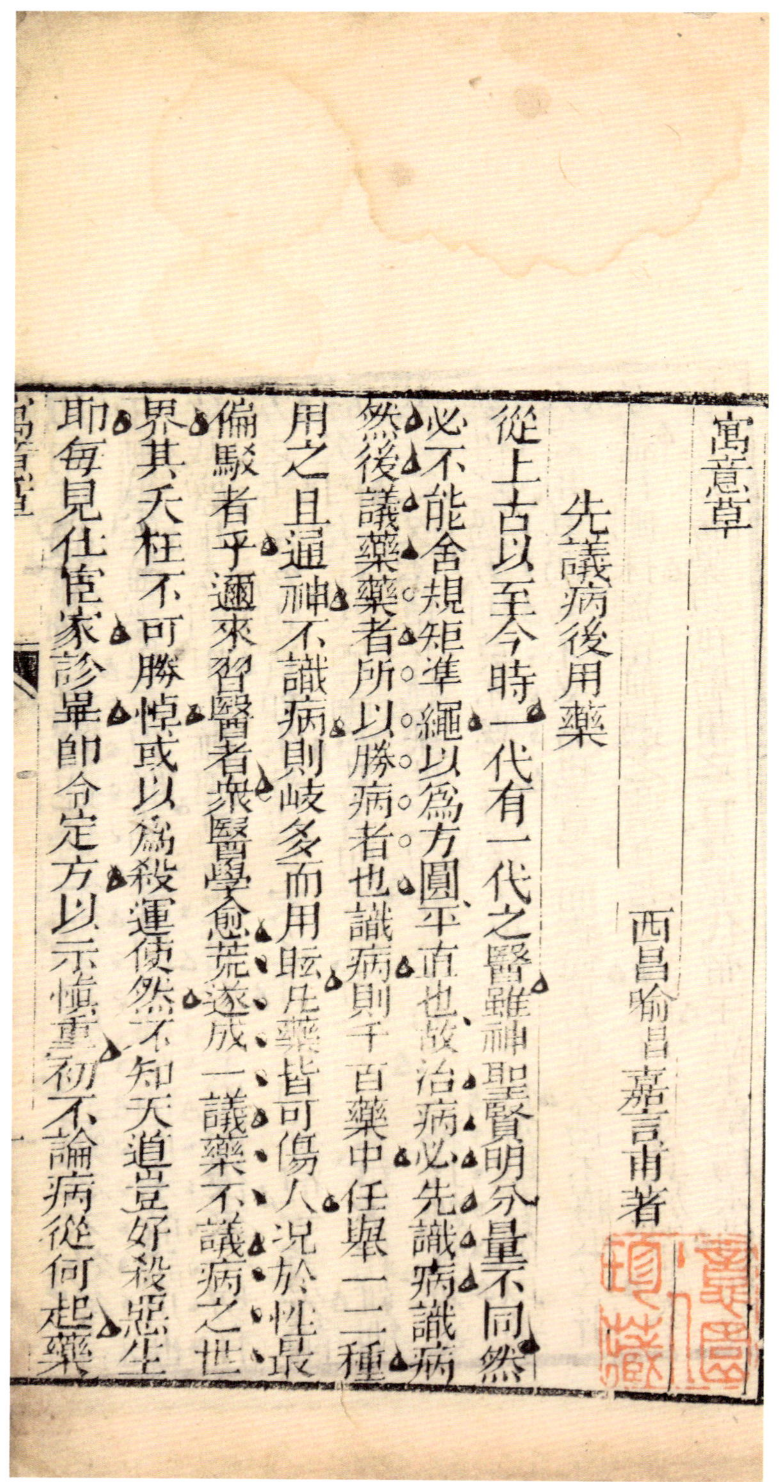

寓意草四卷 （清）喻昌撰　清竹秀山房刻本

匡高 15.5 厘米，廣 11.2 厘米。半葉十行，行二十四字，白口，左右雙邊。

重刻古今歴驗良方

協州范偉亭先生鑑定

古義徒能言增輯

案豫章有一乳雙生者相貌聲音如一自襁褓以至三十此微得失莫不相同三十一歲兄弟同科舉至省寓隣婦孀而麗挑其兄兄正色拒之戒其弟曰我已堅拒恐爾貌同甚勿作損德事弟佯諾竟與婦通婦初不知其爲弟也彼此情稔因與婦約曰我得科名必娶爾及放榜兄入彀弟下第矣弟復誑婦曰我赴春闈俟發甲後纔娶爾且以乏資斧爲言婦傾橐付之春兄復登甲

良方　上　一

重刻古今歴驗良方十四卷　（清）徒能言輯　清咸豐四年至五年（1854－1855）刻本

匡高 16.8 厘米，廣 11.5 厘米。半葉九行，行二十一字，白口，左右雙邊。

類經一卷

會稽通一子景岳張介賓類註

類經名義 類經者，合兩經而彙其類也。兩經者，曰靈樞，曰素問，總曰內經。內者，性命之道；經者，載道之書。平素所講問，是謂素問；神靈之樞要，是謂靈樞。

攝生類

上古之人春秋百歲，今時之人半百而衰

素問上古天真論〇一

昔在黃帝，生而神靈，弱而能言，幼而徇齊，長而

類經一卷 攝生類 一

類經三十二卷 （明）張介賓類注 **附翼四卷**（明）張介賓撰 清道光二十年（1840）橘園刻本

匡高15.5厘米，廣10.3厘米。半葉八行，行十八字，小字雙行同，白口，四周單邊。

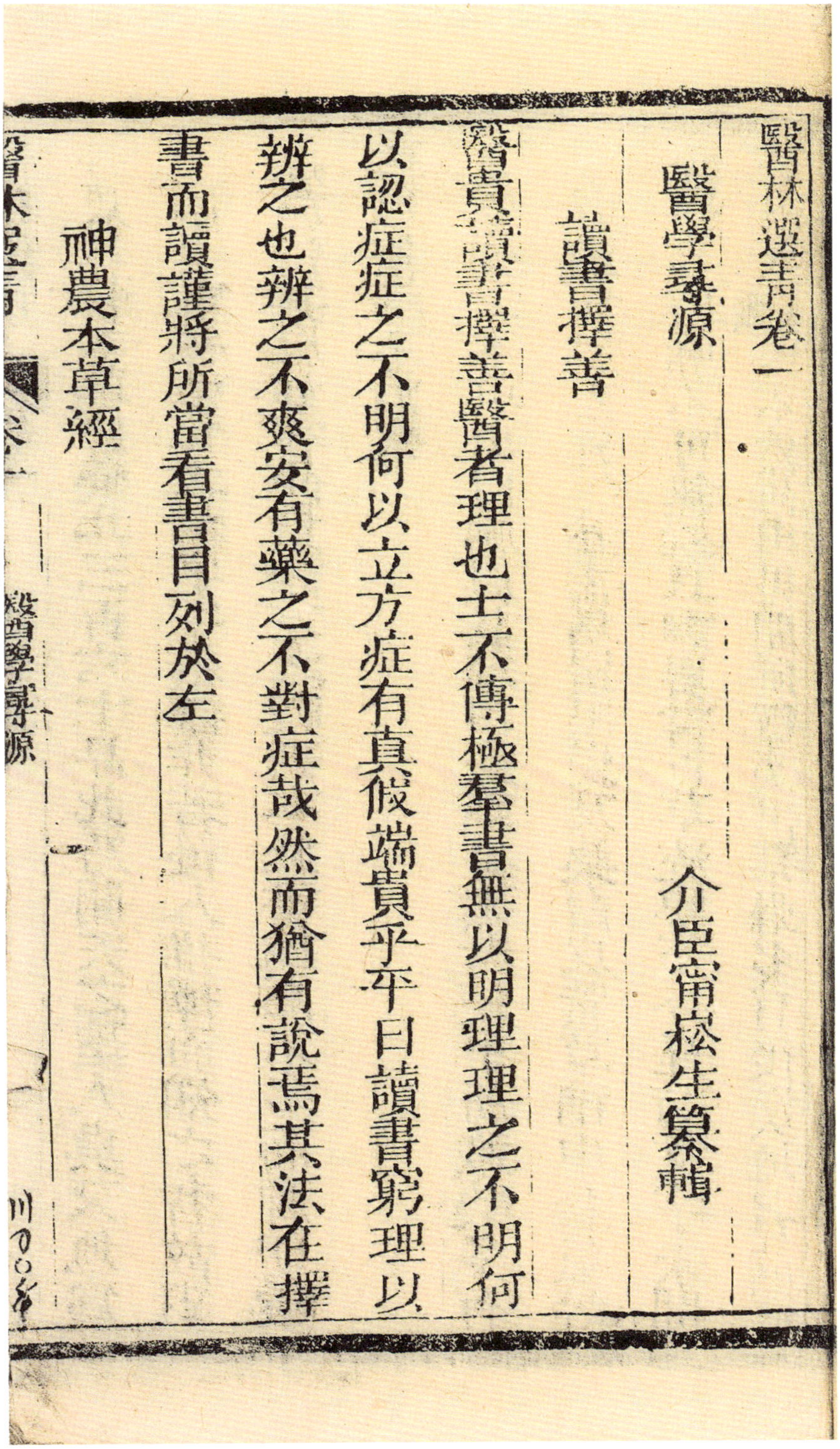
醫林選青卷一
醫學尋源
讀書擇善　　介臣甯崧生纂輯
醫貴讀書擇善醫者理也士不傳極羣書無以明理理之不明何以認症症之不明何以立方症有真假端貴乎平日讀書窮理以辨之也辨之不爽安有藥之不對症哉然而猶有說焉其法在擇書而讀謹將所當看書目列於左
神農本草經

醫林選青　卷一　醫學尋源

醫林選青七卷　（清）寧崧生纂　清光緒二十年（1894）刻本

匡高 15.7 厘米，廣 10.4 厘米。半葉八行，行二十五字，小字雙行同，白口，四周雙邊。

同仁堂樂家老藥舖開設京都正陽門外大柵欄路南

風痰門

牛黄清心丸

治男婦中風不語不省人事痰迷心竅口眼歪斜半身不遂語言蹇澁痰涎壅盛神志不清卒然昏倒牙關緊閉如見鬼神言語錯亂或歌或哭或痴或獃心神恍惚及小兒急熱驚風發搐等證

蘇合香丸

治男婦中風中痰中氣中祟不省人事牙關緊閉口眼歪斜如

藥目　風痰門　一　京都同仁堂

同仁堂藥目一卷　（清）同仁堂編　清光緒三十二年（1906）京都同仁堂刻本

匡高 17.2 厘米，廣 11.5 厘米。半葉十行，行二十四字，白口，四周雙邊。

傷寒真方歌括卷一

閩長樂陳念祖修園著　冶南林壽萱校

太陽上篇方法

太陽爲寒水之經，主一身之膚表。邪之初傷，必自太陽經始。論云：太陽爲病，脉浮，頭項强痛，惡寒。統傷寒、中風而言也。傷寒詳見中篇

兹請先别中風之病。論云：太陽病，發熱，汗出，惡風，脉浮緩，或見鼻鳴乾嘔者，爲中風。病主以桂枝湯，服湯啜粥

傷寒真方歌括　卷一　一

傷寒真方歌括六卷　（清）陳念祖撰　清咸豐九年（1859）刻本

匡高16.9厘米，廣11.9厘米。半葉九行，行二十一字，白口，四周單邊間左右雙邊。

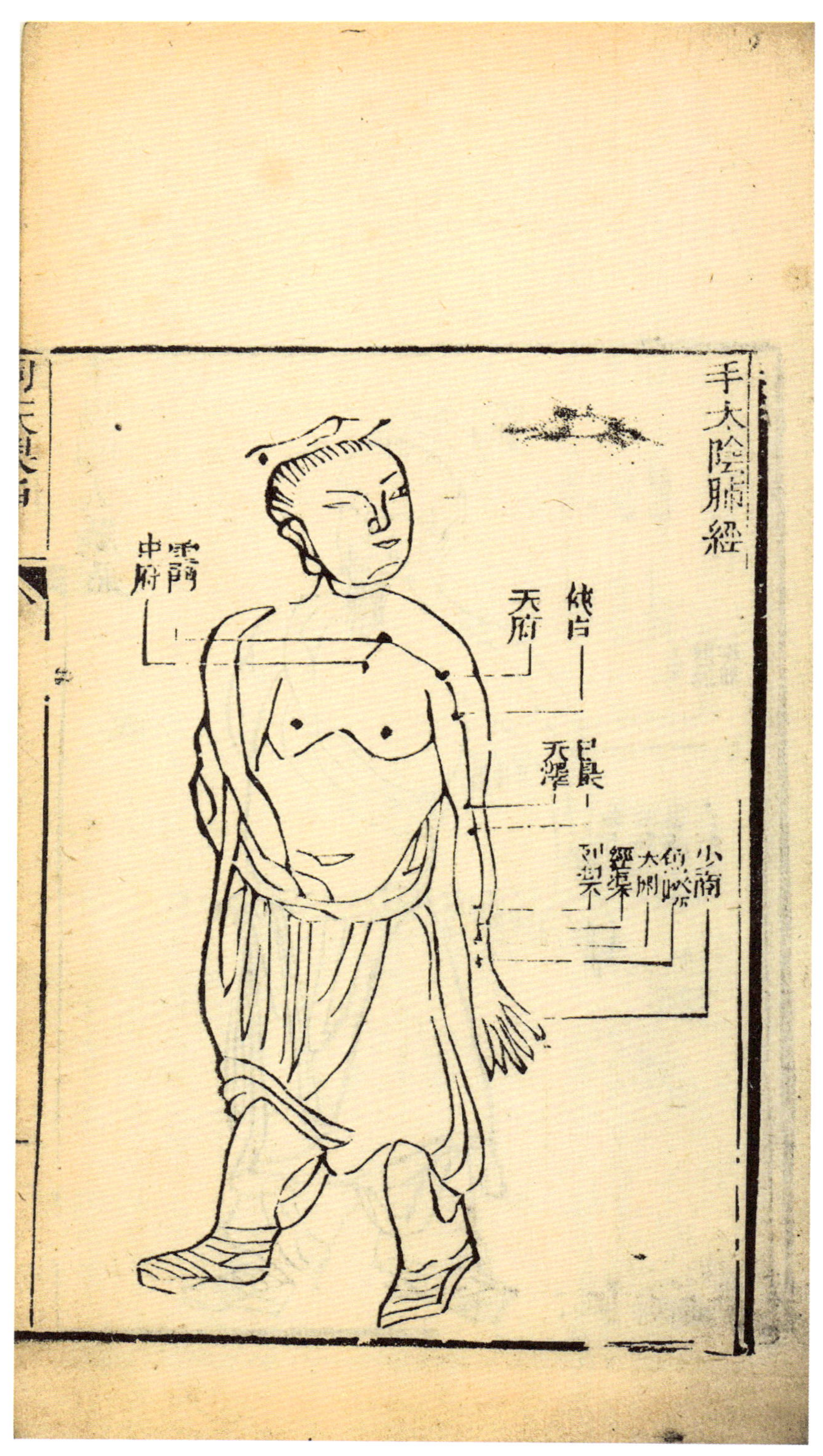

洞天奥旨十六卷 （清）陳士鐸撰　清有德堂刻本

匡高 13.5 厘米，廣 10.0 厘米。半葉十行，行二十四字，白口，左右雙邊。存八卷。

總論

夫喉者吾生氣機出入之門戶瞬息存亡之際性命係焉倘一受病危在須臾迫不及待所貴醫者能識受病之原與夫虛實痰火風寒熱毒之異更於望聞問中參究脈理尤爲先務之急自來業喉科者全不講脈所以治之鮮效今試論之假如其脈洪大而實其人氣粗而躁此有餘之證用藥則以散風下氣清火消痰散之者荆芥防風羌活獨活紫蘇是也下之者枳殼枳實青皮厚樸山查前胡是也清之者山梔黃芩黃柏甚則犀角黃連消痰則以膽星蔞仁杏仁爲主若脈洪大而浮軟無力或絃緩而濇其人氣委而靜此不足之證用藥則以涼血生血滋潤消痰涼之者丹皮白芍是也生之者生地當歸是也潤之者苡仁知母花粉是也消痰則以貝母蔞仁杏仁兼用山梔黃芩

咽喉脈證通論　一

咽喉脈證通論一卷　清宣統二年（1909）刻本

匡高 19.3 厘米，廣 13.5 厘米。半葉十三行，行二十二字，小字雙行同，白口，四周雙邊。

尚論篇卷首

尚論張仲景傷寒論大意

後漢張仲景著卒病傷寒論十六卷當世兆民賴以生全傳之後世如日月之光華旦而復旦萬古常明可也斯民不幸至晉代不過兩朝相隔其卒病論六卷已不可復睹即傷寒論十卷想亦劫火之餘僅得之讀者之口授故其篇目先後差錯賴有三百九十七法一百一十三方之名目可為校正太醫令王叔和附以已意編集成書共二十二篇後人得之稱為仲景之徒究竟述者之明不及作者之聖祇令學者童而習之白首不得其解雖有英賢輩出卒莫能舍叔和轍跡追溯仲景淵源於是偶窺一斑者各鳴一得如龐安常朱肱許叔微韓祗和王實之流非不互有闡發然不過為叔和之功臣止耳未見為仲景之功臣也今世傳仲景傷寒論乃宋秘閣臣林億所校正宋人成無己所詮註之書也林億不辨朱紫菽粟謂自仲景於今八百餘年惟王叔和能學之其間如葛洪陶景胡洽徐之才孫思邈輩皆不及也又傳稱成無己註傷寒論十卷深得長沙公之祕旨殊不知林成二家過於尊信叔和往往先傳後經將叔和緯翼仲景之辭且混編為仲景之書況其他乎如一卷之平脈法二卷之序例其文原不雅馴反首列之以錯亂聖言則其所為校正所為校註者乃仲景之不幸斯道之大厄也元泰定間程德齋作傷寒鈐法尤多不經 國朝王履并三百九十七法一百一十三方亦竊疑之謂仲景書甚平易明白本無深僻但王叔和雜以已意遂使客反勝主而仲景所以創法之意淪晦不明今欲以傷寒例居前六經病次之類傷寒病又次之至若雜病雜脈雜論與傷寒無預者皆略去計得二百八十三條并以治字易法字而曰二百八十三治雖有深心漫無卓識亦何足取萬歷間方有執著傷寒條辨始先即削去叔和序例大得尊經之旨然未免失之過激不若愛禮存羊取而駁正之是非既定功罪自明也其於太陽三篇改叔和之舊以風寒之傷營衛者分屬卓識超越前人此外不違立言之旨者尚多大率千有餘年若明若昧之書欲取而尚論之如日月之光昭宇宙必先振舉其大綱然後詳明其節目始為至當不易之規誠以冬春夏秋時之四序也冬傷於寒春傷於溫夏秋傷於暑熱者四序中主病之大綱也舉三百九十七法分隸於大綱之下然後仲景之書始為全書其冬傷於寒一門仲景立法獨詳於春夏秋三時者蓋以春夏秋時令雖有不同其受外感則一自可取治傷寒之法錯綜用之耳仲景自序云學者若能尋余所集思過半矣可見引伸觸類治百病有餘能況同一外感乎是春夏秋之傷溫傷熱明以冬月傷寒為大綱矣至傷寒六經中有以太陽一經為大綱而太陽經中有以風傷衛寒傷營風寒兩傷營衛為大綱何也大綱混於節目之中無可尋繹祗覺其書之殘缺難讀今大綱既定然後詳求其節目始知仲景書中矩則森森毋論法之中更有法即方之中亦更有法通身手眼始得一一點出讀之而心開識朗不復為從前之師說所惑浸假臻其道而升堂入室仲景彌光而吾生大慰矣知我罪我亦何計哉

尚論仲景傷寒論先辨叔和編次之失

嘗觀王叔和彙集扁鵲仲景華元化先哲脈法為一書名曰脈經其於仲景傷寒論尤加探討宜乎闡微畢貫曲暢創法製方之本旨以徵後人之信從也可乃於彙脈之中間一彙證不誠不貫猶曰彙書之常也至於編述傷寒全書苟簡粗率仍非作者本意則吾不知之矣如始先序例一篇蔓引贅辭其後可與不可諸篇獨遺精髓平脈一篇妄入已見總之碎剪美錦綴以敗絮盲鼓後世無繇復覩黼黻之華況於編述大意私淑原委自首至尾不敘一語明是實人居奇之術致令黃岐一脈斬絕無遺悠悠忽忽沿習至今所謂千古疑城至此莫破茲欲直溯仲景全神不得不先勘破叔和如太陽經中證錯分顛後學已難入手乃更插入溫病合病併病少陽病過經不解病呈令讀者茫然譬諸五穀雜為食寶誰不各為區別一概混收鮮不貽耕者食者之困矣如陽明經中漫次仲景偶舉問答一端綴於篇首綱領倒置先後差錯且無抵要至於春溫夏熱之證當另立大綱顛自名篇者適情然不識此等大關一差則冬傷

尚論篇 卷首 駁正序例

尚論篇四卷（清）喻昌撰　清光緒三十三年（1907）石印本

匡高 17.9 厘米，廣 12.0 厘米。半葉二十七行，行六十字，白口，四周雙邊。

尚論後篇卷一

尚論春三月温證大意　南昌喻　昌嘉言甫著　黎州陳守誠伯常重梓

仲景書詳於治傷寒略於治温以法度俱錯出於治傷寒中耳後人未解其例故春温一證漫無成法可師而况觸冒寒邪之病少感發温氣之病多寒病之傷人什之三温病之傷人什之七古今缺典莫此為大昌特會内經之旨以暢發仲景不宣之奥然僣竊無似矣厥旨維何内經云冬傷於寒春必病温此一大例也又云冬不藏精春必病温此一大例也既冬傷於寒又冬不藏精至春月同時病發此一大例也舉此三例以論温證而詳其治然後與三陽三陰之例先後同符蓋冬傷於寒邪藏肌膚即邪中三陽之謂也冬不藏精邪入陰臟即邪中三陰之謂也陽分之邪淺而易療陰分之邪深而難愈所以病温之人有發表三五次而外證不除者攻裏三五次而内證不除者源遠流長少減復劇以為在表也又似在裏以為在裏也又似在表用温熱則陰立亡用寒涼則陽隨絶凡傷寒之種種危候温證皆得有之亦以正虚邪盛不能勝其任耳至於熱證尤為十中八九緣真陰為熱邪久耗無以制亢陽而燎原不熄也以故病温之人邪退而陰氣猶存一綫者方可得生然多骨瘦皮乾津枯肉爍經年善調始復未病之體實繫醫者於此一證茫然不識病之所在用藥不當邪無從解留連展轉莫必其命昌之目擊心傷者久之茲特出手眼以印正先人之法則所以永登斯人於壽域後有作者諒必不以為狂誕也

温證上篇

謹將冬傷於寒春必病温定為一大例

冬傷於寒藏於肌膚感春月之温氣而始發肌膚者陽明胃經之所主也陽明經中久鬱之熱一旦發出而外達於太陽有略惡寒而即發熱者有大熱而全不惡寒者有表未除而裏已先實者有邪久住太陽一經者有從陽明而外達於太陽者有從太陽復傳陽明不傳他經者有自三陰傳入胃腑者有從太陽循經徧傳三陰如冬月傷寒之例者大率太陽陽明二經是邪所蟠據之地在太陽則寒傷營之證十不一見在陽明則讝語發斑衄血畜血發黄脾約等熱證每每兼見而凡發表不遠熱之法適以增温病之困阨耳况於治太陽經之證其法度不與冬月相同蓋春月風傷衛之證或有之而寒傷營之證則無矣且由陽明而達太陽者多不盡由太陽而陽明少陽也似此則温證之分經用法比之大有不同而世方屈指云某日某經某日傳經已盡究竟於受病之經不能揆索以求良治所謂一盲而引衆盲相將入火坑也究哉生命古今誠一莫挽矣　按温熱病亦有先見表證而後傳裏者蓋温熱自内達外熱鬱腠理不得外泄遂復還裏而成可攻之證非如傷寒從表而始也　傷寒從表而始故誤攻而生變者多温證未必從表始故攻之亦不為大變然鬱熱必從外泄為易誤攻而引邪深入終非法也　按温熱病表證間見而裏病為多故少有不渴者法當以治裏為主而解肌兼之亦有治裏而表自解者其間有誤攻裏而致害者乃春夏暴寒所中之疫證邪純在表未入於裏故也不可與温熱病同論

〔二〕太陽病發熱而渴不惡寒者為温病（原文）　昌按温者春令之氣也冬夏秋雖有氣温之日不如春令之正且久也不惡寒三字内有奥義蓋時令至春則為厥陰風木主事而與太陽之寒水不相涉矣故經雖從太陽而證則從春令而不惡寒也　再按温病或有新中風寒者或有表氣虛不禁風寒者衛虛則惡風營虛則惡寒又不可因是遂指為非温病也然即有之亦必微而不甚除太陽一經則必無之矣

〔三〕形作（似也）傷寒其脈不弦緊而弱（非傷寒矣）弱者必渴被火者必讝語弱者發熱（所以渴也）脈浮解之當汗出愈（原文）　風性弱緩故脈亦弱弱者發熱即内經諸弱發熱之義也脈既浮當以汗解之使汗出而愈取解肌不取發汗之意　按温熱病原無風傷衛寒傷營之例原無取於桂枝麻黄二方也表藥中即敗毒散參蘇飲等方亦止可用於春氣未熱之時若過時而發之温病暑病尚嫌藥性之帶温况於桂麻之辛熱乎然仲景不言桂麻為不可用者有二説焉一者以

尚論後篇四卷　（清）喻昌撰　清光緒三十三年（1907）石印本

匡高 18.0 厘米，廣 12.0 厘米。半葉二十七行，行六十字，白口，四周雙邊。

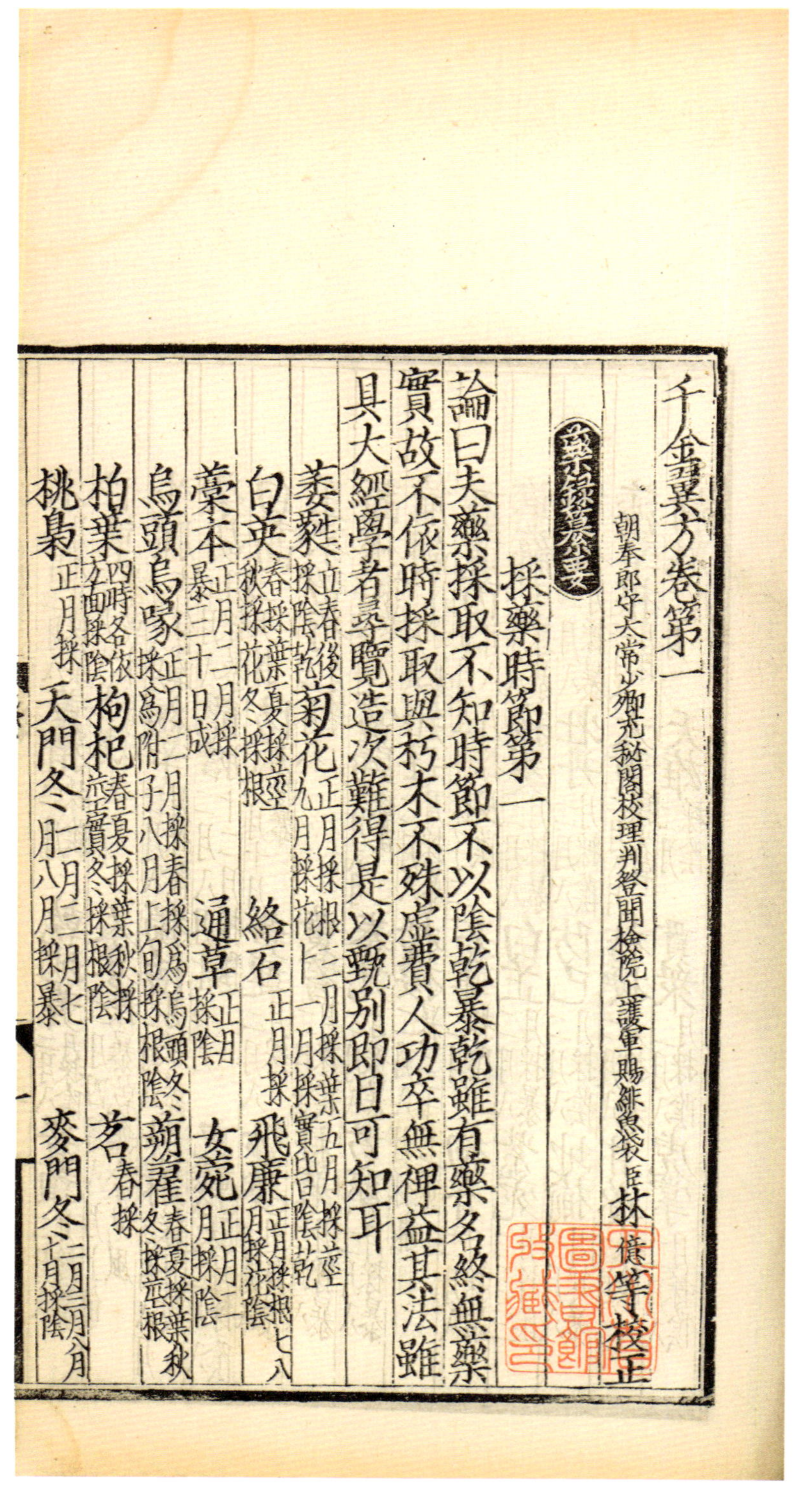

千金翼方卷第一

朝奉郎守太常少卿充秘閣校理判登聞檢院上護軍賜緋魚袋臣林億等校正

藥録纂要

採藥時節第一

論曰：夫藥採取不知時節，不以陰乾暴乾，雖有藥名，終無藥實。故不依時採取，與朽木不殊，虚費人功，卒無裨益。其法雖具大經，學者尋覽造次難得，是以甄別，即日可知耳。

萎蕤立春後採陰乾　菊花正月採根三月採葉五月採莖九月採花十一月採實皆陰乾

白英春採葉夏採莖秋採花冬採根　絡石正月採　飛廉正月採根七八月採花陰乾

藁本正月二月採暴三十日成　通草正月採陰　女菀正月二月採陰

烏頭烏喙正月二月採春採為烏頭冬採為附子八月上旬採根陰　蒴藋春夏採葉秋冬採莖根

柏葉四時各依方面採陰　枸杞春夏採葉秋採莖實冬採根陰　茗春採

桃梟正月採　天門冬二月三月七月八月採暴　麥門冬二月三月八月十月採陰

千金翼方三十卷　（唐）孫思邈撰　（宋）林億校勘　清光緒四年（1878）刻本

匡高 20.6 厘米，廣 13.3 厘米。半葉十三行，行二十三字，小字雙行不等，黑口，四周雙邊。

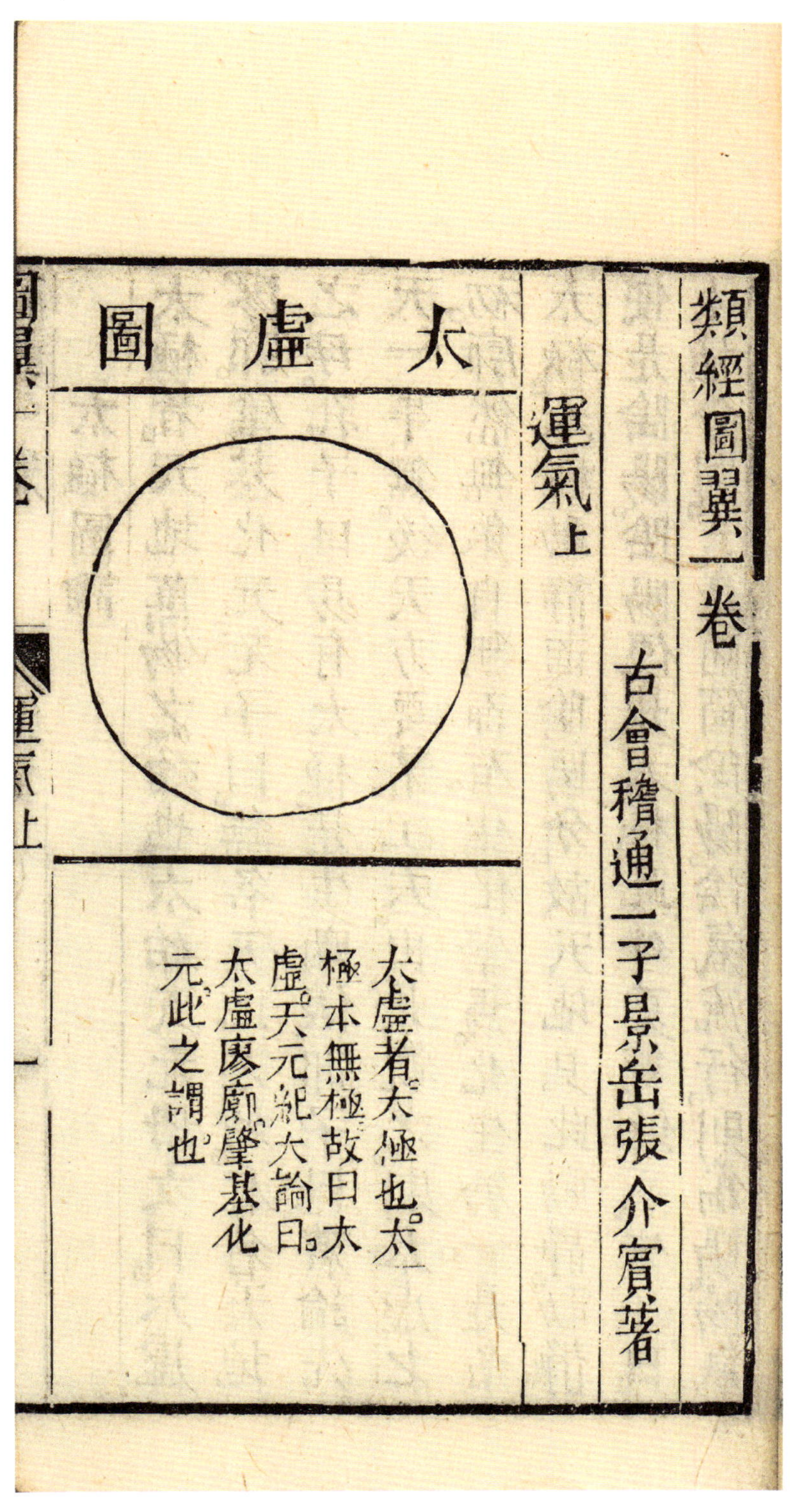

類經圖翼十一卷 （明）張介賓撰　清崇讓堂刻本

匡高15.8厘米，廣10.1厘米。半葉九行，行十九字，小字雙行同，白口，四周單邊。

本草衍義卷之一
通直郎添差充收買藥材所辨驗藥材寇宗奭編撰
序例上
衍義總叙
天地以生成爲德有生所甚重者身也身以安樂爲本安樂所可致者以保養爲本世之人必本其本則本必固本既固疾病何由而生夭横何由而至此攝生之道無逮於此夫草木無知猶假灌溉矧人爲萬物之靈豈不資以保養然保養之義其理萬計約而言之其術有三一養神二惜氣三隄疾忘情去智恬惔虚無離事全眞内外無寄如是則神不内耗境不外惑眞一不雜則神自盈矣此養神也抱一元之本根固歸精之眞氣三

本草衍義二十卷　（宋）寇宗奭編　清光緒三年（1877）歸安陸氏刻本

匡高 18.3 厘米，廣 13.3 厘米。半葉十二行，行二十一字，黑口，四周雙邊。

醫學考辨卷一

方亭羅紹芳林一氏纂輯

仲男　文溥淵亭氏編次

門下生方問經史臣較字

傷寒溫熱瘟疫門

總論

余按傷寒溫熱瘟疫俱爲大病。傷寒六經見症。諸書言之詳矣。惟溫熱與瘟疫混淆無分。或言溫熱而不言瘟疫。或言瘟疫而不言溫熱。或溫熱與瘟疫混同立言。諸書瘟溫二字多不分別或將溫熱與

醫學考辨　卷一　總論　一

醫學考辨十二卷　（清）羅紹芳等輯　（清）羅文芳編次　清咸豐五年（1855）羅氏粹白齋刻本

匡高 18.4 厘米，廣 12.8 厘米。半葉八行，行二十四字，小字雙行同，白口，四周雙邊。

溫病條辨原病篇
注瑟菴先生參訂　吳瑭鞠通氏著
徵以圓先生同參　慈溪葉氏濬吾樓重鐫
朱武曹先生點評　梅橋阮志鋭校字
㈠六元正紀大論曰辰戌之歲初之氣民厲溫病卯酉之歲二之氣厲大至民善暴死終之氣其病溫寅申之歲初之氣溫病乃起丑未之歲二之氣溫厲大行遠近咸若子午之歲五之氣其病溫巳亥之歲終
溫病條辨卷首　原病篇　一　渭南嚴氏彙

溫病條辨六卷　（清）吴瑭撰　清宣統元年（1909）渭南嚴氏孝義家塾刻本

匡高 16.3 厘米，廣 11.0 厘米。半葉八行，行二十字，白口，四周雙邊。

筆花醫鏡卷之三

浙江歸安江涵暾筆花著
男　彤勳校字

兒科目錄

兒科論治　初生保治
外熱內熱辨　非驚論
痰火閉症　木侮土症
大驚猝恐　夜啼
吐瀉　傷暑
食積痞積蟲積痰積水積

筆花醫鏡四卷　（清）江涵暾撰　清同治（1862－1874）北京琉璃廠富文齋刻本

匡高 17.8 厘米，廣 12.7 厘米。半葉十行，行二十四字，白口，左右雙邊。

傷寒論類方

吴江徐大椿編釋

古吴潘霨增輯

苕上趙斯鏄參校

桂枝湯一

甘草、大棗，補脾精以滋肝血；芍藥清營中之熱；桂枝達營氣之鬱也。

桂枝三兩去皮 芍藥三兩 甘草二兩炙 生姜三兩 大棗十二枚擘

右五味，㕮咀，以水七升，微火煮，取

卷一 桂枝湯類一 一

長沙方歌括

古閩陳念祖原本

貴州蕭庭滋

古吴潘霨 增輯

古越汪均校閲

桂枝湯歌

項强頭痛汗憎風，桂芍生姜三兩同，棗十二枚甘二兩，解肌還借粥之功。按：桂枝辛温，陽也；芍藥苦平，陰也。桂枝又得生薑之辛，同氣相求，可恃之以調周身

傷寒論類方四卷　（清）徐大椿撰　（清）潘霨增輯　清光緒九年（1883）江西書局刻韡園醫學本

匡高 18.1 厘米，廣 12.5 厘米。行款不一，白口，四周雙邊。

傷寒九十論
宋白沙　知可許叔微述　蜀都　少如鄧崇魁重鐫
辯桂枝湯用芍藥證　華陽　卿洤賈其壽校字
馬亨道庚戌春病發熱頭疼鼻鳴惡心自汗惡風宛然桂
枝證也時賊馬破儀眞三日矣市無芍藥自指圃園採芍
藥以利劑一醫曰此赤芍藥耳安可用也予曰此正當用
再啜而微汗解
論曰仲景桂枝加減法十有九證但云芍藥聖惠方皆稱
赤芍藥孫尚藥方皆曰白芍藥聖惠方太宗朝翰林王懷
隱編集孫兆爲國朝醫師不應如此背戾然赤者利白者
傷寒九十論　一　成都崇文齋

傷寒九十論　（宋）許叔微撰　清光緒二十五年（1899）成都崇文齋刻本

匡高 19.2 厘米，廣 13.7 厘米。半葉十行，行二十二字，白口，左右雙邊。

清陽膏此膏代敗毒通聖散用　孕婦忌貼

治上焦風熱及表裏俱熱者。凡三陽症均宜之並治頭疼如神。及外症癰毒紅腫毒氣攻心。作嘔不食。貼胸背。可護心。

頭疼　貼太陽穴。連腦痛貼腦以後第二椎下兩旁風門穴。

鼻塞　貼鼻樑。并可捲一張塞鼻。

煩渴　貼胸背

理瀹外治方要　清陽　一

理瀹外治方要一卷　（清）吴尚先撰　清光緒九年（1883）江西書局刻韓園醫學本

匡高18.2厘米，廣12.6厘米。半葉八行，行十八字，小字雙行同，白口，四周雙邊。

內科新說卷上

英國醫士合信氏著　江甯管茂材同撰

總論病原及治法

中土醫書方論浩繁有一病而列方數十者有一方而藥品十餘味者有臆造病證妄列治法而實爲理之所無者每論一病必浮舉陰陽五行纏繞不休每用一藥必以色香形味分配臟腑更或高談脉理妄事神巫臟腑功用茫然不知甚矣醫學之衰也蓋中土風俗平日視醫學爲末技待醫士如賤工及病時則又倚之太切責之太厚服藥偶效則曰此神醫也一服不應則曰此醫者之過也因此醫者虛僞巧飾心愈勞而術愈拙羅

內科新說　卷上　一

內科新說二卷　（英國）合信氏撰　（清）管茂材輯　清咸豐八年（1858）上海仁濟醫館刻本

匡高 19.3 厘米，廣 13.4 厘米。半葉十行，行二十四字，小字雙行同，白口，四周雙邊。

備用藥物　　第一篇

方中所需藥物。有未能猝辦者。樂善君子預爲儲蓄。亦甚惠而不費焉。爰列於左。

製黃瓜法。用黃瓜壹條。剖對開去肉去子。入明礬末填內。合住。線細好。懸掛陰乾之處。待皮上起白霜。將瓜取下。以白霜研細安於磁瓶。封固。凡遇心痛欲死。急不可待者。但口有微氣。卽將瓜霜點眼四角。自愈。

製薺菜法。每年三月初三日。取薺菜花連根。掛有風處陰乾。遇有患痢者。取下安瓦上。焙成灰。用沙糖湯調服。卽愈。

製荸薺法。每年立夏節前。將荸薺曬乾。用燒酒浸之。遇有患

備用藥物一卷　清末四川官報書局鉛印本

匡高 18.0 厘米，廣 12.4 厘米。半葉十行，行二十三字，白口，四周雙邊。

第四章論起居

問房屋之方向宜如何

答房屋以南向爲最佳因此方向能免極冷極熱之弊向北者光熱俱太少向東者早起有日之光熱然在冬時其對面之風冷而且乾向西者夏間午後太熱故選擇居處則早起所居之房間宜東向常起坐之處宜南向午乳房飲食房及庫房俱宜北向

問房屋四周之樹木宜如何位置

答房屋之東北宜有樹木遮蔽惟不可近於房屋阻礙空氣之流動又恐樹根横竄以傷屋基房屋之西南處宜廓然大空其西邊略遠處宜有大樹能於夏間阻隔太陽之熱

問坑廁及陰溝等宜如何位置

答開坑廁之處其土地不可輕鬆宜築實并不可掘之過深坑廁

第四章 論起居 三八

衛生學問答二編 （清）丁福保撰 清光緒二十七年（1901）刻本

匡高 19.2 厘米，廣 12.7 厘米。半葉十三行，行二十五字，白口，左右雙邊。

女科上卷

陽曲傅　山青主手著

白帶下

夫帶下俱是濕症而以帶名者因帶脈不能約束而有此病故以名之蓋帶脈通於任督任督病而帶脈始病帶脈者所以約束胞胎之系也帶脈無力則難以提繫必然胎胞不固故曰帶弱則胎易墜帶傷則胎不牢然而帶脈之傷非獨跌閃挫氣已也或行房而放縱或飲酒而傾狂雖無疼痛之苦而有暗耗之害則氣不能化經水而反變爲帶病矣故病帶者惟尼僧寡婦出嫁之女多有之而在室女則少也况加以

婦科一門最屬難治不難於用方難於辨症也五帶

傅青主女科　卷上　帶下

傅青主先生女科二卷　（清）傅山撰　清光緒三十一年（1905）成都官報書局鉛印本

匡高 18.1 厘米，廣 12.0 厘米。半葉十行，行二十三字，白口，四周雙邊。

馮氏錦囊秘錄雜症大小合參卷一
羅如桂丹臣
海鹽馮兆張楚瞻甫纂輯　門人王崇志愼初仝較
男　乾元龍田
水火立命論
夫人何以生生於火也人生於寅寅者火也火陽之體也
造化以陽爲生之根人生以火爲命之門儒者曰天開於
水子爲元醫者曰人生於水腎爲元孰知子爲陽初也腎
爲火藏也陰生於陽故水與火爲對名而火不與水爲對
體其與水爲對者後天之火離火也其不與水爲對者先

馮氏錦囊秘錄雜症卷一　水火立命論　一

馮氏錦囊秘録八種　（清）馮兆張輯　清致盛堂刻本

匡高 14.4 厘米，廣 10.4 厘米。半葉十行，行二十一字，小字雙行同，白口，四周雙邊。

審症須知

察眼症有二法首貴問病者痛在某部位并痛法如何因何而致何日而起須要逐一講明免致錯亂其次醫者貴察某部位所患并察該症如何或爲輕症或爲重症必須留心看明方無錯悞如病者所言與醫者所驗相符療治庶有把握也

辨痛法

凡屬覺痛者必要講明某部位覺痛如何痛法倘眼痛如有一粒砂壓着與及眼邊癢而畧痛者此等係罩睛皮發炎或有眉稜骨痛或太陽穴痛似患風濕者夜間更覺痛甚此等或係眼簾或係眼白殼發炎若有眼毬與及眉稜骨痛者此等係眼毬

西醫眼科撮要一　審症須知　辨痛法　一

西醫眼科一卷　清光緒六年（1880）廣州博濟醫局刻本

匡高 16.0 厘米，廣 11.2 厘米。半葉十行，行二十四字，白口，四周雙邊。

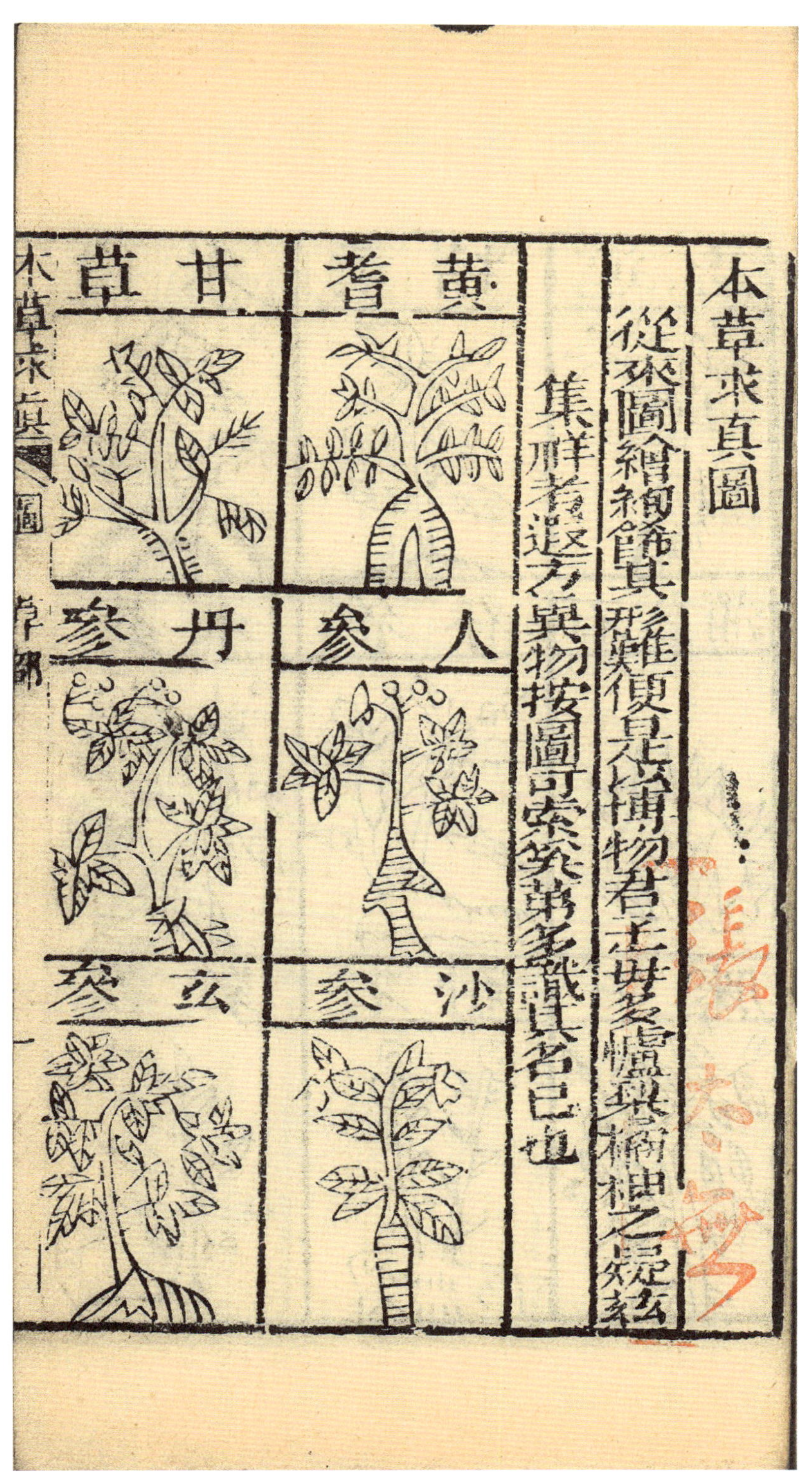

本草求真十二卷 （清）黄宮繡纂輯　清刻本

匡高 13.7 厘米，廣 9.5 厘米。半葉九行，行十九字，白口，四周單邊。

驗方新編鮑序
凡人不能無病病必延醫服藥
然醫有時而難逢藥有時而昂
貴富者固無慮此貧者時有束
手之憂爲方便計自莫艮於單
方一門矣單方最夥選擇宜精
果能方與症對則藥到病除無
醫亦可余幼時見人有艮方秘
不傳世心竊鄙之因立願廣求
不遺餘力或見於古今之載籍
或得之戚友之傳聞皆手録之
久之薈萃甚富各門俱備乃刪
其不甚經驗及數方相同與夫
貴藥不能力致者今之所存期
於有是病即有是方有是方即
有是藥且有不費一錢而其效

驗方新編序　醫法運掌彙編

雲林神彀茅序
夫醫者意也切脈察色聽聲審形要在推吾意與受
病者兩相印而無疑而後其陰陽榮衛始克就吾之
調劑而各當譬則射者必有彀率其中非爾力也亦
如醫之以意中也上世岐黄倉扁無論其在中古所
流傳者獨仲景丹溪得其解而所著述迄今垂不朽
近代以來質愚下士爭自醫名以殫人財而究則不
殞人之命不止其於彀之藩籬且大有徑庭矣太醫
雲林龔君少則精其業居大梁之都名燁燁在諸薦
紳間所撰有古今醫鑑萬病回春二書已膾炙海內
而最後有神彀若干卷遠近競慕而繕寫之至溯洛

茅序

醫法運掌彙編八卷　（清）席樹馨輯　清光緒六年（1880）刻本

匡高 18.5 厘米，廣 12.0 厘米。半葉十一行，行三十二字，小字雙行同，白口，左右雙邊。

醫經原旨　　　薛雪集註

攝生第一

今時之人其知道者食飲有節起居有常不妄作勞節飲食以養內愼起居以養外不妄作勞以保其天眞虛邪賊風避之有時虛邪謂風從衝後來者主殺主害如避矢石治外之道也志閒而少欲心安而不懼形勞而不倦志閒而無貪何欲之有心安而無慮何懼之有形勞而神逸何倦之有高下不相慕高忘其貴下安其分兩無相慕知止不殆也嗜欲不能勞其目淫邪不能惑其心和於陰陽調於四時和合也合陰陽之變化調順也順四時之往來積精全神此能益壽而強者也從則治而逆則亂矣○春三月此謂發陳發啓也陳故也春陽上升發育庶物啓故從新故曰發陳天地俱生萬

醫經原旨　攝生一

醫經原旨六卷　（清）薛雪集注　清宣統元年（1909）同文會刻本

匡高 17.6 厘米，廣 13.1 厘米。半葉十行，行二十一字，小字雙行同，白口，左右雙邊。

補注黄帝内經素問卷一

新校正云按王氏不解所以名素問之義及素問之名起於何代按隋書經籍志始有素問之名甲乙經序晉皇甫謐之文已云素問論病精辨王叔和西晉人撰脉經云出素問鍼經漢張仲景撰傷寒卒病論集云撰用素問是則素問之名著於隋志上見於漢代也自仲景已前無文可見莫得而知據今世所存之書則素問之名起漢世也所以名素問之義全元起有説云素者本也問者黄帝問岐伯也方陳性情之源五行之本故曰素問元起雖有此解義未甚明按乾鑿度云夫有形者生於無形故有太易有太初有太始有太素太易者未見氣也太初者氣之始也太始者形之始也太素者質之始也氣形質具而疴瘵由是萌生故黄帝問此太素質之始也素問之名義或由此

啟玄子次注林億孫奇高保衡等奉敕校正孫兆重改誤

上古天真論　四氣調神大論　生氣通天論　金匱真言論

上古天真論篇第一 新校正云按全元起注本在第九卷王氏重次篇第移冠篇首今注逐篇必具全元起本之卷第者欲存素問舊第目見今之篇次皆王氏之所移也

昔在黄帝生而神靈弱而能言幼而徇齊長而敦敏成而登天 有熊國君少典之子姓公孫徇疾也敦信也敏達也習用干戈以征不享平定天下殄滅蚩尤以上德王都軒轅之邱故號之曰軒轅黄帝後鑄鼎於鼎湖山鼎成而白日升天羣臣葬衣冠於橋山墓今猶在 迺問於天師曰余聞上古之人春秋皆度百歲而動作不衰今時之人年半百而動作皆衰者時世異耶人將失之耶 天師岐伯也 岐伯對曰上古之人其知道者法於陰陽和於術數 上古謂玄古也知道謂知修養之道也夫陰陽者天地之常道術數者保生之大倫故修養者必謹先之老子曰萬物負陰而抱陽沖氣以為和四氣調神大論曰陰陽四時者萬物之終始死生之本逆之則災害生從之則苛疾不起是謂得道此之謂也 食飲有節起居有常不妄作勞 食飲者充虛之滋味起居者動止之

補注黄帝内經素問二十四卷黄帝内經靈樞十二卷　（唐）王冰注　清光緒二十二年（1896）圖書集成局石印本

匡高 15.7 厘米，廣 11.5 厘米。半葉十三行，行三十九字，小字雙行同，白口，四周單邊。

外科症治全生集卷一

古吳林屋山人定定子王維德洪緒氏纂輯

吳縣潘　霨重校刊

癰疽總論

癰疽二毒。由於心生。盖心主血而行氣。氣血凝而發毒。毒借部位而名。治論循經。則誤症之根盤踰徑寸而紅腫者謂癰。癰發六腑。若其形止數分。乃爲小癤。按之陷而不即高。雖溫而頂不

外科症治全生集　卷一　癰疽總論　一

外科症治全生集四卷　（清）王維德纂輯　清光緒十年（1884）江西書局刻本

匡高 18.1 厘米，廣 12.6 厘米。半葉八行，行十八字，白口，四周雙邊。

弄丸心法卷一

新都張興龍校刊

孫知微醫學論

動乘天風靜合雲先左龍右虎金筒玉囊書錄千金藥傳奇方救濟心切以神留唐醫道何難有若康莊午間說丹丹以求仙今則談醫醫以永傳蓋醫乃濟人之術古仙嘗藉以立功而凡學道者未有不通醫也通醫則一身陰陽氣血臟腑脈隧皆明而後知此身安危理亂且一究心於此便時時起活人之心是曰仁術可不講乎今旣云心切救人而每病醫療少術夫醫學不在多

弄丸心法卷一　總論　一

弄丸心法八卷　（清）楊西山撰　清宣統三年（1911）成都刻本

匡高 18.1 厘米，廣 12.6 厘米。半葉十行，行二十一字，黑口，左右雙邊。

香祖筆記卷一

新城王士禛貽上

康熙四十一年壬午三月初五日 文華殿經筵臣士禛以 經筵講官刑部尚書侍文淵閣大學士吏部尚書熊賜履禮部侍郎羅察進講四書樊遲問仁子曰愛人一節禮部尚書韓菼工部侍郎舒輅進講易經繫辭居則觀其象而玩其辭四句講畢 賜宴太和門

初八日 東宮會講 持敬殿臣士禛以尚書侍班講官內閣學士禮部侍郎兼詹事府詹事來道右春坊右諭德兼修撰沈涵進講四書親親而仁民二句少詹事賽音布翰林院修撰胡任輿進講書經惟德惟義時乃大訓二句講畢 賜茶文華殿門

江南道監察御史張瑗題為逆惡之罪既已正典于前朝私豎之碑豈宜傳流于後世亟請乾綱勅毀以儆奸邪以垂鑒戒事恭聞我 皇上前歲翠華南幸命修岳飛之墓賜題于謙之碑誠以此二臣者忠貫日月義壯山河故特表而揚之以風示天下夫善在必彰者則惡在所必癉臣奉命巡視西城前往西山一帶查閱

香祖筆記 卷一 一 掃葉山房石印

香祖筆記十二卷 （清）王士禛撰 清宣統二年（1910）上海掃葉山房石印本

匡高 16.8 厘米，廣 11.7 厘米。半葉十四行，行三十一字，白口，四周雙邊。

小豆棚卷一

濟寗曾衍東七如氏著　永嘉項震新東垣參校

顔氏忠孝錄

顔公衍紹復聖六十五世裔居曲阜少孤讀書攻苦舉崇禎進士出知鳳陽令有能聲會流寇橫行江淮公練兵濬隍城爲戰守計賊知有備不敢逼已而内召將入都適上遣宦者楊顯名監鹺政議行屬禮公厲聲曰何議爲寗不做官不失我身議則終當屈膝耳遂束裝北京累試當改官翰林時淮安陳啓新給事吏垣欲交結公公以其大言輿櫬上封事又矯着布絮見上公曰此罔上者又沽名小人也屢謁公不報陳怒遂劾選權諸臣多大吏私人率罷歸公左遷廣平府經歷是時　王師入關所向皆摧邯鄲直其衝吏部請以習兵事者公前守禦江淮故

小豆棚　卷一　二

小豆棚十六卷　（清）曾衍東撰　清光緒六年（1880）上海申報館鉛印本

匡高 12.3 厘米，廣 9.9 厘米。半葉十二行，行二十四字，白口，四周雙邊。

哲學妖怪百談

日本不思議庵主井上圓了輯

中國晴獵園主人徐渭臣氏譯

第一談　天狗奇話

妖怪談者幽靈狐狸天狗三者爲最多率舛誤錯雜未易定其事之眞僞天狗之物非獸非鬼神非寄生於人間乃一種怪異不測之物不可憑信雲樂見聞記有天狗奇話一則茲錄之於下（雲樂見聞記凡二卷無刻本惟抄本傳之於世其姓字里居不詳一說係江戶橋邊之辦事人雲樂者著者之號也）寬保末江戶橋茅場町某商年七十有子三人從僕十餘人家居甚自得一日長次二子夭死所留膝下者時惟一幼子某商視如掌玉幼子性靈敏博通諸藝又性愛奕事於棋石一物舉日夕之精神委之積勞成咳症某商憂之偏乞醫治不驗一日所親伴一醫師至藥適與病合不數日是兒氣體大快如居恒某商欣喜無已從僕等亦聲唱萬歲以頌幼主蓋是疾之起奕實尸其咎懲戒之法宜

哲學妖怪百談　一

哲學妖怪百談不分卷　［日本］井上圓了輯　（清）徐渭臣譯　清光緒二十九年（1903）上海文明書局鉛印本

匡高 15.6 厘米，廣 11.1 厘米。半葉十五行，行三十一字，小字雙行同，白口，四周雙邊。

續哲學妖怪百談

日本不思議庵主井上圓了輯

中國晴獵園主人徐渭臣氏譯

編者曰。余曾拂妄雲而顯眞月。排僞怪而表眞怪。以編述妖怪百談。久之。以未盡宇宙間怪異之種類也。更蒐集僞怪事百餘種。而一一辨其妄。積而久之。浸淫成帙。題曰續妖怪百談。嗚呼。是惟以補妖怪百談未盡之種類而達於眞怪百談之階梯。世之識者讀而笑之。而鄙其迂腐卑陋。不敢辭也。

第一談　靈夢之感

古傳靈夢甚多。以求發見一事實之眞確者。則寥絶而不可得。余於木原松桂氏一代紀行記見記有靈夢一則。其說相似。氏生於安藝國賀茂郡竹原村。距今相去百餘年。其靈夢感應顛末。氏自記於紀行中。余曾於友人處借而讀之。氏曰。余母上御名諱薩納。自歸我家。生一女四子。安永八年。歲在己亥。余年五齡。時母上

續哲學妖怪百談　一

續哲學妖怪百談不分卷　［日本］井上圓了輯　（清）徐渭臣譯　清光緒二十九年（1903）上海文明書局鉛印本

匡高 15.6 厘米，廣 11.2 厘米。半葉十五行，行三十一字，白口，四周雙邊。

歸田瑣記卷五

福州梁章鉅撰

鼇拜

山中故人往來每喜詢朝中故實以擴聞見或問何爲布庫之戲余謂布庫是國語譯語則謂之撩腳選十餘歲健童徒手相搏而專賭腳力勝敗以仆地爲定康熙初用此收鼇拜故至今宮中年節宴必習演之或問鼇拜爲何人曰

國初勳舊無不知有鼇拜者迨後罪狀昭著而

歸田瑣記　卷五　一

歸田瑣記八卷　（清）梁章鉅撰　清道光二十五年（1845）刻本

匡高 16.4 厘米，廣 11.1 厘米。半葉九行，行二十三字，白口，四周雙邊。存四卷。

炳燭編卷一

利建侯　　嘉定李賡芸

晉語公子親筮之曰尚有晉國得貞屯悔豫筮史占之皆曰不吉閉而不通爻無爲也司空季子曰吉是在周易皆利建侯我命筮曰尚有晉國筮告我曰利建侯得國之務也吉孰大焉震車也坎水也坤土也屯厚也豫樂也車班外內順以訓之泉原以資之土厚而樂其實不有晉國何以當之震雷也車也坎勞也水也衆也主雷與車而尚水與衆車有震武衆順文也文武具厚之至也故曰屯主震雷長也故曰元衆而順嘉也故曰亨內有震雷故曰利貞車上水下必伯小事不濟壅也故曰勿用有攸往一夫之行也衆順而有武威故曰利建侯坤母也震長男也母老

炳燭編卷一　一　宏達堂叢書

炳燭編三卷　（清）李賡芸撰　清光緒四年（1878）刻宏達堂叢書本

匡高 18.0 厘米，廣 13.3 厘米。半葉十三行，行二十二字，黑口，四周雙邊。

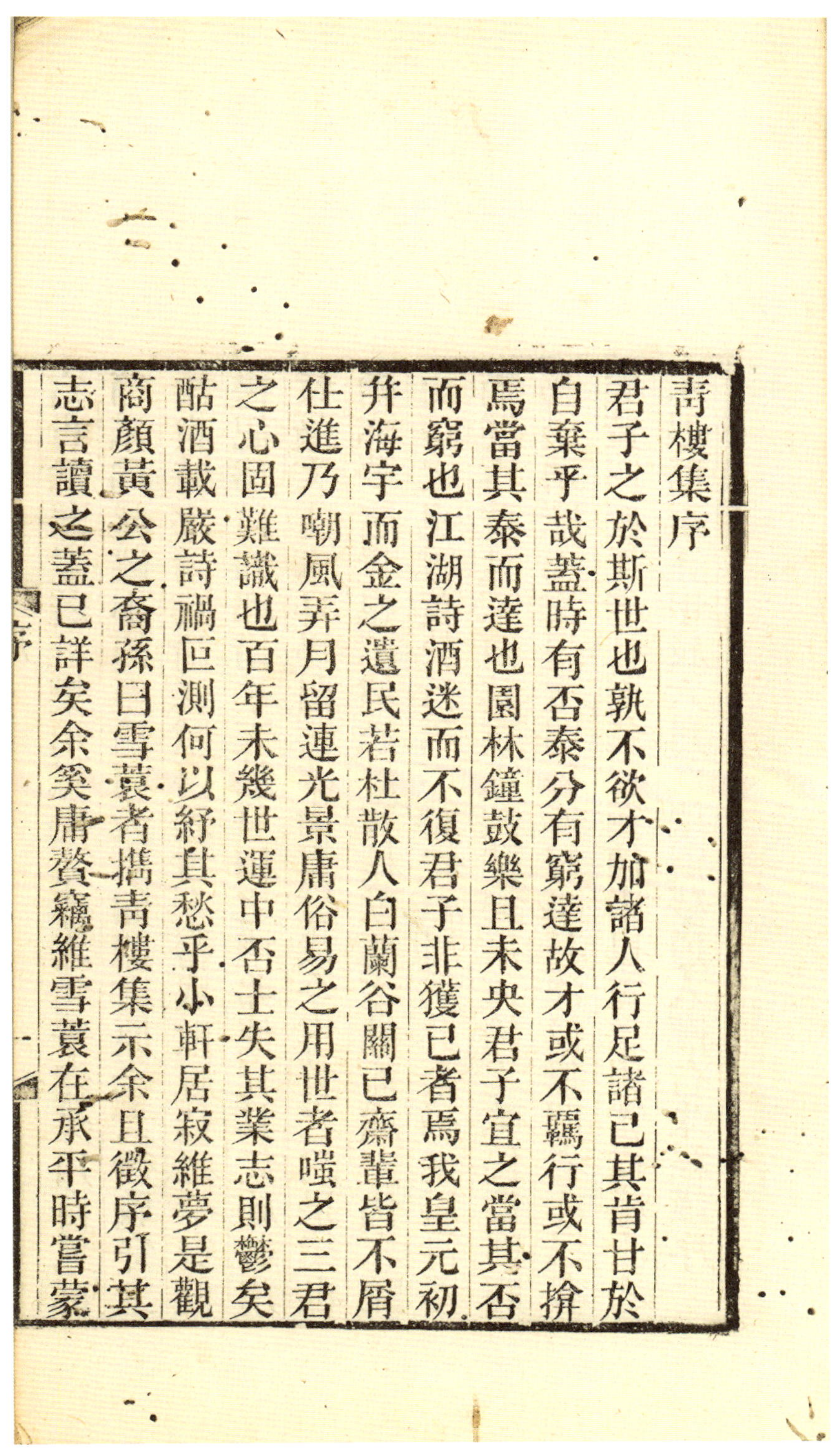
青樓集序
君子之於斯世也孰不欲才加諸人行足諸己其肯甘於
自棄乎哉蓋時有否泰分有窮達故才或不羈行或不揜
焉當其泰而達也園林鐘鼓樂且未央君子宜之當其否
而窮也江湖詩酒迷而不復君子非獲已者焉我皇元初
并海宇而金之遺民若杜散人白蘭谷關已齋輩皆不屑
仕進乃嘲風弄月留連光景庸俗易之用世者嗤之三君
之心固難識也百年未幾世運中否士失其業志則鬱矣
酣酒載嚴詩禍叵測何以紓其愁乎小軒居寂維夢是觀
商顔黄公之裔孫曰雪蓑者擕青樓集示余且徵序引其
志言讀之蓋已詳矣余奚庸贅竊維雪蓑在承平時嘗蒙

青樓集一卷 題（元）雪蓑漁隱撰 **板橋雜記三卷** （清）余懷撰 **吴門畫舫録一卷** 題（清）西溪山人編 清光緒三十四年（1908）長沙葉德輝郎園刻本

匡高 18.0 厘米，廣 13.2 厘米。半葉十行，行二十二字，黑口，左右雙邊。

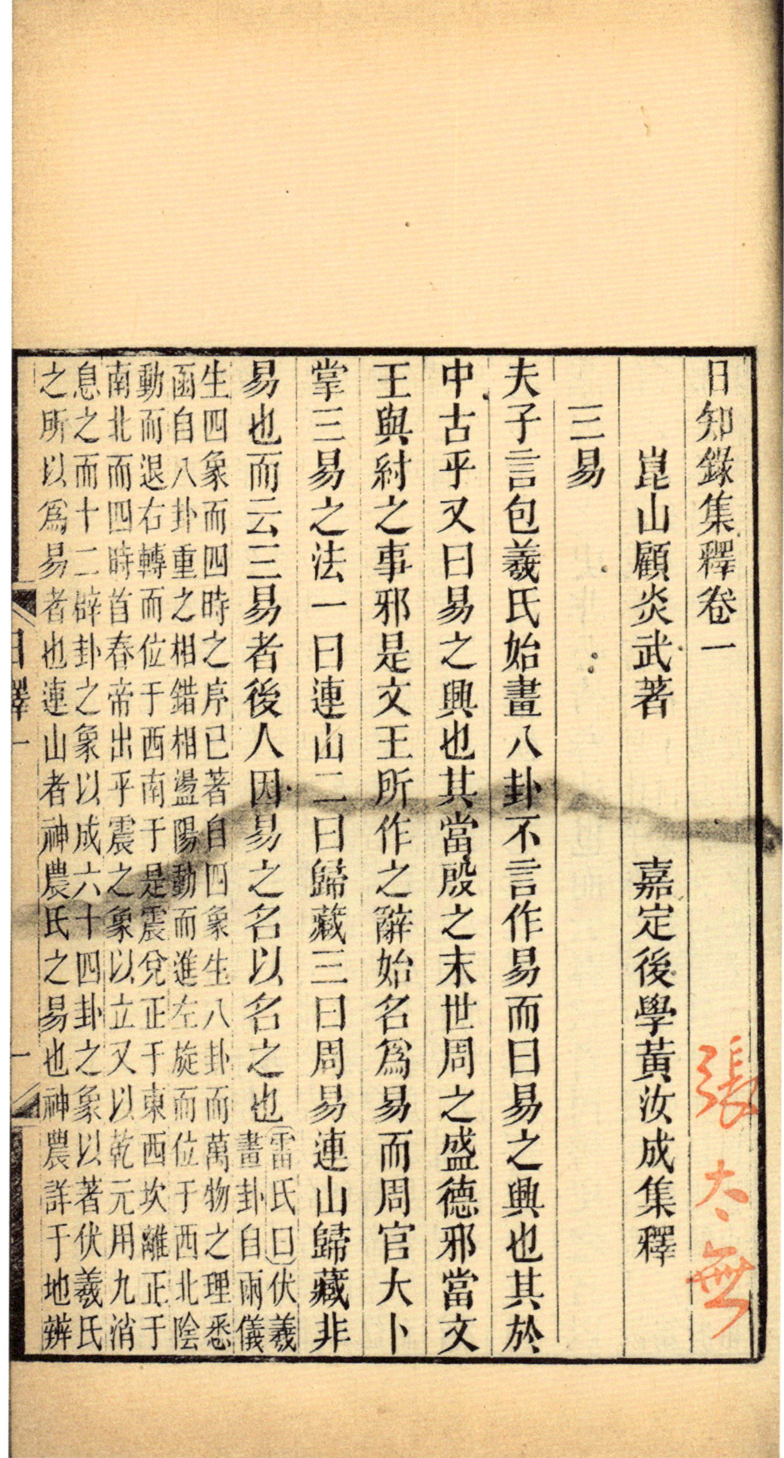

日知録集釋三十二卷刊誤二卷續刊誤二卷　（清）顧炎武撰　（清）黄汝成集釋　清同治八年（1869）廣州述古堂刻本

匡高 18.2 厘米，廣 13.3 厘米。半葉十一行，行二十二字，小字雙行同，黑口，左右雙邊。

逸周書弟一　讀書雜志一

高郵王念孫

比

武順篇貌而無比比則不順引之曰比象傳曰比輔也下順從也祭統曰身比焉順也管子五輔篇曰爲人弟者比順以敬是比與順同義不得言比則不順比當爲北字之誤也北古背字說見漢書高紀故曰北則不順孔注比者比同也失之

惟風行賄

和寤篇后降惠于民民罔不格惟風行賄賄無成事念

志一之三　一

讀書雜志八十二卷餘編二卷　（清）王念孫撰　清同治九年（1870）金陵書局刻本

匡高 17.8 厘米，廣 13.4 厘米。半葉十行，行二十一字，白口，四周雙邊。

札樸卷第一
曲阜　桂　馥　未谷
往客都門與周君書昌同游書肆見其善本皆高閣
又列布散本於門外木板上謂之書攤皆俗書周君
戲言著述不慎但恐落在此輩書攤上也他日又言
宋元人小說盈箱累案漫無關要近代益多枉費筆
札耳今與君約無復效尤馥曰宋之夢谿筆談容齋
五筆學林新編困學紀聞元之輟耕錄其說多有根
據即我
朝之日知錄鈍吟雜錄潛丘札記皆能霑溉後學說
部非不可爲亦視其說何如耳嘉慶紀元之歲由水

札樸　一　心矩齋校本

札樸十卷　（清）桂馥撰　清光緒九年（1883）長洲蔣氏心矩齋刻本

匡高 16.6 厘米，廣 11.9 厘米。半葉十行，行二十一字，黑口，左右雙邊。

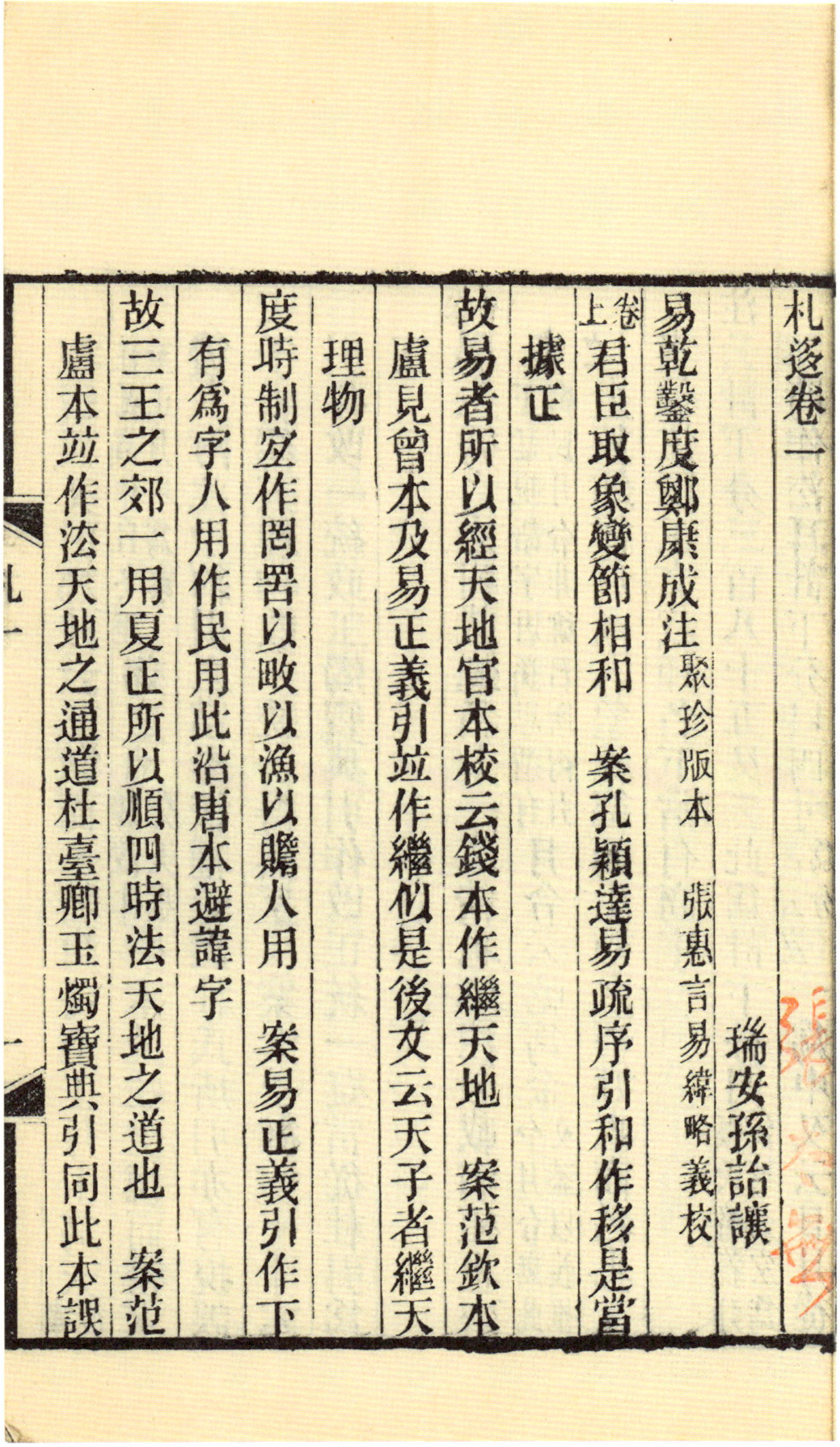
札迻卷一
瑞安孫詒讓
易乾鑿度鄭康成注 聚珍版本 張惠言易緯略義校
卷上 君臣取象變節相和 案孔穎達易疏序引和作移是當
據正
故易者所以經天地官本校云錢本作繼天地 案范欽本
盧見曾本及易正義引竝作繼似是後文云天子者繼天
理物
度時制宜作罔罟以畋以漁以贍人用 案易正義引作下
有爲字人用作民用此沿唐本避諱字
故三王之郊一用夏正所以順四時法天地之道也 案范
盧本竝作法天地之通道杜臺卿玉燭寶典引同此本誤

札迻十二卷 （清）孫詒讓撰 清光緒二十年（1894）刻本

匡高 17.7 厘米，廣 14.1 厘米。半葉十二行，行二十三字，小字雙行同，黑口，左右雙邊。

衛濟餘編卷一

攝生

孫真人衛生歌 壽世青編

天地之間人為貴頭象天兮足象地父母遺體宜保之箕疇五福壽為最衛生切要知三戒大怒大慾并大醉三者若還有一焉須防損失真元氣欲求長生先戒性火不出兮神自定本遂去火不成灰人能戒性方延命貪欲無窮忘却精用心不已走元神勞形散盡中和氣更復何能保此身心若太費費則竭形若太勞勞則歇神若太傷傷則虛氣若太損損則絕世人欲知衛生道喜樂有常嗔怒少心誠意正思慮條順理修身去煩惱春噓明目大扶肝夏至呵心火自閑秋呬定知金肺潤冬吹腎水得平安三焦嘻却除煩熱四季常呼脾化餐切忌出聲聞口耳其功尤勝保神丹髮宜多梳氣宜煉齒宜頻叩津宜嚥子欲不死修崑崙雙手揩摩常在面春月少酸宜食甘冬月宜苦不宜鹹夏要增辛減却苦秋辛可省便加酸季月可鹹甘略戒自然五臟保平安若能全減身康健滋味偏多多病難春寒莫放綿衣薄夏月汗多須換著秋冬衣冷漸加添莫待病生纔服藥惟有夏月難調理內有伏陰忌涼水瓜桃生冷宜少餐免至秋來成瘧疾君子之人守齋戒心旺腎衰宜切記常食充實勿空虛日食須當去油膩太飽傷神飢傷胃太渴傷血并傷氣飢餐渴飲勿太過免致膨脝傷心肺醉後强飲飽强食未有此生不成疾人資飲食以養身去其甚者自安適食後須行百步多手摩臍腹食消磨夜半雲根灌清水丹田濁氣切須呵飲酒可以陶性情太飲過多防有病肺為華蓋倘受傷咳嗽勞神能損命慎勿將鹽去點茶分明引賊入其家下焦虛冷令人瘦傷腎傷脾防病加坐臥切防腦後風腦內入風人不壽更兼醉飽臥風中風纔一入成災咎雁有序兮犬有義黑鱧朝北知臣禮人無禮義反食之天地神明俱不喜養體須當節五辛五辛不節損元神莫教引動虛陽發精竭神枯定喪

通天秘書 卷一 攝生 二

通天秘書五卷續編六卷 （清）纕堂編 清光緒三十二年（1906）上海書局石印本

匡高 12.6 厘米，廣 7.8 厘米。半葉十八行，行四十字，小字雙行同，白口，四周雙邊。

羣書治要卷第一

秘書監鉅鹿男臣魏徵等奉　勅撰

周易

乾元亨利貞。文言備也。象曰：天行健，君子以自強不息。九三：君子終日乾乾，夕惕若厲，無咎。處下體之極，居上體之下，純修下道，則居上之德廢；純修上道，則處下之禮曠。故終日乾乾，至于夕惕，猶若厲也。九五：飛龍在天，利見大人。不行不躍，而在乎天，故曰飛龍也。龍德在天，則大人之路亨也。夫位以德興，德以位敘，以至德而處盛位，萬物之覩，不亦宜乎。上九：亢龍有悔。象曰：大哉乾元，萬物資始，乃統天。

羣書治要　卷之一　一

群書治要五十卷　（唐）魏徵撰　日本天明七年（1787）刻本

匡高 22.2 厘米，廣 15.6 厘米。半葉九行，行十八字，小字雙行同，白口，四周雙邊。

弦雪居重訂遵生八牋卷之一

景陵鍾　惺伯敬父較閱

清脩妙論牋　上卷

高子曰。攝生尚玄。非崇異也。三教法門。總是教人修身正心。立身行已。無所欠缺。爲聖爲賢。成仙成佛。皆由一念做去。吾人禀二五之精。成四大之體。富貴者。昧養生之理。不問衛生有方。貧窮者。急養身之策。何知保身。有道

遵生八牋　卷之一　清修妙論　一

弦雪居重訂遵生八箋十九卷　（明）高濂編　清末刻本

匡高 13.9 厘米，廣 10.4 厘米。半葉九行，行十八字，白口，左右雙邊。

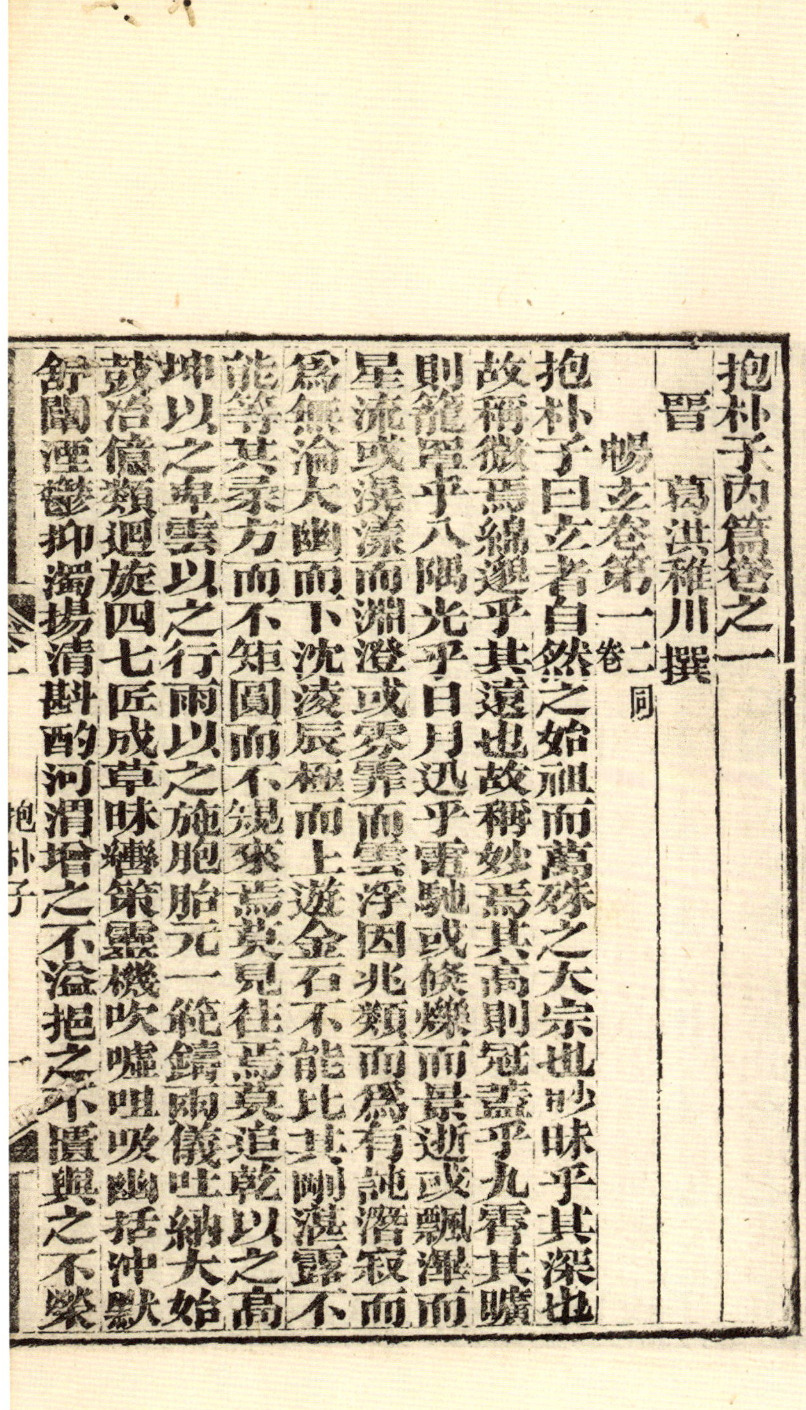

抱朴子内篇卷之一

晉　葛洪稚川撰

暢玄卷第一　二同卷

抱朴子曰玄者自然之始祖而萬殊之大宗也眇昧乎其深也故稱微焉綿邈乎其遠也故稱妙焉其高則冠蓋乎九霄其曠則籠罩乎八隅光乎日月迅乎電馳或倏爍而景逝或飄滭而星流或滉漾而淵澄或雰霏而雲浮因兆類而爲有託潛寂而爲無淪大幽而下沈凌辰極而上遊金石不能比其剛湛露不能等其柔方而不矩圓而不規來焉莫見往焉莫追乾以之高坤以之卑雲以之行雨以之施胞胎元一範鑄兩儀吐納大始鼓冶億類迴旋四七匠成草昧轡策靈機吹噓咀吸幽括沖默舒闡湮鬱抑濁揚清斟酌河渭增之不溢挹之不匱與之不榮

抱朴子

抱朴子八卷内篇四卷外篇四卷　（晉）葛洪撰　清光緒元年（1875）崇文書局刻本

匡高 19.0 厘米，廣 14.6 厘米。半葉十二行，行二十四字，小字雙行同，黑口，四周雙邊。

陸德明曰逍遙遊者義取閒放不拘遊適自得　歸震川曰樂其大也

楊用修曰莊子乃以至小爲至大使是滑稽之開端

南華眞經卷第一

郭象子玄註　陸德明音義

莊子內篇逍遙遊第一　夫小大雖殊而放於自得之場則物任其性事稱其能各當其分逍遙一也豈容勝負於其閒哉音義曰內篇內者對外立名說文云篇書也字從竹從扁者草名耳非也〔逍〕音銷亦作消〔遙〕如字亦作搖〔遊〕如字亦作游逍遙遊者篇名義取閒放不拘怡適自得〔夫〕音符〔場〕直良切〔稱〕尺證切〔當〕下浪切〔分〕符問切

北冥有魚其名爲鯤鯤之大不知其幾千里也化而爲鳥其名爲鵬　鵬鯤之實吾所未詳也夫莊子之大意在乎逍遙遊放無爲而自得故極小大之致以明性分之適達觀之士宜要其會歸而遺其所寄不足事事曲與生說自不害其弘旨皆可略之○北冥本亦作溟覓經切北海也嵇康云取其溟涬無涯也梁簡文帝云窅冥無極故謂之冥東方朔十洲記云水黑色謂之冥海無風洪波百丈〔鯤〕徐音昆李侯溫反大魚名也崔譔云鯤當爲鯨簡文同〔幾〕居豈反下同〔鵬〕步登反

南華眞經卷第一　逍遙遊　一

南華真經十卷　（晋）郭象注　（唐）陸德明音義　清嘉慶九年（1804）刻本

匡高 17.5 厘米，廣 14.0 厘米。半葉十一行，行二十一字，小字雙行同，黑口，四周單邊。存二卷。

天文略解卷一

天文小紀

稽學問中之最古者、莫如天文、大抵自開闢之初、人即知仰觀天象、考究星宿、但粗而不精、且多臆度、故其說未能的確也、即其流傳至今者、雖多妄誕不經之談、然中於理者、亦往往有之、由今日而溯當年、欲究立論於何人何時、實代遠年湮、久而無可考矣、蓋以洪荒之世、無典籍堪徵、即有一二俗傳、要皆荒渺無憑耳、此書所載之天文記、非敢侈言完備、不過撮要記事、使學者知古今所論之殊、爲進求之階級焉耳、

中國天文記畧○中國記載天文之事、較他國爲先、然自秦火後、篇帙散失、雖典册所載、後人未免臆度增加、按鑑書、太昊伏羲氏耶穌先二千八百五十二年作甲曆、定歲時、以支干配爲十二辰、分定年月日時、然追

天文略解　天文小紀卷一　一

天文略解二卷　［美國］李安德撰　清光緒二十二年（1896）日本東京青山印刷所鉛印本

匡高 19.5 厘米，廣 14.3 厘米。半葉十二行，行二十四字，小字雙行字不滿行，白口，四周雙邊。

夏小正

王氏注

正月夏正建寅月爲正也

啓蟄 鴈北鄉 雉震呴 魚陟負冰 農

緯厥耒 初歲祭耒始用暘也傳校本無也 囿有

見韭集賢大戴禮本無見 時有俊風 寒日滌凍塗

田鼠出 農率均田 獺獻祭魚傳本獻作獸通解本

刪獸字蔡本作獺獸獻魚 鷹則爲鳩 農及雪澤初服于

夏小正一卷 （漢）戴德撰　清光緒十年（1884）成都尊經書局刻本

匡 20.0 高厘米，廣 13.2 厘米。半葉八行，行十七字，小字雙行同，白口，四周雙邊。

畫禪室隨筆卷之一

華亭董其昌思白著

五世孫紹敏若容重校

論用筆

米海嶽書無垂不縮無往不收此八字真言無等之呪也然須結字得勢海嶽自謂集古字盖於結字最留意比其晚年始自出新意耳學米畫者惟吳琚絶肖黄華樗寮一支半節

畫禪室隨筆卷之一

畫禪室隨筆四卷 （明）董其昌撰　清宣統三年（1911）上海掃葉山房石印本

匡高 16.5 厘米，廣 11.3 厘米。半葉八行，行十八字，白口，左右雙邊。

者亦將有感於斯文
壬午閏六月九日大江濟川亭艤寶晉齋
艎對紫金浮玉群山迎快風銷暑重裝
米芾平生真賞　紹興八年十二月十
二日臣米友仁審定恭題
光緒丙申中秋後溪樓廖光遠臨

永和九年歲在癸丑暮春之
初會于會稽山陰之蘭亭脩禊
事也羣賢畢至少長咸集此
地有崇山峻嶺茂林脩竹又有
清流激湍暎帶左右引以為

廖光遠手跡　（清）廖光遠書　清光緒二十二至二十五年（1896－1899）抄本
無版框。

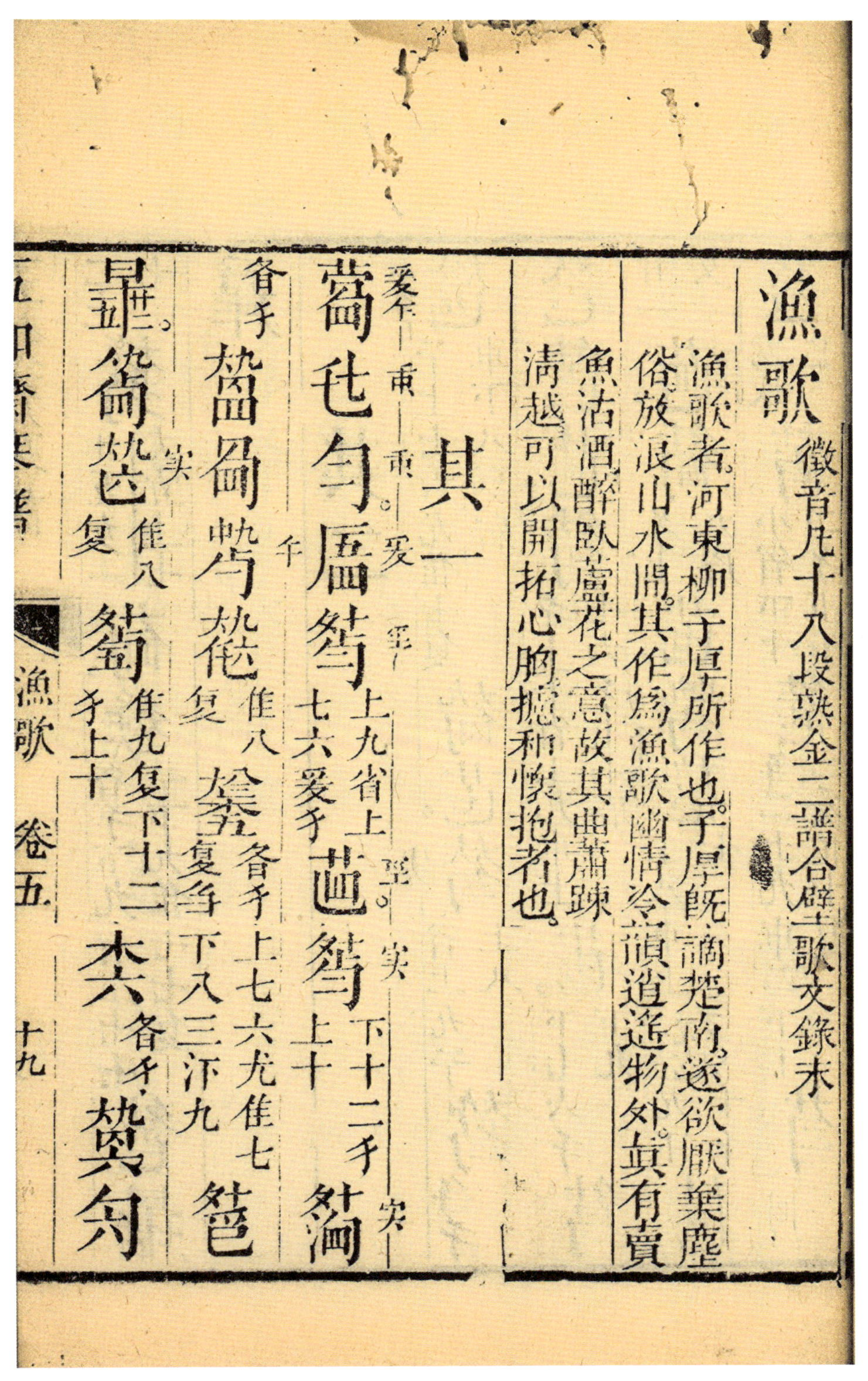

五知齋琴譜八卷 （清）徐祺鑒定 （清）徐俊校 （清）周魯封彙纂 清棲心琴社刻本

匡高 17.9 厘米，廣 14.8 厘米。半葉八行，行十八字，小字雙行二十四字，白口，左右雙邊。

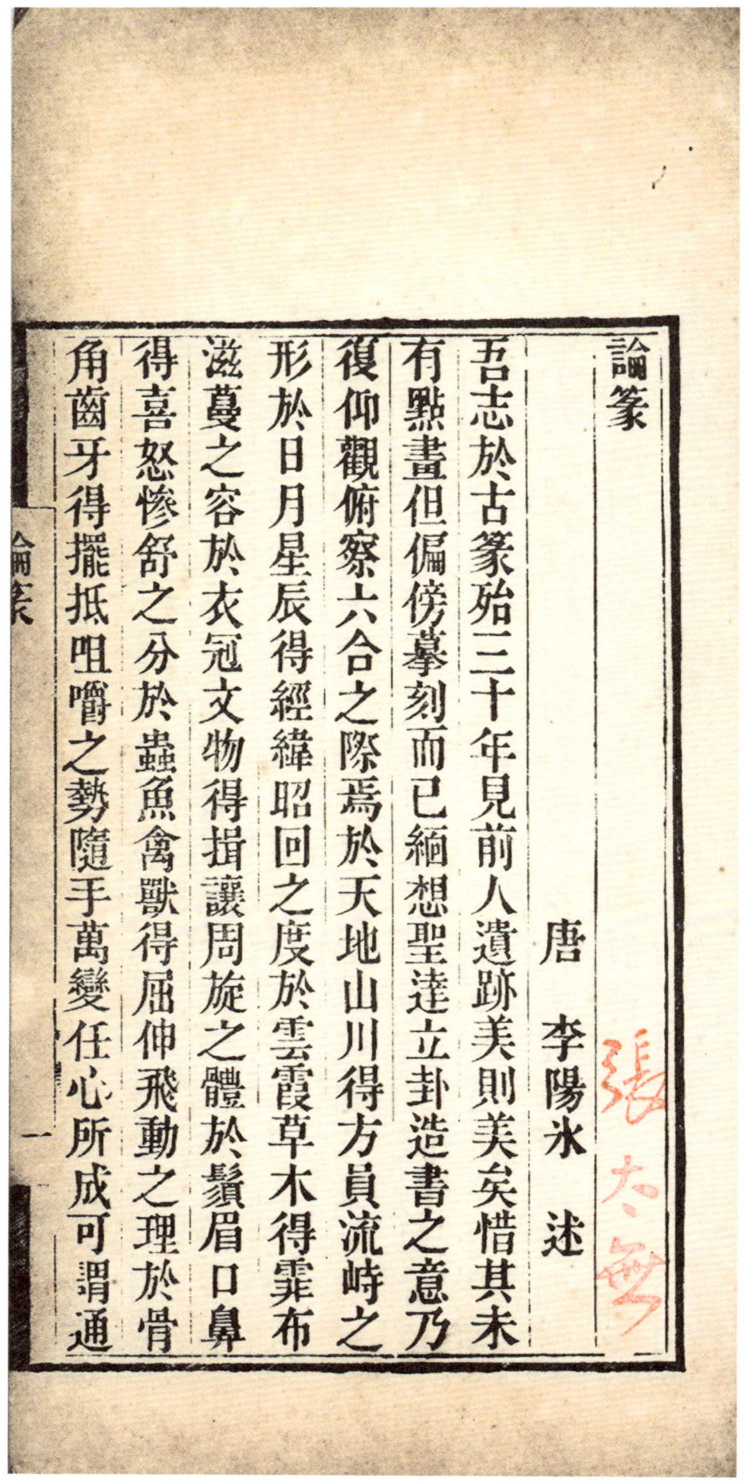
論篆

唐　李陽氷　述

吾志於古篆殆三十年見前人遺跡美則美矣惜其未有點畫但偏傍摹刻而已緬想聖達立卦造書之意乃復仰觀俯察六合之際焉於天地山川得方員流峙之形於日月星辰得經緯昭回之度於雲霞草木得霏布滋蔓之容於衣冠文物得揖讓周旋之體於鬚眉口鼻得喜怒慘舒之分於蟲魚禽獸得屈伸飛動之理於骨角齒牙得擺抵咀嚼之勢隨手萬變任心所成可謂通

論篆　一

篆學叢書三十三種　（清）顧湘輯　清道光二十五年（1845）虞山顧湘刻本

匡高 18.7 厘米，廣 11.6 厘米。半葉九行，行二十一字，小字雙行同，黑口，四周雙邊。

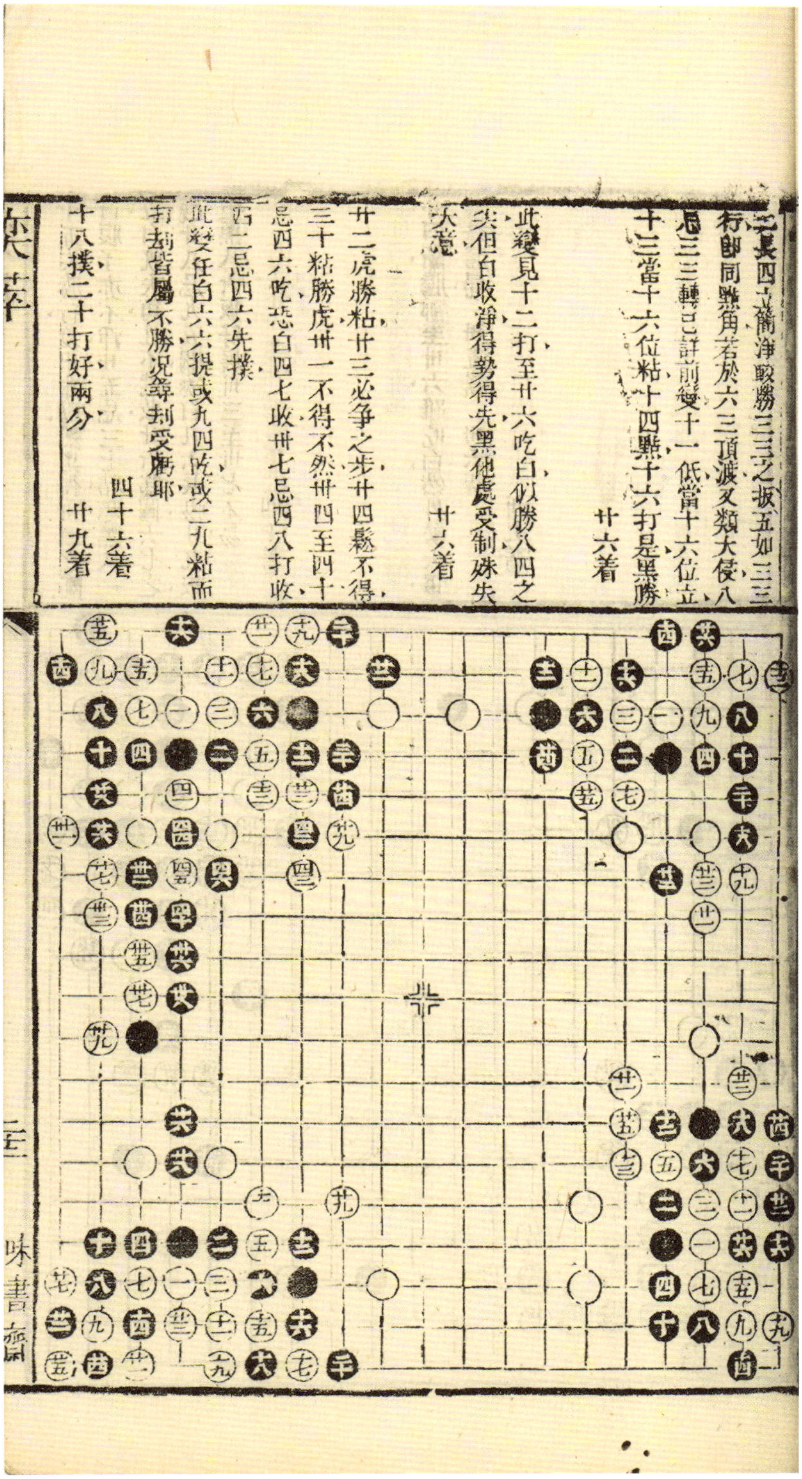

長四六補淨較勝三三之扳五如三三行即同點角若於六三頂渡又類大侵八忌三三轉可詳前變十一低當十六位立十三當十六位粘十四點十六打是黑勝　廿六着

此變見十二打至廿六吃白似勝八四之尖但白收淨得勢得先黑他處受制殊失大意　廿六着

廿二虎勝粘廿三必爭之步廿四鬆不得三十粘勝虎卅一不得不然卅四至四十忌四六吃恐白四七收卅七忌四八打收西二忌四六先撲

此變任白六六提或九四吃或二九粘而打刼皆屬不勝況尋刼受虧耶　四十六着

十八撲二十打好兩分　廿九着

奕萃　味書齋

奕萃二卷　（清）卞文恒撰　清嘉慶二十一年（1816）邗江卞氏味書齋刻本

匡高 24.0 厘米，廣 16.0 厘米。行字不等，白口，四周單邊。

醃火腿法

每十斤猪脚配盐十二两極多加至十四两将盐炒過加皮硝末少許乘猪脚熱擦之令匀置大桶内上面用大石壓之五日一翻候一個月将腿取起晾於風處四五個月可用

又法

金華人做火腿每斤猪脚配炒盐三两或云京方配六两不無太鹹用手将盐擦完石壓之三天取出用手極力揉之由軟為度翻轉再壓再揉至肉軟如綿取出掛之風處仍當於雪後起至立春後方可掛風不凍

醒園録

醒園録一卷 （清）李化楠輯　清刻本

匡高 23.6 厘米，廣 15.5 厘米。半葉九行，行二十七字，白口，左右雙邊。

粥品一 穀類

秈米粥 溫中養胃止煩渴利小便益氣力

粳米粥 和五臟益榮衛開胃氣助穀神粳一作秔

糯米粥 溫肺暖脾胃縮小便宜和諸米專食久輭人

香稻米粥 開胃悅神宜少宜新入諸米中宜稍後

陳米粥 寬中平胃止痢除煩消積

焦米粥 收水瀉回胃氣

鹽米粥 薑丁茶末粳米神曲末同炒入水爲粥治不和

大穬麥粥 實五臟益氣煮粥甚滑宜久煮健人

小麥粥 養心氣止煩渴治五淋平肝氣治漏血唾血

粥譜一卷廣粥譜一卷 （清）黃雲鵠撰　清光緒七年（1881）成都刻本

匡高 17.8 厘米，廣 13.0 厘米。半葉十行，行二十一字，白口，四周雙邊。

角山樓增補類腋天部卷一

雲開姚培謙述齋原本　丹徒趙克宜小樓增輯　甘泉曹傳霖雨人重校

天部 天 渾天儀宜增 日 日食 測日表宜增 月 月食 星 雲 霞 虹霓 漢 電

天

穹蒼 詩以念穹蒼爾雅穹蒼蒼天也春爲蒼天夏爲昊天秋爲旻天冬爲上天 九野 呂氏春秋天有九野何謂九野中央曰鈞天東方曰蒼天東北曰變天北方曰元天西北曰幽天西方曰顥天西南曰朱天南方曰炎天東南曰陽天封禪書九天巫祠九天李白詩欻嘘落九天 閶闔 離騷倚閶闔而望予漢禮樂志游閶闔觀王臺注閶闔天門玉臺上帝之所居 九閡 漢禮樂志專精厲意逝九閡注閡亦陔也謂九天之上 顥穹 封禪文自顥穹之生民注顥穹天也顥氣顥汗也穹形穹窿也 太清 劉向九歎譏赤霄而凌太清世說王道子夜坐天月明淨歎以爲佳謝景重在坐曰意謂乃不如微雲點綴王因戲謝曰卿居心不淨乃復彊欲滓穢太清耶 如笠 虞喜穹天論天形穹窿如笠 大圜 東晳詩恢恢大圜 會穹 謝惠連詩瞬目矚會穹 蔚藍 杜甫詩上有蔚藍天韓駒詩水色天光共蔚藍 碧翁翁 清異錄晉出帝不善詩時爲俳諧語詠天詩曰高平上監碧翁翁 聖琉璃 又王衍伶官家樂侍燕小池水澄天見家樂應制云一段聖琉璃 卵色天 陸游詩薄日烘雲卵色天 碧羅天 蘇軾詞雨初歇洗出碧羅天 【宜增】 倚杵 河圖挺佐輔百世之後地高天下不風不雨不寒不暑民復食土如此千歲之後而天可倚杵 鄒衍談 戰國策鄒衍大言天事號談天衍 萬物橐 管子天地萬物之橐也天地苴萬物曰萬物橐宜案苴包裹也 張弓 老子天道其猶張弓乎高者抑之下者舉之有餘者損之不足者與之天之道損有餘而補不足 鍊石補 列子天地亦物也物有不足故女媧氏鍊五色石以補其闕 天受藻華 鶡冠子天受藻華以爲神明之根者也 九鴻 鶡冠子天有九鴻注九方也 調泰鴻 鶡冠子泰一者執大同之制調泰鴻之氣正神明之位者也注泰一天皇大帝也 左旋 白虎通天左旋地右周淮南子紫宮者太一之居也執斗而左旋 管窺 漢書東方朔傳以管窺天 覆盆 王充論衡天平正與地無異若覆盆狀 蟻磨 晉書天文志日月實東行而天牽之以西沒如蟻行磨石之上磨左旋而蟻右去磨疾蟻遲故隨磨以左迴焉 三十六天 魏書釋老志二儀之間有三十六天 青圓 宋史樂志雲旗飛揚神光肅然當鸞飈欻來乎青圓 尺五 長安諺城南韋杜去天尺五杜甫詩時論同歸尺五天 三清 酉陽雜俎三界外曰四人境四人天外曰三清 大羅 酉陽雜俎三清上曰大羅又有九天波利等九名 車蓋 天文錄天如欹車蓋南高北下 劍倚 宋玉大言賦長劍耿介倚天外 紫落 王勃七夕賦正三衡而澄紫落 碧虛 杜甫詩寒江動碧虛 坐井觀 韓愈原道文坐井觀天曰天小者非天小也所見者小也 兜率 白居易詩歸則須歸兜率天廣異記心在兜率天彌勒宮中聽法 溼融融 薛能詩新晴天狀溼融融 翠笠 李羣玉詩天拂滄波翠笠低 化匠 陸龜蒙詩化匠安能爭

渾天儀　宜增

璣衡 尚書孔疏璣衡者璣爲轉運衡爲橫簫運璣使動於下以衡望之是王者正天文之器即漢世謂之渾天儀也蔡邕蓋天說圖者爲璣直者爲衡 連環 尚書集傳儀有三重外曰六合儀平置黑單環側立黑雙環斜倚赤單環內曰三辰儀側立黑單環其赤道爲赤單環黃道爲黃單環又爲白單環以承其交最內者曰四遊儀亦爲黑雙環 銀丁 尚書集傳沈括曰舊法規環一面刻周天度一面加銀丁蓋以夜候天晦不可目察則以手切之也 玉儀 尚書考靈曜觀玉儀之旋

角山樓增補類腋　天部卷一　天　渾天儀　日　日食　一

角山樓增補類腋六十七卷　（清）姚培謙撰　（清）趙克宜增輯　清光緒十二年（1886）上海同文書局石印本

匡高 11.9 厘米，廣 9.0 厘米。半葉十九行，行四十八字，小字雙行同，白口，四周單邊。

廣博物志卷之一

隴西董斯張纂

武陵楊鶴訂

天道上 天 日 月

天道尚右日月西移地道尚左水道東流人道尚中耳目役心心有四佐不和曰廢地有五行不通曰惡天有四時不時曰凶天道曰祥地道曰義人道曰禮 周書

太初氣之始也生於酉仲清濁未分也太始形

廣博物志 卷之一 高暉堂

廣博物志五十卷 （明）董斯張纂 （明）楊鶴訂 清光緒五年（1879）學海堂據明高暉堂本重刻本

匡高 20.9 厘米，廣 15.5 厘米。半葉九行，行十八字，小字雙行同，白口，四周單邊。

進

呈類函表

經筵講官文華殿大學士兼禮部尚書今致仕臣

英經筵講官刑部尚書臣士禛經筵講官吏部左

侍郎兼翰林院學士臣掞內閣學士兼禮部侍郎

臣榕端等謹

題遵

旨纂修類函一書今屬稾告竣謹進

呈者伏以羣言浙瀝爭充棟而汗牛萬象散殊貴分

條而晰縷嫏嬛福地張茂先所未全窺澤逺積書

淵鑑類函 進表

淵鑑類函四百五十四卷目録四卷 （清）張英纂　清刻本

匡高 17.1 厘米，廣 11.8 厘米。半葉十行，行二十一字，小字雙行同，黑口，四周雙邊。

宋稗類鈔卷一

國初 常熟 潘永因編

君範第一

藝祖受命之三年密鐫一碑立於太廟寢殿之夾室謂之誓碑用銷金黃幔蔽之門鑰封閉甚嚴因勅有司自後時享及新天子即位謁廟禮畢奏請恭讀誓詞獨一小黃門不識字者一人從餘皆遠立庭中不敢仰視上至碑前再拜跪瞻默誦訖復再拜而出羣臣及近侍皆不知所誓何事自後列聖相承皆踵故事歲時伏謁恭讀如儀不敢泄漏靖康之變悉取禮樂祭祀諸法物而去門皆洞開人得縱觀碑上高七八尺濶四尺餘誓詞三行一云柴氏子孫有罪不得加刑縱犯謀逆止於獄中賜盡不得市曹刑戮亦不得坐連支屬一云不得殺士大夫及上書言事人一云子孫有渝此誓者天必殛之後建炎中曹勛自金回

太上寄語祖宗誓碑在太廟恐今天子不及知云

藝祖御筆用南人為相殺諫官非吾子孫刻石東京内中雖人才之出無定處

宋稗類鈔 卷一 君範 一 藝光社印行

宋稗類鈔三十六卷 （清）潘永因編 清宣統三年（1911）上海藝光社石印本

匡高 17.5 厘米，廣 12.8 厘米。半葉十四行，行三十字，白口，四周雙邊。

子史精華卷一

天部一

天

清陽無計量管子天｜｜｜｜｜地化生無法崖注清古育字天以陽氣育生萬物物生不可計量若鼓有椁管子夫天地一險一易｜｜之｜｜撾擂則擊注椁當為響險易猶否泰夫天地否泰應德而至猶鼓之含響應擊而鳴者也萬物槖管子天地｜｜之｜也天地苴萬物故日萬物之槖注苴裹萬物在天地之中故為槖也四時云下管子天不動｜｜｜｜而萬物化注云運動貌也常象管子天有｜｜地有常形人有常禮一設而不更此謂三常動化從新管子天地不可留故｜｜故｜｜注天施地化日夜不息故能生成不已以天地變不可留停

子史精華　卷一　天部　天　一

子史精華一百六十卷　（清）允祿撰　清五柳居刻本

匡高 17.9 厘米，廣 12.5 厘米。半葉八行，行二十四字，小字雙行同，白口，四周雙邊。

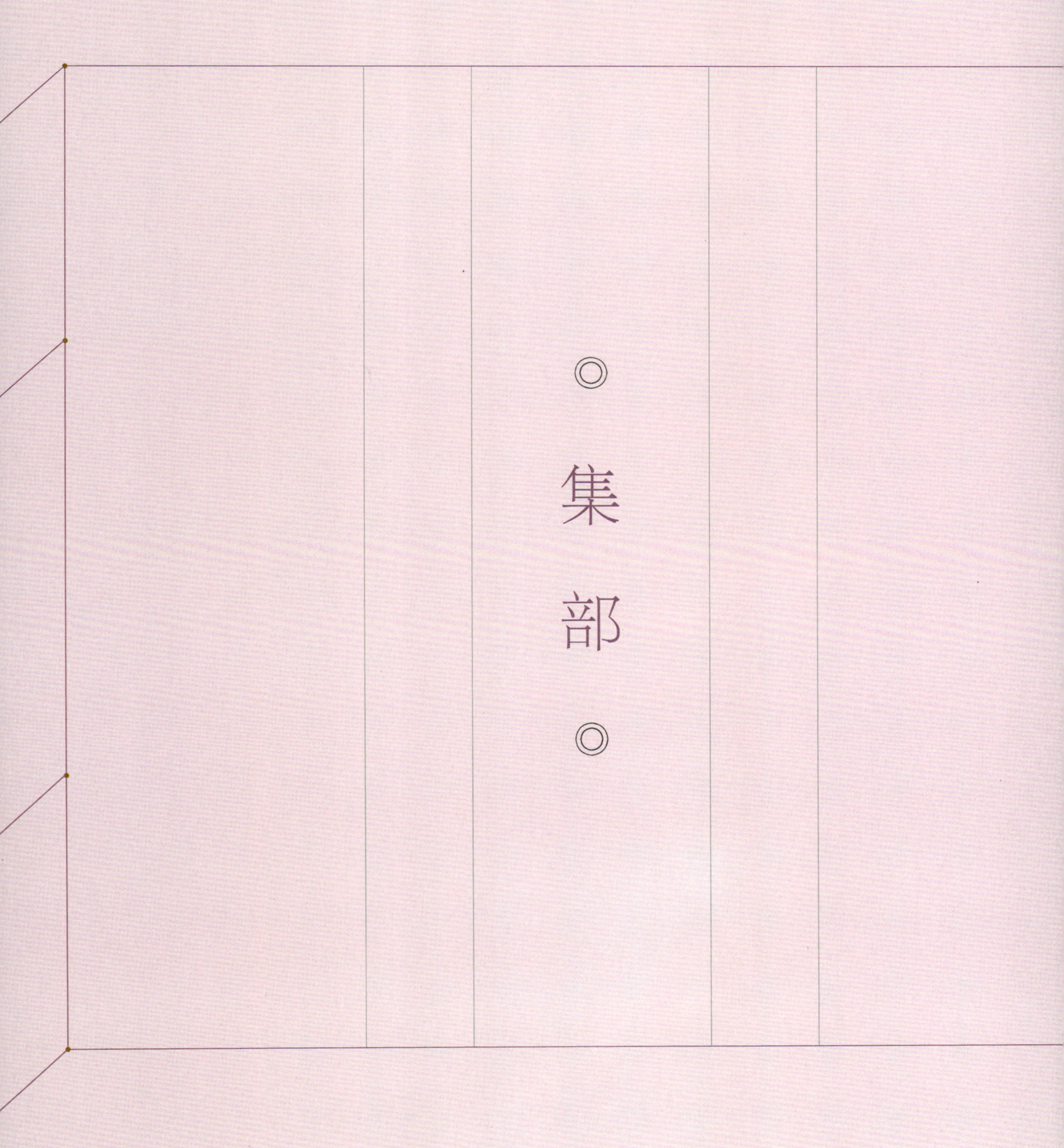

◎集部◎

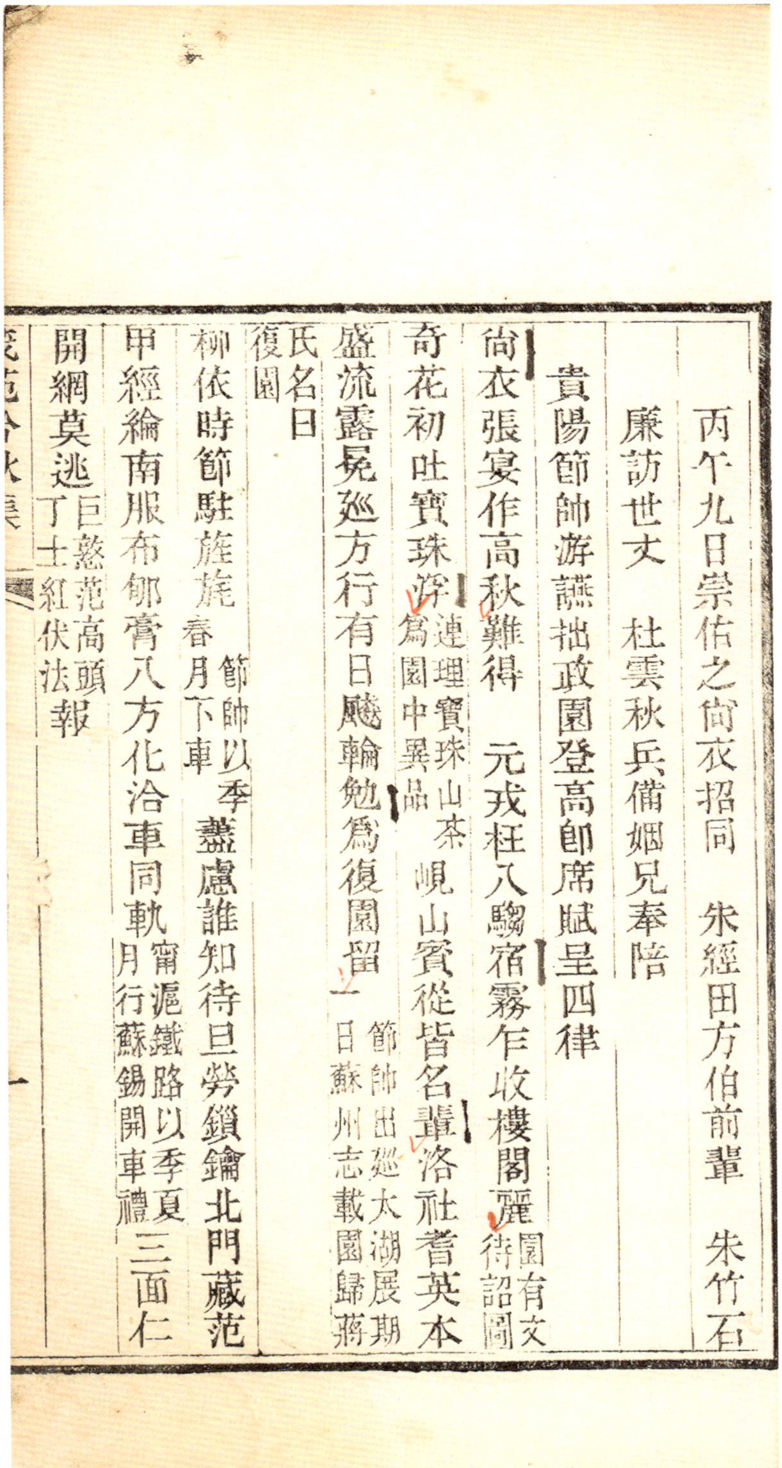

茂苑吟秋集一卷 （清）羅長裿輯　清光緒三十二年（1906）刻本

匡高 18.9 厘米，廣 13.1 厘米。半葉十行，行二十五字，小字雙行同，白口，四周雙邊。

國朝六家詩鈔

錫山劉執玉復蘇選　門人許庭堅麟石　鄒容成雲瞻參閱

宋琬　字玉叔別號荔裳山東萊陽人順治丁亥進士官四川按察使著有安雅堂集　荔裳早登仕籍中年為怨家告訐逮繫請室故詩多沉痛語後以川臬入　覲卒於京師全稿散失僅於安雅堂初刻及拾遺集中管窺一斑然氣骨風度已可見其大凡矣茲錄其詩為一卷

先大夫諱日萬壽寺禮佛因示諸生

依依簷際燕嗷嗷林間烏經營哺其兒毛傷尾畢逋人
生非空桑二人誰則無匹庶有至性矧乃賢哲徒孝簡
與甘泉感格良非誣義和無停策倏忽及桑榆榮名一
不早回首空嗟吁椎牛而祭墓不及酒一盂紫綍與丹

國朝六家詩鈔　卷一　荔裳　一

國朝六家詩鈔八卷　（清）劉執玉輯　清乾隆三十二年（1767）刻本

匡高 18.2 厘米，廣 13.4 厘米。半葉十行，行二十一字，小字雙行三十字，白口，左右雙邊。

御選唐宋文醇卷之一

昌黎韓愈文一

原毀

古之君子其責己也重以周其待人也輕以約重以周故不怠輕以約故人樂為善聞古之人有舜者其為人也仁義人也求其所以為舜者責於己曰彼人也予人也彼能是而我乃不能是早夜以思去其不如舜者就其如舜者聞古之人有周公者其為人也多才與藝人也求其所以為周公者責於己曰彼人也予人也彼能是而我乃不能

御選唐宋文醇 卷一 韓愈 雜著 二

御選唐宋文醇五十八卷 （清）高宗弘曆選　清刻本

匡高 19.5 厘米，廣 14.2 厘米。半葉九行，行二十二字，白口，四周單邊。

文選卷第一

梁昭明太子撰

文林郎守太子右内率府録事參軍事崇賢館直學士臣李善注

賦甲 賦甲者舊題甲乙所以紀卷先後今卷既改故甲乙並除存其首題以明舊式

京都上

班孟堅兩都賦二首 自光武至和帝都洛陽西京父老有怨班固恐帝去洛陽故上此詞以諫和帝大悦也

兩都賦序

班孟堅 范曄後漢書曰班固字孟堅北地人也年九歲能屬文長遂博貫載籍顯宗時除蘭臺令史遷爲郎乃上兩都賦大將軍竇憲出征匈奴以固爲中護軍憲敗

文選六十卷文選考異十卷 （南朝梁）蕭統編 （唐）李善注 清嘉慶十四年（1809）鄱陽胡氏重刻宋淳熙本

匡高20.9厘米，廣13.7厘米。半葉十行，行二十一字，小字雙行同，白口，左右雙邊。

人壽金鑑卷第一

安東程得齡與九氏輯

初生

左傳曰莊公寤生驚姜氏故名曰寤生

又曰初晉穆侯之夫人姜氏以條之役生大子命之曰仇其弟以千畝之戰生命之曰成師

又曰九月丁卯子同生以太子生之禮舉之接以太牢卜士負之士妻食之公與文姜宗婦命之

又曰陳厲公蔡出也故蔡人殺五父而立之生敬仲其少也周史有以周易見陳侯者陳侯使筮之遇觀之否

又曰成季之將生也桓公使卜楚邱之父卜之曰男也其名曰友在公之右間于兩社爲公室輔季氏亡則魯不昌又筮之遇

人壽金鑑卷一　一

人壽金鑑二十二卷　（清）程得齡輯　清光緒元年（1875）湖北崇文書局刻本

匡高 20.5 厘米，廣 14.2 厘米。半葉十二行，行二十四字，黑口，左右雙邊。

宋孝武時臨海王子頊有逆謀照爲參軍隨至廣陵見故城荒蕪乃漢吳王濞所都濞以叛逆被滅照因賦其事諷子頊從盛時極力說入總爲蕪字張本如此方有勢有力

六朝文絜卷一

海昌許槤評選　朱鈞參校

賦

蕪城賦　宋鮑照

瀰迆平原南馳蒼梧漲海北走紫塞鴈門柂以漕渠軸以崑岡重江複關之隩四會五達之莊當昔全盛之時車挂轊人駕肩廛閈撲地歌吹沸天孳貨鹽田鏟利銅山才力雄富士馬精妍故能奓秦法佚周令劃崇墉刳濬洫圖修世以

六朝文絜四卷　（清）許槤評選　（清）朱鈞參校　清光緒八年（1882）武林南蘭陵薛氏刻朱墨套印本

匡高 16.9 厘米，廣 11.5 厘米。半葉九行，行十八字，黑口，左右雙邊。

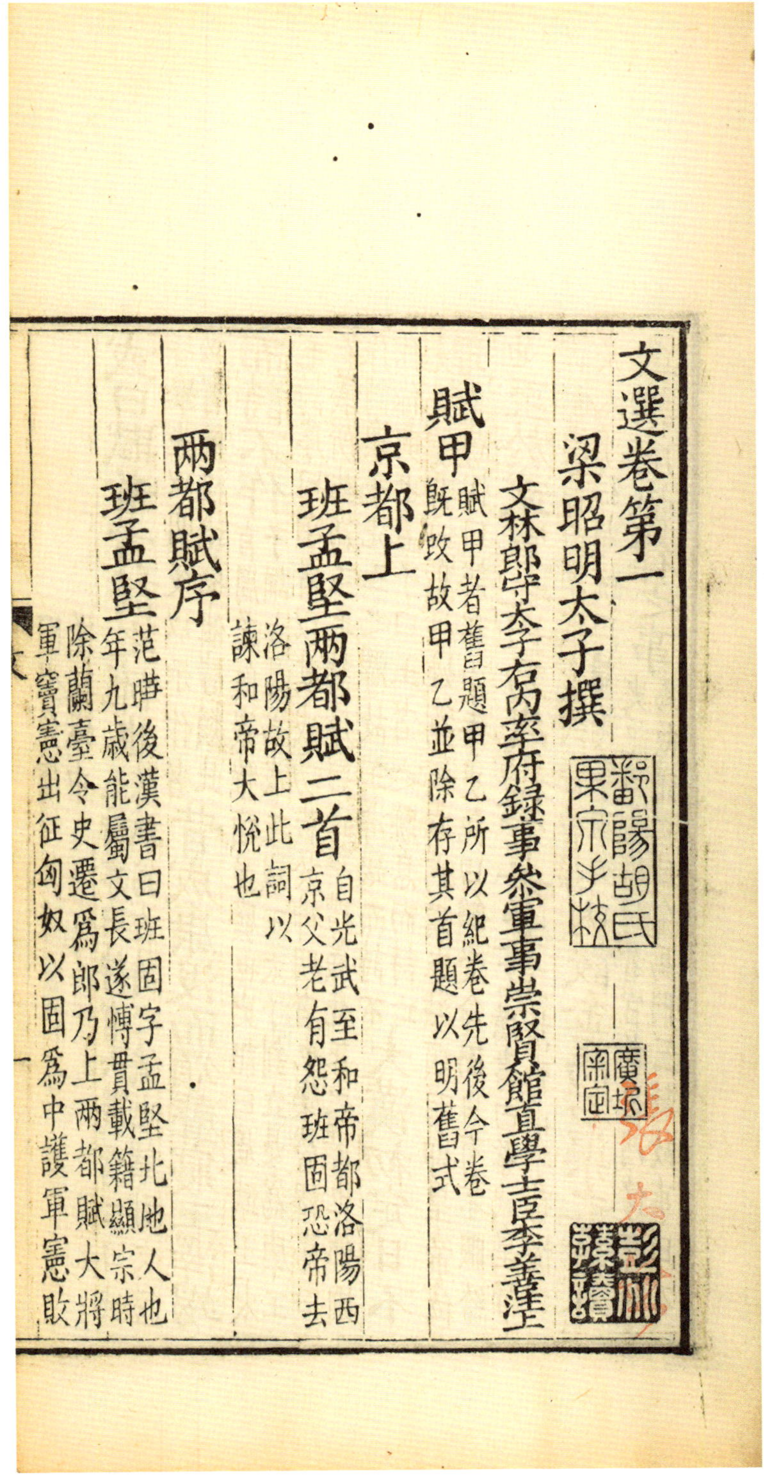

文選六十卷 （南朝梁）蕭統編 （唐）李善注 清同治八年（1869）崇文書局刻本

匡高 21.1 厘米，廣 13.7 厘米。半葉十行，行二十一字，小字雙行同，白口，四周雙邊。

金詩選卷一
無錫顧奎光星五選輯　陶玉禾昆穀參評
宇文虚中 三首
過居庸關
奔峭從天拆，懸流赴壑清。路回穿石細，崖裂與藤爭。花已從南發，人今又北行。節旄都落盡，奔走愧平生。
郊居

金詩選四卷　（清）顧奎光輯　（清）陶玉禾參評　清乾隆十六年（1751）錫山顧奎光刻本

匡高 16.3 厘米，廣 13.3 厘米。半葉十行，行十九字，白口，左右雙邊。

王右丞集卷一

酬諸公見過時官未出在輞川莊

嗟予未喪哀此孤生屏居藍田薄地躬耕歲宴輸稅以奉粢盛晨往東皐草露未晞暮看煙火負擔來歸我聞有客足埽荆扉簞食伊何副瓜抓棗仰厠羣賢皤然一老媿無莞簟班荆席藁汎汎登陂折彼荷花靜觀素鮪俯映白沙山鳥羣飛日隱輕霞登車上馬倏忽雲一作雨散雀噪荒村雞鳴空館還復幽獨重欷累歎

奉和聖製登降聖觀與宰臣等同望應制

王集卷一　一

唐四家詩集四集二十五卷　（清）胡鳳丹輯　清光緒十三年（1887）湖北官書處刻本

匡高 14.3 厘米，廣 10.6 厘米。半葉十行，行十八字，小字雙行同，白口，左右雙邊。

八家四六文註卷一　問字堂文七首

陽湖孫星衍伯淵著　　侯官許貞幹豫生註

三國疆域志後序

補撰地理亦有權輿（爾雅）權輿始也　春秋地名京璠實作（唐書藝文志）京相璠春秋土地名三卷　後則沈約宋書多及三方之制

長孫隋志亦兼五代之名（山堂考索）齊沈約補輯何承天等所遺始自義熙肇號終於昇明三年爲紀十志三十列傳六十合百卷名曰宋書（晉書地理志）魏武定伯三方鼎立（山堂考索）唐武德間命封德彝顏師古修隋史未就貞觀三年復詔魏徵撰房元齡總之惟十志未上又詔李淳風長孫無忌等裒綴三十卷高宗時上之其志上總梁陳齊周之事　唐世旣輯成

晉書歐陽亦改爲劉志（山堂考索）貞觀中太宗以晉史何法盛等十八家制作雖多未能盡善乃敕史官房元齡褚遂良等更加纂錄採正典與舊說數十餘部兼引僞史十六國爲紀十志二十列傳七十載記三十合爲一百三十卷（館閣書目）宋仁宗時詔歐陽修宋祁刪修唐書紀表志則歐公主之傳則宋公主之紀十表十五志五十列傳百五十凡二百二十五卷謂之新唐書（按）舊唐書二百卷晉劉昫所撰　宋隋二志其無間矣自餘得失可得而言唐時載籍具存藏於故府（史記伯夷傳）學者載籍極博猶考信於六藝（左傳）吾覩諸故府　有王隱地道永初山川何徐州郡陸澄地理（宋書州郡志）今以班固馬彪二志太康元年定戶王隱地道晉世起居永初郡國何徐州郡及地理雜書互相考覆（按）王鳴盛十七史商摧何是何承天徐是徐爰（唐書藝文志）劉澄之永初山川古今記二十卷鄧基陸澄地理志一百五十卷　任昉地記之富野王輿地之傳（唐書藝文志）任昉地記二百五十二卷（陳書顧野王傳）著輿地志三十卷　總此數家以資左證（唐書劉知幾傳）左證其謬　而晉書地理輒有牴牾（裴駰史記序）甚多疏略或有牴牾　履絢何人代之愧矣（後漢書輿服志）記曰知天者冠述知地者履絢　新唐之志亦易名家劉昫舊書旣非甚劣

八家四六文註　卷一　問字堂　一

八家四六文注八卷　（清）孫星衍著　（清）許貞幹注　清光緒十八年（1892）上海圖書集成印書局鉛印本

匡高 15.5 厘米，廣 11.8 厘米。半葉十三行，行四十字，小字雙行同，白口，四周單邊。

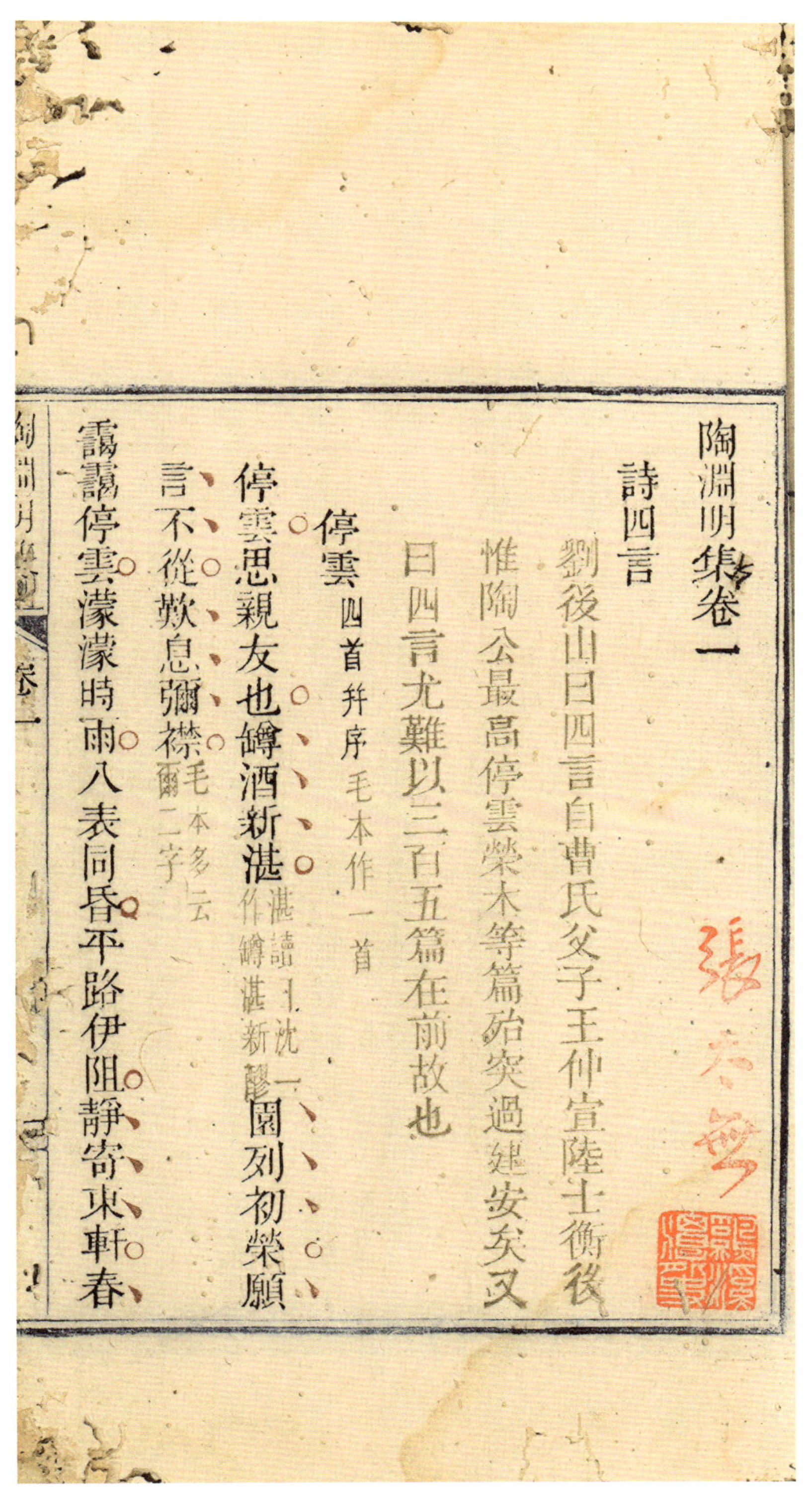

陶淵明集八卷首一卷末一卷 （晋）陶潛撰　清乾隆（1736－1795）刻四色套印本

匡高 18.2 厘米，廣 14.4 厘米。半葉九行，行二十一字，小字雙行同，白口，四周雙邊。

序無文章止直叙然綰亦腴峭有法

昌黎先生詩集注卷第一

長洲顧　嗣立　俠君　删補

古詩三十一首

元和聖德詩 幷序

嗣立補注唐書憲宗皇帝紀帝順宗長子永貞元年八月詔立爲皇帝乙巳卽位癸丑劒南西川行軍司馬劉闢自稱留後十一月壬申夏綏銀節度留後楊惠琳反元和元年三月辛巳惠琳伏誅九月辛亥克成都十月戊子闢伏誅二年正月己丑朝獻于太清宮庚寅朝享于太廟辛卯有事于南郊大赦

臣愈頓首再拜言一有曰字臣伏見皇帝陛下卽位已來誅流姦臣嗣立補注舊唐書順宗紀八月庚子詔冊皇太子卽皇帝位壬寅貶右散騎常侍王伾爲開州司馬前戶部侍郎度支鹽鐵轉運使王叔文爲渝州司戶憲宗紀八月卽位九月貶韓泰等爲諸州刺史十一月貶中書侍郎平章事韋執誼爲崖州司馬朝廷清明無有欺蔽外斬楊惠琳劉闢以收夏蜀東定青徐積年

昌黎詩集注卷一　一　膺德堂重刊顧氏本

昌黎先生詩集注十一卷 （唐）韓愈撰　（清）朱彝尊　何焯評述　（清）顧嗣立删補　清光緒九年（1883）廣州翰墨園刻三色套印本

匡高 18.5 厘米，廣 15.0 厘米。半葉十一行，行二十字，小字雙行三十字，白口，左右雙邊。

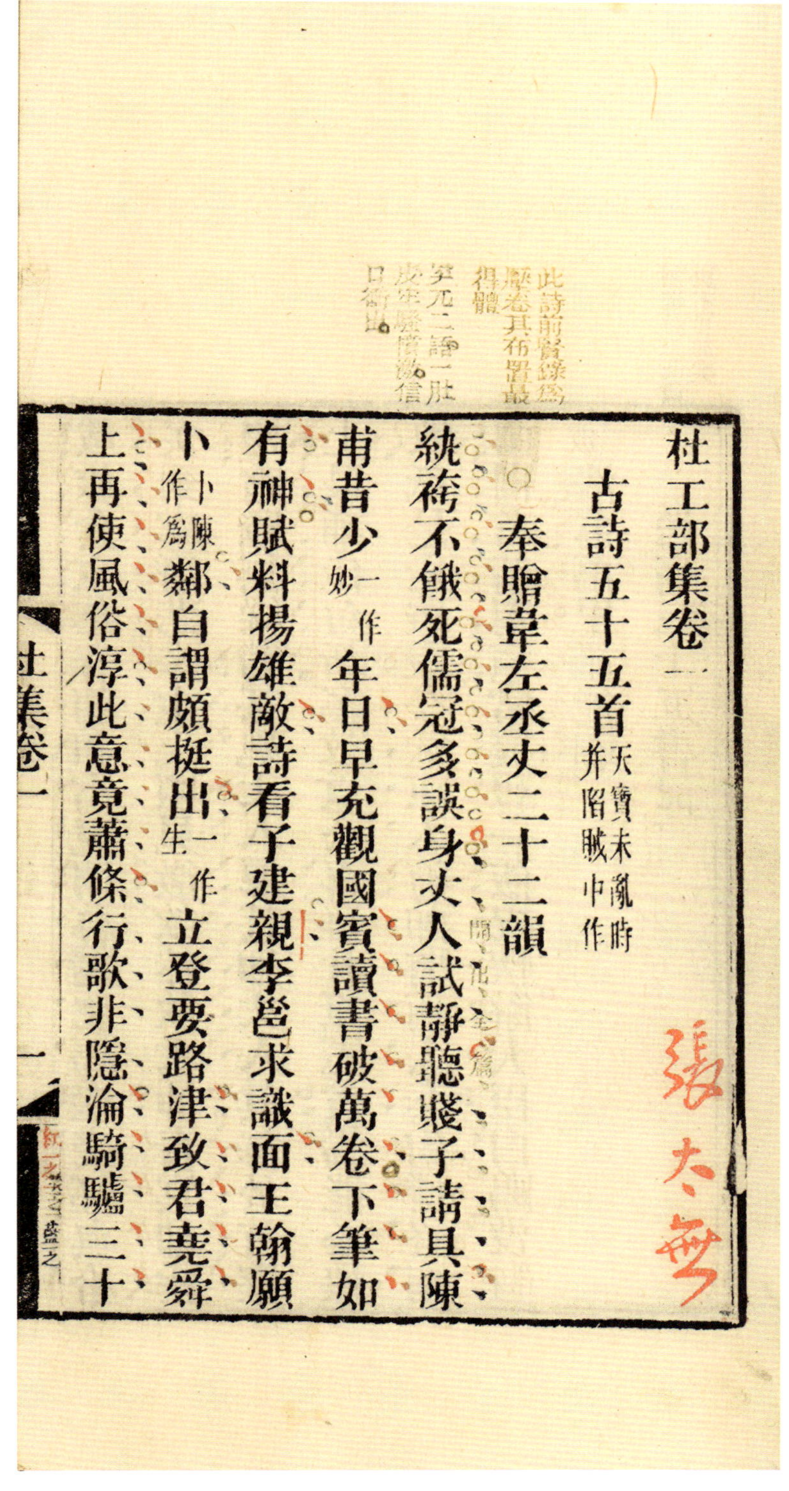

杜工部集二十卷 （唐）杜甫撰 （明）王世貞評述 清光緒二年（1876）廣州翰墨園刻五色套印本

匡高17.3厘米，廣13.7厘米。半葉八行，行二十字，小字雙行同，黑口，左右雙邊。

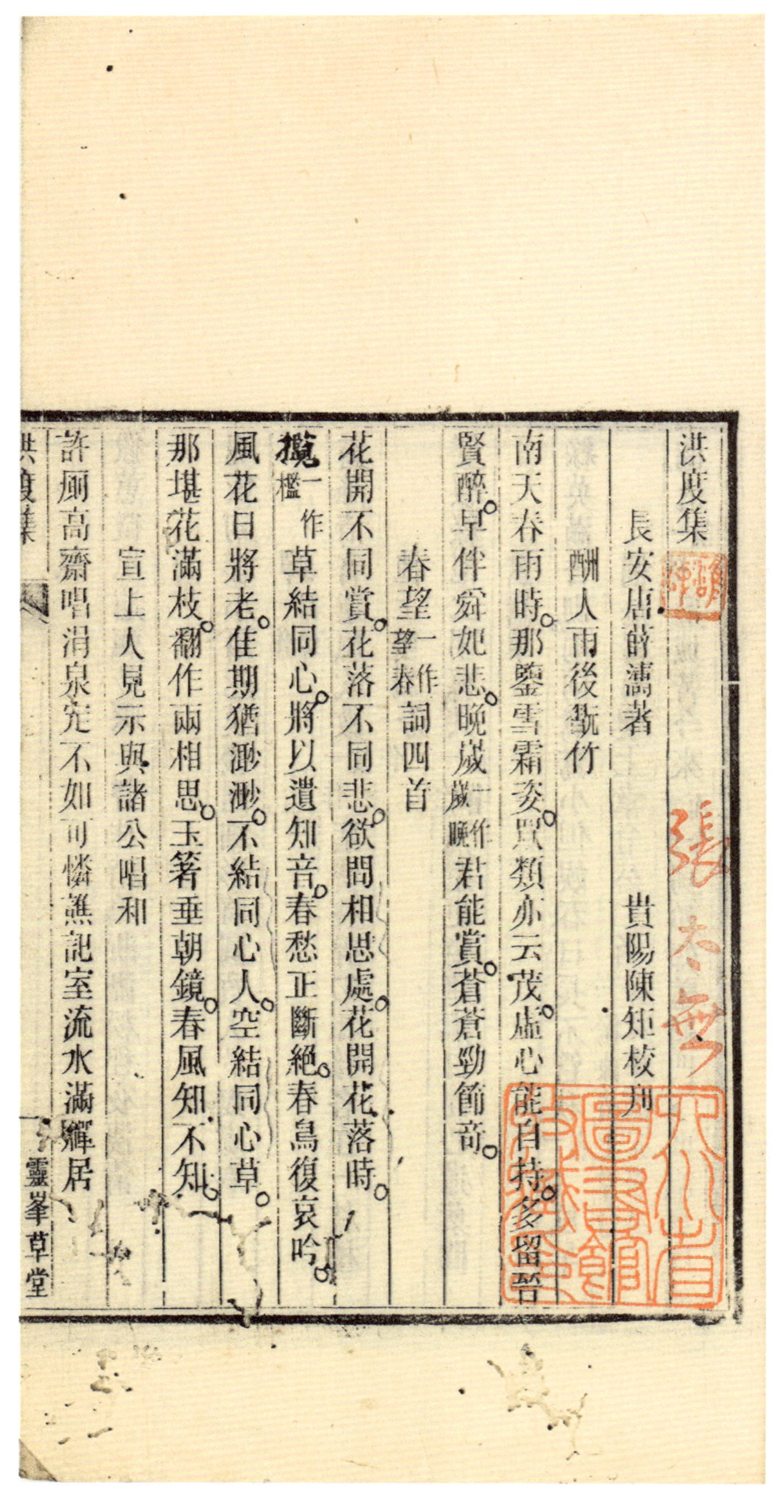
洪度集
長安唐薛濤著　貴陽陳矩校刊
酬人雨後翫竹
南天春雨時。那鑒雪霜姿。衆類亦云茂。虛心能自持。多留晉
賢醉。早伴舜妃悲。晚歲（一作歲晚）君能賞。蒼蒼勁節奇。
春望（一作望春）詞四首
花開不同賞。花落不同悲。欲問相思處。花開花落時。
攬（一作檻）草結同心。將以遺知音。春愁正斷絕。春鳥復哀吟。
風花日將老。佳期猶渺渺。不結同心人。空結同心草。
那堪花滿枝。翻作兩相思。玉箸垂朝鏡。春風知不知。
宣上人見示與諸公唱和
許厠高齋唱。涓泉定不如。可憐譙記室。流水滿䨥居
洪度集　靈峯草堂

洪度集一卷　（唐）薛濤撰　（清）陳矩校勘　清光緒（1875－1908）陳氏靈峰草堂刻本

匡高 17.6 厘米，廣 13.9 厘米。半葉十二行，行二十三字，白口，小字雙行同，四周雙邊。

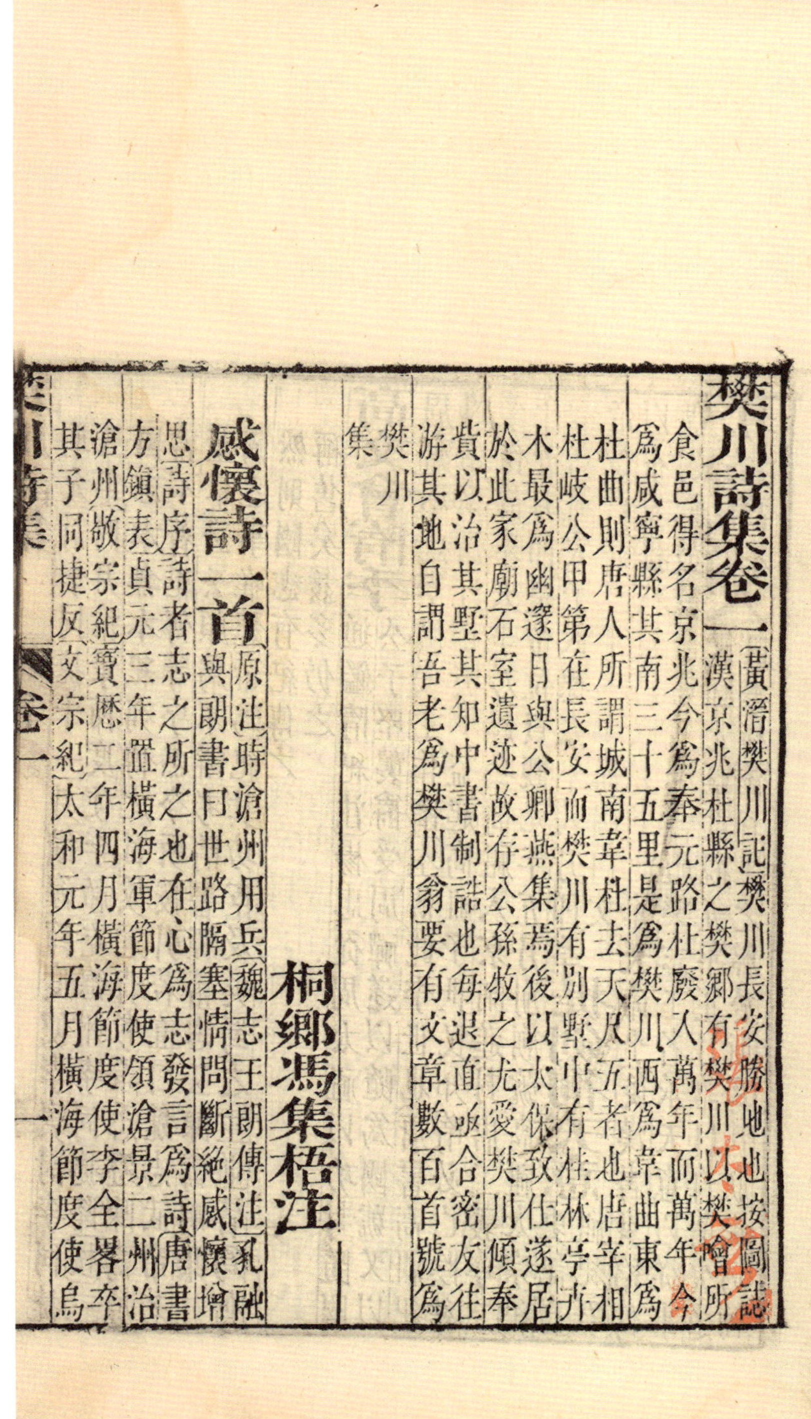

樊川詩集四卷别集一卷外集一卷 （唐）杜牧撰 （清）馮集梧注 清嘉慶（1796－1820）刻本

匡高 18.2 厘米，廣 14.5 厘米。半葉十行，行二十一字，小字雙行同，白口，左右雙邊。

劉須溪校本分爲四言四首

劉本宴作晏

副普逼切拆也破也抓古年切引也擊也

第四解尤妙

王右丞集卷之一

伊豫　近藤元粹純叔　評訂

酬諸公見過 時官未出。在輞川莊。

嗟予未喪。哀此孤生。屏居藍田。薄地躬耕。歲晏輸稅。以奉粢盛。晨往東皋。草露未晞。暮看煙火。負擔來歸。我聞有客。足掃荊扉。簞食伊何。副瓜抓棗。仰厠羣賢。皤然一老。媿無莞簟。班荊席藁。汎汎登陂。折彼荷花。靜觀素鮪。俯映白沙。山鳥羣飛。日隱輕霞。登車上馬。倏忽雲一作雨散。雀噪荒村。鷄鳴空館。還復幽獨。重欷累歎。

王右丞集四卷　（唐）王維撰　［日本］近藤元粹輯評　日本明治三十三年（1900）青木嵩山堂鉛印本

匡高 12.5 厘米，廣 8.2 厘米。半葉十行，行二十字，小字雙行同，白口，四周雙邊。

從來琢句之妙無有
過於長吉者
細讀長吉詩下筆自
無庸俗之病
昌谷於章法每不大
理會然亦有井然者
須細心尋繹始見
每首工於發端百鍊
千磨開門即見至其
骨力勁險則溫李兩
家俱當斂手

李長吉集卷一
黃陶菴先生評本
黎二樵先生批點
余幼好長吉詩不讀且學爲之甚肖也向有
手記一本朱藍墨三通矣燬於災今於茲刻復以己
意稍論之長吉詩似小古董不足貢明堂清廟然使
人摩挲憑弔不能已其體未純而情有餘也吾後人
讀此知所採擇亦知作詩須從難處落手不嫌酷肖
到此時自然會生出面目來見今人朝學古人暮欲

李長吉集卷一　一　埽葉山房石印

李長吉集四卷附一卷　（唐）李賀撰　清宣統元年（1909）上海掃葉山房朱墨套石印本

匡高14.1厘米，廣10.4厘米。半葉九行，行二十字，小字雙行同，白口，四周單邊。

唐陸宣公集卷一

制誥赦宥上

奉天改元大赦制 平朱泚後改建中五年爲興元元年

門下致理興化必在推誠忘己濟人不吝改過朕嗣守丕構君臨萬方失守宗祧越在草莽不念率德誠莫追於既往永言思咎期有復於將來明徵厥初以示天下惟我烈祖邁德庇人致俗化於和平拯生靈於塗炭重熙積慶垂二百年伊爾卿尹庶官洎億兆之衆代受亭育以迄於今功存於人澤垂於後肆予小子獲纘鴻業懼德不嗣罔敢怠荒然以長於深宮

陸宣公集　卷一

唐陸宣公集二十二卷　（唐）陸贄撰　清咸豐元年（1851）刻本

匡高 19.7 厘米，廣 13.8 厘米。半葉十行，行二十字，白口，四周雙邊。

韋蘇州集卷第一
蘇州刺史韋應物
古賦一首
冰賦
雜擬二十一首
擬古詩十二首
雜體五首
與友生野飲效陶體一首
效何水部二首
效陶彭澤一首
燕集二十一首

韋蘇州集十卷 （唐）韋應物撰　清宣統三年（1911）石印本

匡高 17.2 厘米，廣 13.3 厘米。半葉十一行，行二十一字，白口，四周單邊。

嘉祐集卷之一

幾策　　眉山蘇　洵老泉氏著

審勢

治天下者定所尚所尚一定至於萬千年而不變使民之耳目純於一而子孫有所守易以爲治故三代聖人其後世遠者至七八百年夫豈惟其民之不忘其功以至於是蓋其子孫得其祖宗之法而爲據依可以永久夏之尚忠商之尚質周之尚文視天下之所宜尚而固執之以此而始以此而終不朝文而暮質以自潰亂故聖人者出必先定一代之所尚周之世蓋有周公爲之制禮而

嘉祐集卷一　幾策　一

三蘇全集四種二百四卷　（清）弓翊清等編　清道光十二年（1832）眉州三蘇祠刻本

匡高 19.6 厘米，廣 14.3 厘米。半葉九行，行二十五字，黑口，左右雙邊。

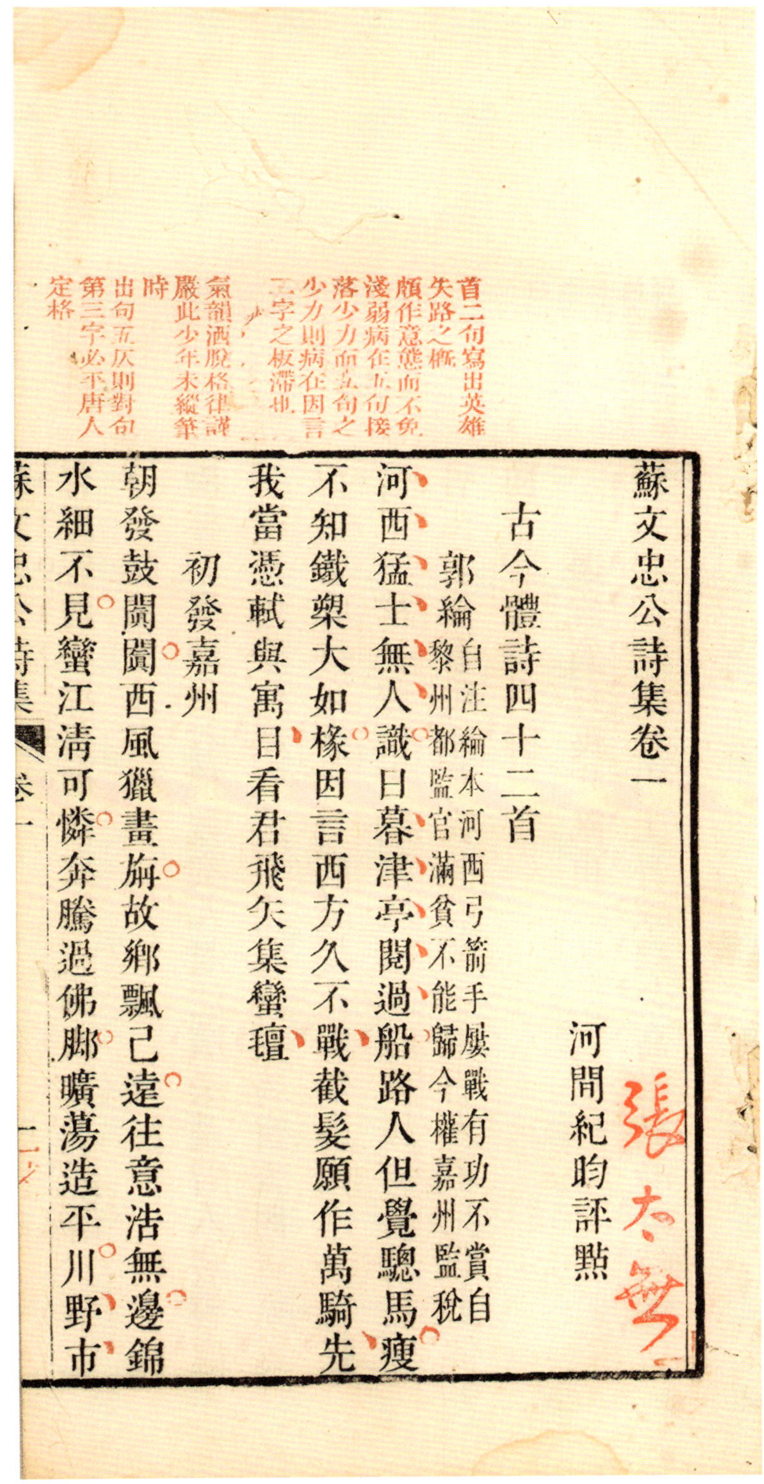

蘇文忠公詩集五十卷目録二卷 （宋）蘇軾撰　（清）紀昀評點　清道光十四年（1834）兩廣節署刻朱墨套印本

匡高 18.1 厘米，廣 13.1 厘米。半葉十行，行二十一字，白口，左右雙邊。

渭南文集卷第一

宋　陸游務觀

天申節賀表

化國之日舒以長運啓千齡之盛天子有父尊之至心均萬寓之驩敢即昌期虔申壽祝中賀恭惟太上皇帝陛下宅心淸靜受命溥將協氣熏爲太平華夷銜莫報之德孫謀以燕翼子宗社侈無疆之休誕敷錫於下民丕靈承於上帝臣

渭南文集　卷之一　汲古閣

渭南文集五十卷　（宋）陸游撰　明末毛氏汲古閣刻清康熙（1662-1722）印陸放翁全集本

匡高 18.8 厘米，廣 14.3 厘米。半葉八行，行十八字，白口，左右雙邊。

劍南詩稾卷第一
宋　陸　游　務觀
別曾學士
兒時聞公名謂在千載前稍長誦公文雜之韓杜編夜輙夢見公皎若月在天起坐三歎息欲見亡繇緣忽聞高軒過驩喜忘食眠袖書拜轅下此意私自憐道若九達衢小智妄鑿穿所願瞻德容頑固或少痊公不謂狂踈屈體與周旋
劍南詩稾　卷之一　汲古閣

劍南詩稿八十五卷放翁逸稿二卷　（宋）陸游撰　明末毛氏汲古閣刻清康熙（1662-1722）印陸放翁全集本

匡高 18.8 厘米，廣 14.3 厘米。半葉八行，行十八字，白口，左右雙邊。

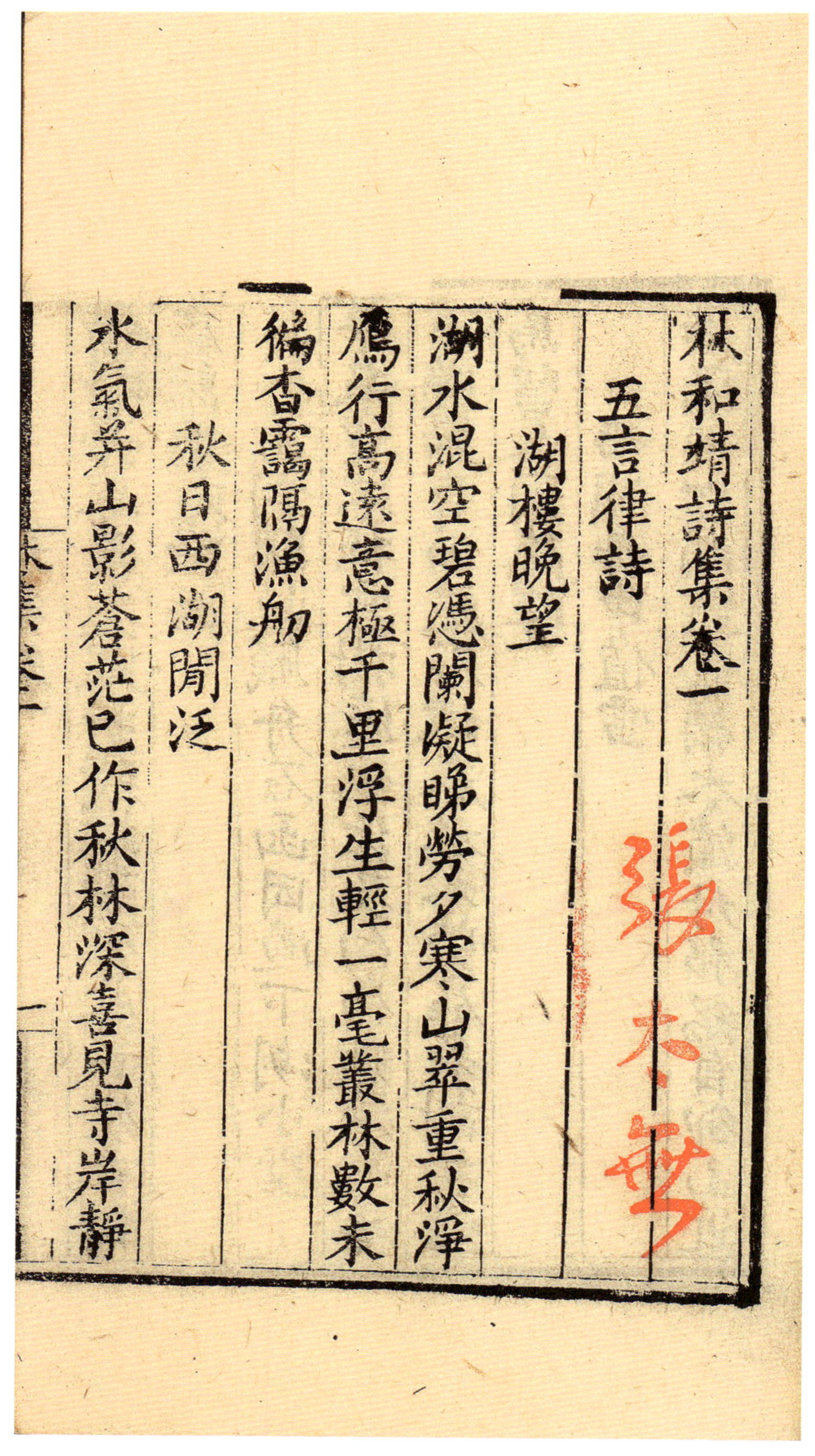

林和靖詩集四卷拾遺一卷　（宋）林逋撰　清同治十二年（1873）長洲朱氏抱經堂刻本

匡高 12.4 厘米，廣 9.2 厘米。半葉八行，行十七字，黑口，四周雙邊。

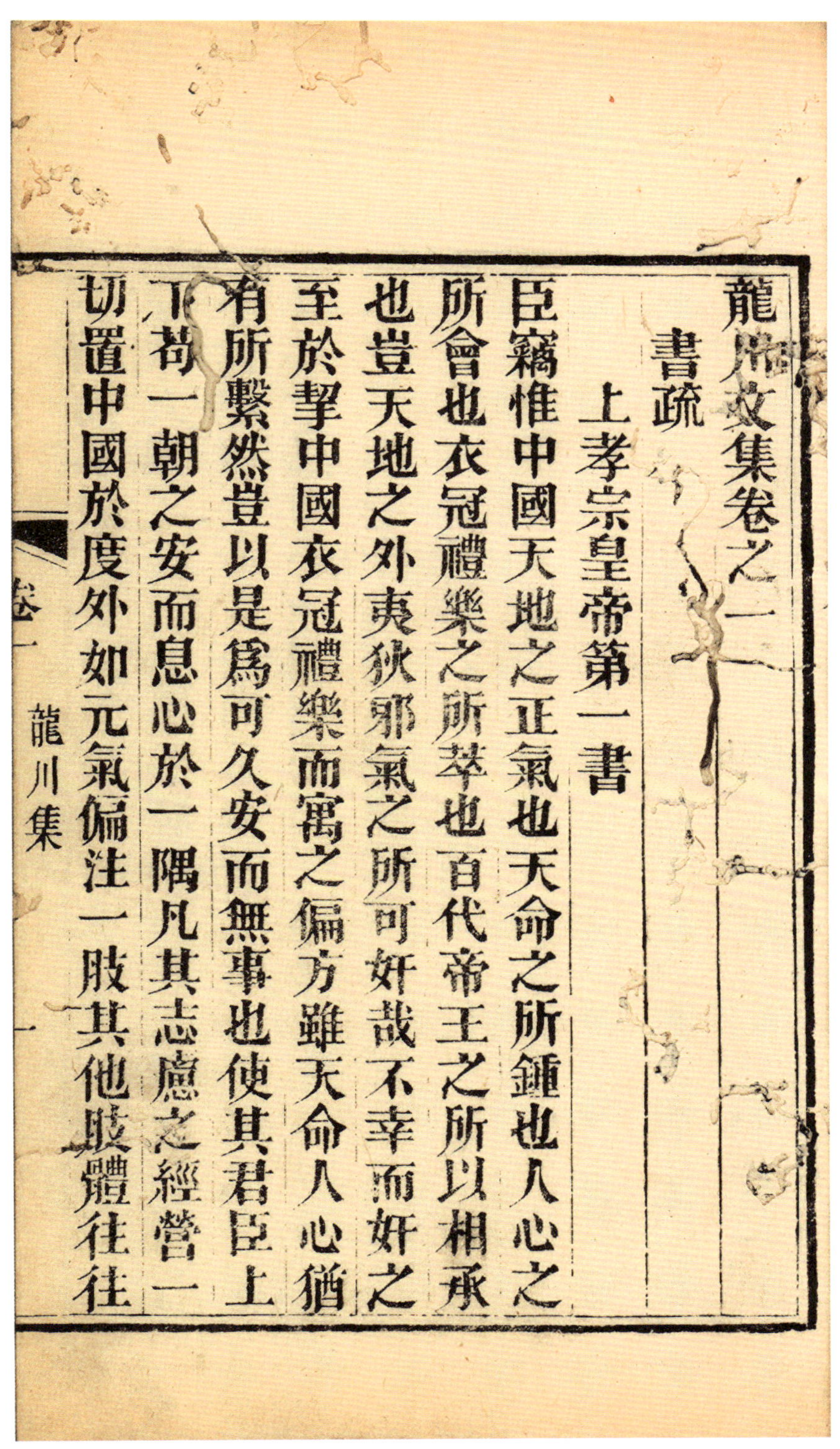

龍川文集三十卷（宋）陳亮撰　**辨僞考異二卷**（清）胡鳳丹撰　清光緒元年（1875）湖北崇文書局刻本

匡高 19.8 厘米，廣 14.5 厘米。半葉十行，行二十字，白口，四周雙邊。

北巡二句承行幸

羣宮二句鋪排六蚪句

極致忠愛之恩微帶諷諭

青邱高季迪先生詩集卷一

清 桐鄉 金檀星軺 輯注

日本 伊豫 近藤元粹純叔 評訂

樂府

上之回

（古今樂錄）漢鼓吹鐃歌十八曲。四曰上之回。（樂府正聲）漢短簫鐃歌。（漢書武帝紀）元封四年冬十月。行幸雍祠五畤。通回中道。遂北出蕭關。歷獨鹿鳴澤。自代而還。幸河東。（師古注）回中在安定。北通蕭關。（吳兢樂府解題）漢武通回中道。後數出游幸焉。（沈建廣題）漢曲皆美當時之事。

聖主重行幸。（蔡邕獨斷）天子車駕所至。見令長三老官屬。親臨軒作樂。賜以食帛。民爵有級。或賜田租。故謂之幸。六蚪法乾旋。（續漢書）天子五輅駕六馬。（揚雄甘泉賦）四蒼螭兮六素蚪。北巡初避暑。（王僧孺詩）迴鑾避暑宮。（錢謙益列朝詩集）元世。每年孟夏。駕幸灤京避暑。七月乃還。北巡避暑。紀元事也。東祠已祈年。（禮記月令）天子乃祈來年于天宗。羣官從清塵。（司馬相如諫獵書）犯屬車之清塵。粲若星麗天。前揚豹尾竿。（揚雄傳注）天駕八十一乘。作三行。尚書御史乘之。最後一乘懸豹尾。以前皆省中。左靡魚須旃。（司馬相如子虛賦）靡魚須之橈旃。（注）海魚鬚也。瀚海通漢月。（史記匈奴傳）驃騎將軍與左賢王接戰。左

青邱詩集卷一 樂府 一 嵩山堂藏版

青邱高季迪先生詩集十八卷首一卷補遺一卷詩餘一卷附録一卷

（明）高啓撰 （清）金檀輯注 ［日本］近藤元粹評訂 日本明治三十四年（1901）嵩山堂鉛印本

匡高 17.1 厘米，廣 11.0 厘米。半葉十二行，行二十四字，小字雙行三十四字，白口，四周雙邊。

石笥山房文集卷一

山陰胡天游雲持著

賦

玉芝賦

神漢元封中齊甘泉宫恭默思道萬方攸同仁化沛沛精與帝通俄焉芳飈扇乎庭金光流于楹炫爛煥郁葧勃離陸芝房生焉突兀歊歔九莖連陛三秀羅沃洵乎嘉徵乃召方朔朔對唯唯稽首致辭願罄威色臣請賦之惟夫神艸爲瑞兮苞天地之淳精含五行之鴻秀兮稟龍淵之璇英既一敷而百穗亦殊品

石笥山房文集　卷一　賦　一

石笥山房文集二十二卷　（清）胡天游撰　清咸豐二年（1852）刻本

匡高 16.8 厘米，廣 12.1 厘米。半葉十行，行二十字，白口，四周雙邊。

半塘定稾卷一

臨桂王鵬運佑遐

褎墨集 丙戌至己丑

掃花游 豐臺菊花零落同[illegible]廬粹父泥飲叢祠倚此索和

彎環十八是丹鳳城西賣花郵路舊游憶否又蒼煙偷換穠春歌舞好約來遲一片秋聲在樹自凝佇歎著意訪秋秋轉無據 釃酒重弔古記往日詞人醉香深塢遠山翠縷尚依稀認得郱人眉嫵倦倚西風誤卻紅牙舊

半塘定稾卷一 一

半塘定稿二卷賸稿一卷 （清）王鵬運撰 清光緒三十二年（1906）小放下庵刻本

匡高 14.8 厘米，廣 10.6 厘米。半葉十行，行十七字，黑口，四周雙邊。

壯悔堂文集卷一
雎陽侯方域朝宗著
同里　賈開宗靜子　徐隣唐爾黄　評點
徐作肅恭士　宋犖牧仲
元孫必昌五世孫諴暹畏吹較訂
序
送徐吳二子序
侯子既放涉江返棹棲平高陽之舊廬日召酒徒飲

張大無

壯悔堂集十六卷　（清）侯方域撰　（清）賈開宗、宋犖等評點　清刻本

匡高 17.6 厘米，廣 14.1 厘米。半葉九行，行十八字，白口，左右雙邊。

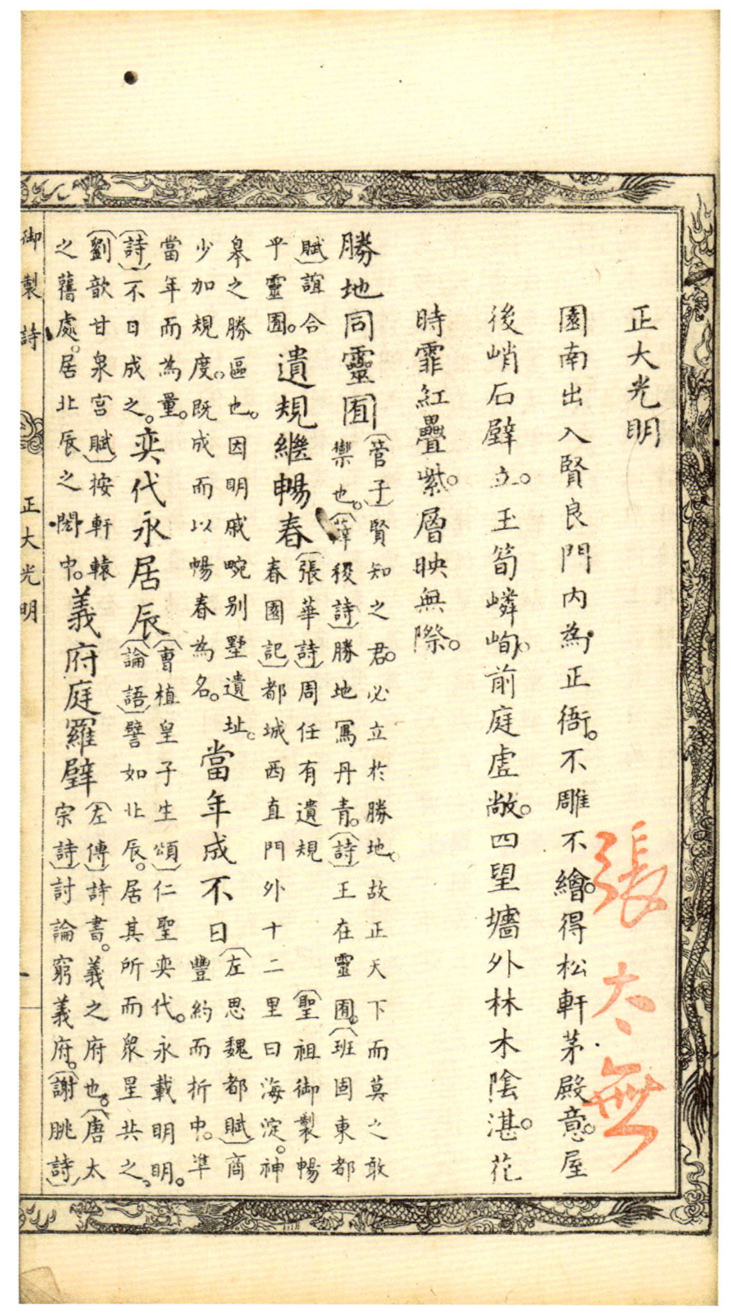

正大光明

園南出入賢良門内為正衙。不雕不繪得松軒茅殿意屋後峭石壁立。玉筍嶙峋。前庭虚敞。四望墻外林木陰湛。花時霏紅疊紫。層映無際。

勝地同靈囿（管子）賢知之君。必立於勝地。故正天下而莫之敢禦也。（韓稷詩）勝地寫丹青。（詩）王在靈囿。（班固東都賦）誼合乎靈圃。遺規繼暢春（張華詩）周任有遺規。（聖祖御製暢春園記）都城西直門外十二里曰海淀。神皋之勝區也。因明戚畹別墅遺址。少加規度。既成而以暢春為名。當年成不日（左思魏都賦）商豐約而折中。準當年而為量。（詩）不日成之。奕代永居辰（曹植皇子生頌）仁聖奕代。永載明明。（論語）譬如北辰。居其所而衆星共之。（劉歆甘泉宮賦）按軒轅之舊處。居北辰之閎中。義府庭羅辟（左傳）詩書。義之府也。（唐太宗詩）討論窮義府。（謝朓詩）

御製詩　正大光明

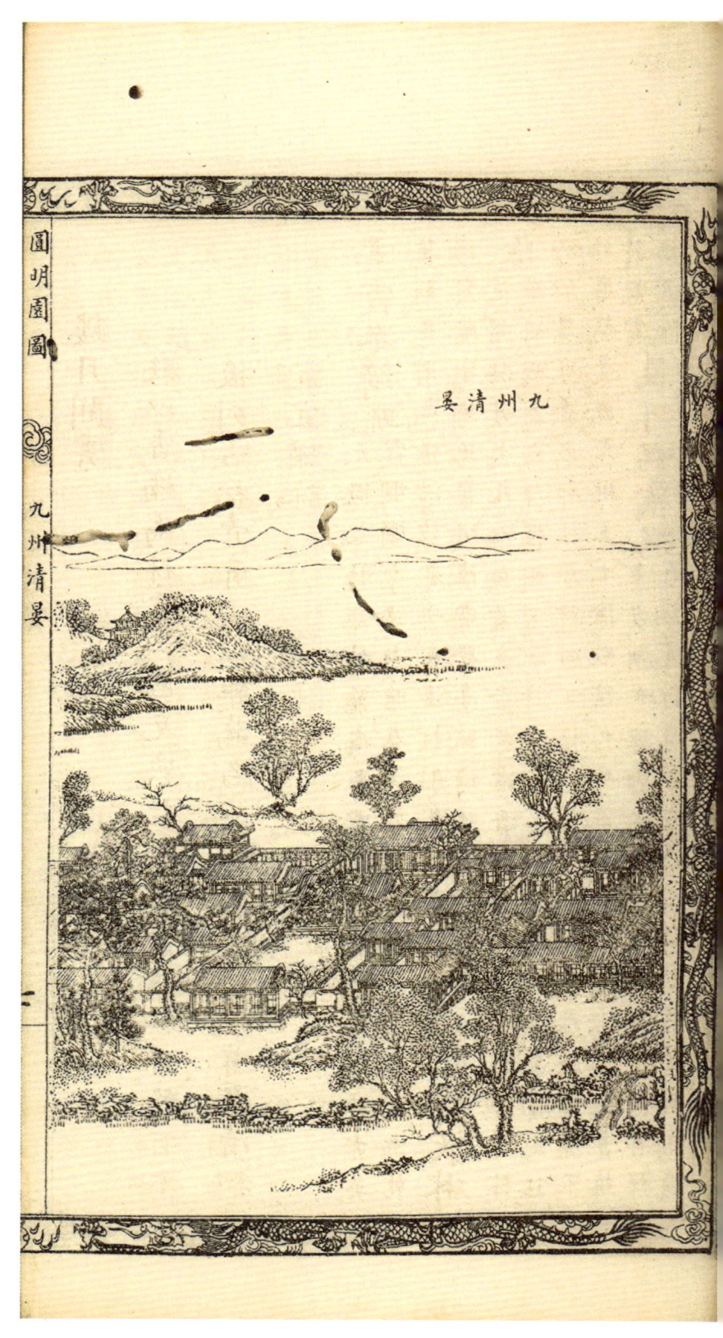

御製圓明園詩一卷　（清）聖祖玄燁撰　清石印本

匡高 16.3 厘米，廣 10.5 厘米。半葉九行，行二十四字，小字雙行同，白口，四周單邊。

離垢集卷一

新羅山人華喦著　同里後學羅嘉杰重刊

過龍慶菴

野寺蒼烟斷廻橋小徑通池光依案白花影落幢紅高閣
梵音妙幽龕色界空再聆清磬響月在翠微中

短歌贈和鍊師

紫陽山中有眞人出山入山騎猛虎披塵逐蒼煙躡雲昇
紫府仗劍搖寒星吹氣飄靈雨宇宙茫茫視刼灰眞人揑
指驅神雷神雷轟轟九關開長歌弄月歸去來歸臥仙山

離垢集　卷一　一

離垢集五卷　（清）華喦撰　清光緒（1875－1908）上杭羅嘉杰鉛印本

匡高 13.2 厘米，廣 10.3 厘米。半葉十行，行二十二字，白口，四周雙邊。

觀劇絕句上卷 附題跋

觀劇絕句三十首 有序

稗官院本虛實雜陳美惡觀感易於通俗君子猶有取焉其間褻昵荒唐所當刊落今每篇舉一人一事比興諷諭猶詠史之變體也借端節取實實虛虛期於言歸典据或曰譎諫之風或曰小說之流平心必察朋友勿以是棄余可矣當時際冬春公餘漏永地主假梨園以娛賓衰年賴絲竹爲陶寫觸景生情波瀾點綴與二三知己爲羈旅消寒之一道耳

舉笏雍容喻不言吉祥善事是加官有生仕宦兼才命但

觀劇絕句三卷 （清）金德瑛撰 清光緒三十四年（1908）長沙葉德輝觀古堂刻本

匡高 17.9 厘米，廣 13.1 厘米。半葉十一行，行二十二字，黑口，左右雙邊。

雨當軒詩鈔卷之一

武進　黄景仁　仲則著

長寧　趙希璜　渭川校

初春　癸未年起

未覺氈爐煖旋懷柑酒新池臺平入夜原野渺含春物外欣然意風前現在身中宵感幽夢氷雪尚嶙峋

舟中詠懷

旦發極清曠夕眺俄幽亘沙迷歸浣蹤葉積返樵徑白水寒較明昏霧薄將凝動揺虚舟賞迢越滄洲興同調間岩岑秦越孚投贈長歌闋以再傾耳誰與應殊悲生事薄聊覺野情勝中宵風鶴聲凄肅彌孤聽

雨當軒詩鈔十四卷悔存詩鈔二卷（清）黄景仁撰　清嘉慶二十二年（1817）長寧趙希璜刻本

匡高 17.9 厘米，廣 14.4 厘米。半葉十一行，行二十三字，白口，左右雙邊。

壯悔堂文集卷一

雎陽侯方域朝宗著

賈開宗靜子　徐鄰唐爾黄

同里　徐作肅恭士　宋　犖牧仲　評點

元孫必昌五世孫詡彊畏攺較訂

序

送徐吳二子序

侯子旣放涉江返棹棲平高陽之舊廬目召酒徒飲

壯悔堂文集　序　卷一　一

壯悔堂文集十卷遺稿一卷　（清）侯方域撰　（清）徐作肅等評點　清刻本

匡高 17.5 厘米，廣 14.1 厘米。半葉九行，行二十字，白口，左右雙邊。

悔過自新說序

曩余令二曲治先訪賢得李子羽冠潛修聖賢自命
即已知其必爲大儒無疑也以處士禮禮之癸巳再
游華嶽得一晤塵言娓娓道氣翩翩自先生大人以
及擔夫樵子無弗知其躬行實踐學問淵源且共推
余物色之先是余知其必爲大儒者茲固人人而皆
知爲大儒無疑也今夏杪以悔過自新一冊觀余噫
嘻悔過自新則李子所得切實功夫拈以示人不作
英雄欺人語也或不無淺近視之以爲悔過自新爲

二曲集　卷一　悔過自新序

二曲集四十六卷　（清）李顒撰　清光緒三年（1877）信述堂刻本

匡高 20.6 厘米，廣 14.1 厘米。半葉九行，行二十字，白口，四周雙邊。

望溪先生文集卷一

讀經

讀古文尚書

先儒以古文尚書辭氣不類今文而疑其僞者多矣抑思能僞爲是者誰與夫自周以來著書而各自名家者其人可指數也言之近道莫若荀子董子取二子之精言而措諸伊訓太甲說命之閒弗肖也而謂左邱明司馬遷揚雄能爲之與而況其下焉者與然則其辭氣不類今文何也嘗觀史記所采尚書於肆覲東后則易之曰遂見東方君長太子朱啟明則曰嗣子丹朱開明有能奮庸熙帝之載則曰有能成美堯之事者如此類不

望溪先生文集 卷一 讀經 一

望溪先生全集三十二卷 （清）方苞撰 （清）戴鈞衡編 清咸豐元年（1851）刻本

匡高 17.6 厘米，廣 12.9 厘米。半葉十一行，行二十一字，白口，四周雙邊。

拙尊園叢稿卷一　遵義黎庶昌蒓齋

前編

上穆宗毅皇帝書

廩貢生臣黎庶昌謹稽首頓首惶恐上言

皇帝陛下臣愚伏讀七月二十八日星變詔書勤求中外直言特開忌諱冀聆幽隱遺闕仰見皇上寅畏天命勵精圖治之至意臣竊幸詔書一下必有直臣烈士披瀝肝膽昌言讜論侃侃諤諤指陳利害以聳動天聽為一代除積弊為萬世開太平為國家固本根為生人振氣節上以回天變下以盡人事乃涉

拙尊園叢稿六卷　（清）黎庶昌撰　清光緒十九年（1893）上海醉六堂石印本

匡高 20.5 厘米，廣 15.1 厘米。半葉十行，行二十五字，黑口，左右雙邊。

道古堂文集卷之一

仁和　杭世駿　大宗撰

御試制科卷

五六天地之中合賦以敬授民時聖人所先爲韻

原夫子建天元丑爲地柄試推策於二篇實肇基於三正帝出震而成艮一元之運皆本中德以流形星伏戌而見辰四序之行必於合神而布令析之是名九星統之乃云七政數得主而有常道無爲而不競撫辰惟勤授時在敬奇全耦半積五位以相乘兼兩函三合六爻而互應爾其積寸該分課虛責有生成備而變化行神

道古堂文集卷之一　制科卷　一

道古堂全集七十七卷　（清）杭世駿撰　清光緒十四年（1888）泉唐汪氏振綺堂刻本

匡高 18.8 厘米，廣 13.3 厘米。半葉十行，行二十一字，白口，左右雙邊。

開場　木皮散人賈鳧西著

論地談天講王說伯第一件不要支離不經第二件不要荒唐無味言言都是藥石事事可作監戒那剛膽的人聽說那忠臣孝子也動一番惻隱那婆心的人聽說那奸佞邪淫也起一番嗔怒卽如荊軻報讐田横死節講到這個去處令人慷慨悲壯吐氣爲虹又如那忠臣抱恨孝婦含寃講到這個去處令人咨嗟傷歎歔欷流淚再提起那曹操殺董承秦檜害岳飛講到這個去處令人怒髮衝冠切齒咬牙恨不能生嚼他幾口又如提起那武二郎手刃西門慶黑旋風殺場上劫宋江講到這個去處令人心膽俱快躍然舞起眞個要替他操刀如歸湖之范蠡奔山之張

鼓詞　五

木皮散人鼓詞一卷（明）賈鳧西撰　**萬古愁曲一卷**（清）歸莊撰　**乾嘉詩壇點將録一卷**（清）舒位撰　**秦雲擷英譜一卷**（清）嚴長明撰　清光緒三十三年（1907）長沙葉氏觀古堂刻本

匡高 18.2 厘米，廣 13.3 厘米。半葉十一行，行二十二字，小字雙行同，黑口，左右雙邊。

彊邨詞卷一

歸安朱祖謀古微

寒灰集

三姝媚　瞻園約爲西山之游寒陰殢人屢阻攜屐雪後引眺賦此代簡

晴絲横苑路際林端微明禁煙猶冱嗔客山禽蹔倦情銷得探春詞句野水棱棱隔岸引玉驄新步舊崦微茫祇有梅花撩人心緒偏是芳游輕負賸小萼疏簪凍香誰護夢熟西峰又濕雲和恨暗凝春素淡極愁蛾還惹

彊邨詞卷一　一

彊邨詞三卷　（清）朱祖謀撰　清光緒三十一年（1905）刻本

匡高 14.8 厘米，廣 10.6 厘米。半葉十行，行十七字，黑口，左右雙邊。

漱玉詞

宋 濟南 李清照 易安

南歌子

天上星河轉人間簾幕垂凉生枕簟淚痕滋起解羅衣聊問夜何其 翠貼蓮蓬小金銷藕葉稀舊時天氣舊時衣只有情懷不似舊家時

轉調滿庭芳

芳草池塘綠陰庭院晚晴寒透窗紗口口金鏁管是客來唦寂寞樽前席上惟口口海角天涯能留否酴醾落盡猶賴有口口 當年曾勝賞生香薰袖活火

漱玉詞 一 四印齋

漱玉詞一卷 （宋）李清照撰 **斷腸詞一卷** （宋）朱淑真撰 清光緒十五年（1889）四印齋刻本

匡高14.2厘米，廣10.8厘米。半葉十行，行二十字，小字雙行同，白口，左右雙邊。

草窗詞卷上

宋　弁陽嘯翁周密公謹

張太無

楚宮春

牡丹

香迎曉白看煙佩霞綃弄妝金谷倦倚畫闌無語情淡

嬌足雲擁瑤房翠煖繡幕蘋洲漁笛譜帳卷東風傾國半捻愁

紅念舊遊凝竚蘭橈笛譜翹瑞鸞低舞庭緑　猶想沈香

亭北人醉裏芳筆曾題新曲自翦露痕移取春歸華屋

絲障銀屏靜掩悄未許鬬窺燕婕笛譜宿絳蠟亘宵酒半

闌重繞鬢機醉靨爭妍紅玉

草上　一　无著盦輯校

草窗詞二卷補二卷　（宋）周密撰　清光緒二十六年（1900）歸安朱祖謀無著盦刻本

匡高 14.4 厘米，廣 10.8 厘米。半葉十行，行二十一字，小字雙行同，黑口，左右雙邊。

詩藪

内編一

古體上　雜言　　東越胡應麟著

四言變而離騷離騷變而五言五言變而七言七言變而
律詩律詩變而絶句詩之體以代變也三百篇降而騷
騷降而漢漢降而魏魏降而六朝六朝降而三唐詩之
格以代降也上下千年雖氣運推移文質迭尚而異曲
同工咸臻厥美國風雅頌温厚和平離騷九章愴惻濃
至東西二京神奇渾璞建安諸子雄贍高華六朝排偶
靡曼精工唐人律調清圓秀朗此聲歌之各擅也風雅

詩藪内編一　古體上　雜言　一

詩藪内編六卷外編六卷雜編六卷續編二卷　（明）胡應麟撰　清抄本

匡高 18.1 厘米，廣 12.3 厘米。半葉十行，行二十二字，白口，四周雙邊。

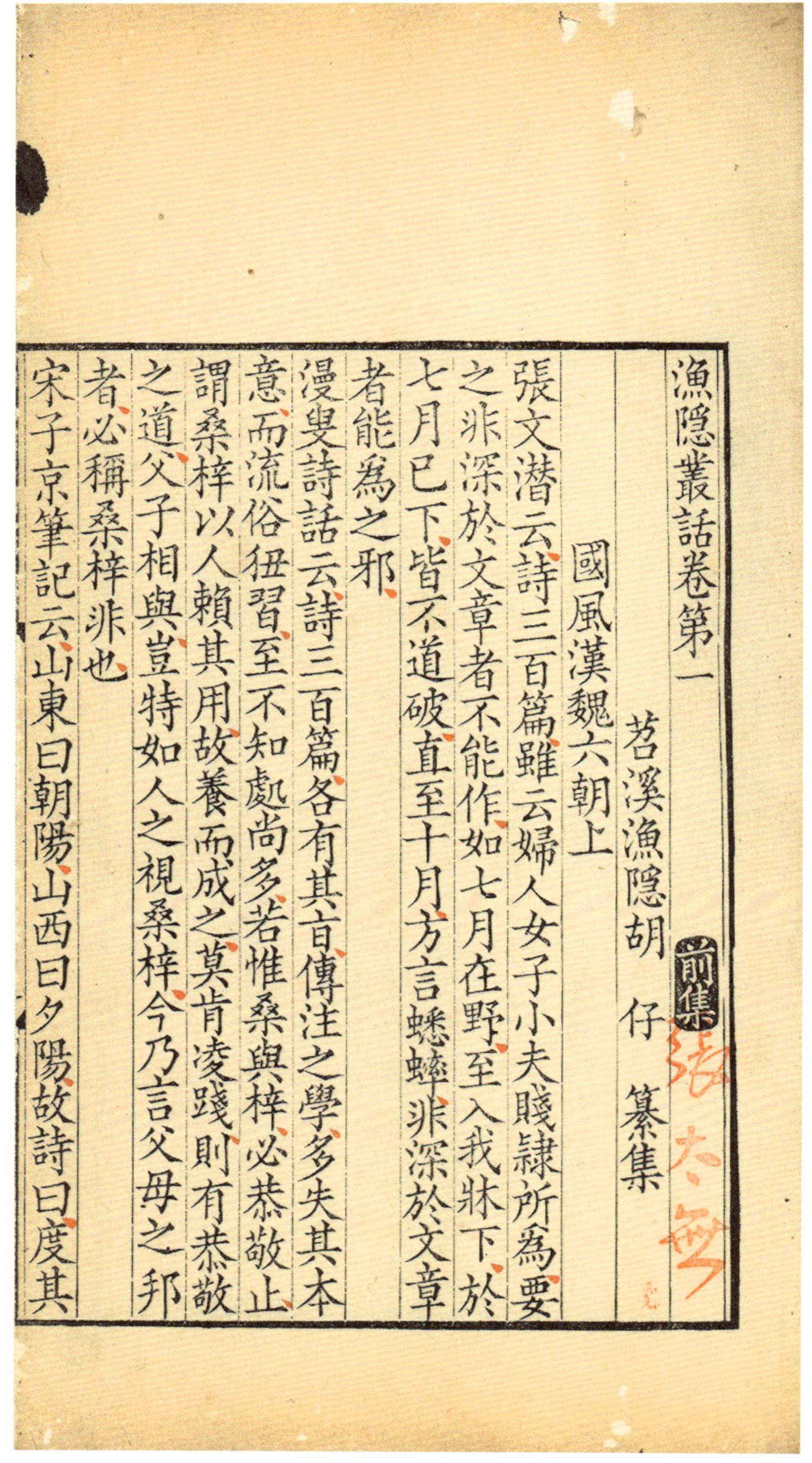
漁隱叢話卷第一
苕溪漁隱胡　仔　纂集
國風漢魏六朝上
張文潛云詩三百篇雖云婦人女子小夫賤隸所爲要之非深於文章者不能作如七月在野至入我牀下於七月已下皆不道破直至十月方言蟋蟀非深於文章者能爲之邪
漫叟詩話云詩三百篇各有其旨傳注之學多失其本意而流俗狃習至不知處尚多若惟桑與梓必恭敬止謂桑梓以人賴其用故養而成之莫肯凌踐則有恭敬之道父子相與豈特如人之視桑梓今乃言父母之邦者必稱桑梓非也
宋子京筆記云山東曰朝陽山西曰夕陽故詩曰度其

漁隱叢話前集六十卷後集四十卷　（宋）胡仔纂集　清乾隆六年（1741）楊佑啓刻本

匡高 18.4 厘米，廣 13.3 厘米。半葉十三行，行二十一字，黑口，左右雙邊。

全唐詩話卷之一

宋　王褎著　　明海虞毛晉子晉訂

太宗

貞觀六年九月帝幸慶善宮帝生時故宅也因與貴臣宴賦詩起居郎請平宮商被之管絃命曰功成慶善樂使童子八佾為九功之舞大宴會與破陣舞偕奏於庭

帝嘗作宮體詩使虞世南賡和世南曰聖作誠工然體非雅正上有所好下必有甚焉恐此詩一傳天下風靡不敢奉詔帝曰朕試卿爾後帝為詩一篇述古興亡既而歎曰鍾子期死伯牙不復鼓琴朕此詩何所示耶敕褚遂良即世南靈座焚之

貞觀二十年秋帝幸靈州時破薛延陁回紇諸部遣使入貢乞置

全唐詩話　卷一　一

全唐詩話六卷　（宋）王褎撰　（明）毛晉訂　清宣統三年（1911）上海三樂堂石印本

匡高 15.9 厘米，廣 11.3 厘米。半葉十一行，行二十五字，白口，四周單邊。

漁洋山人詩問卷上

再從孫祖肅校訂重刊

問作詩學力與性情必兼具而後愉快愚意以為學力深始能見性情若不多讀書多貫穿而遽言性情則開後學油腔滑調信口成章之惡習矣近時風氣頹波惟夫子一言以為砥柱

答

漁洋山人詩問二卷燈記聞一卷律詩定體一卷 （清）王士禛撰　清乾隆三十三年（1768）刻本

匡高 18.5 厘米，廣 12.1 厘米。半葉八行，行十八字，白口，左右雙邊。

壺天錄卷上

淮陰百一居士著

日月合璧五星聯珠聖人在位應運徵祥此不常有事也乃日與月會
凡月皆然必見於立冬節數日內則常而奇矣西湖有葛嶺朝暾一景
人咸知爲初陽臺覩日出處也己卯歲客遊於杭杭友某約至大觀臺
五更將盡其地向無行人至是則鵠立而鶩望者不知凡幾霜華滿天
寒威肅殺翹首東望隱隱間有紅光上映曉煙糺縵籠罩無際俄而東
方漸明紅雲片片相推而上竟如霞起赤城紅接霄漢其下又有魚鱗之
雲勻鋪萬疊旋見有一紅一黑者大如車輪並行而上不差累黍紅者
熾若火毬光華四射黑者色甚晦暗如潑墨蓋卽晦夜之月魄也繼而
漸升漸高輪亦漸小黑者漸隱不可諦視但覺有淡墨圓暈依稀尚存
若紅者則一輪朝旭如樹頭之高挂銅鉦已據父老云日月之行極難

壺天錄　卷上　一

壺天録三卷　題（清）百一居士撰　清光緒十一年（1885）上海申報館鉛印本

匡高 13.5 厘米，廣 9.9 厘米。半葉十二行，行二十七字，白口，四周雙邊。

解醒語卷一

野客讕語

賽陶朱　　泖濱野客著

賽陶朱其先歙人也累世有陰德父慕天隨子之爲人烟波泛櫂風雨鳴榔常終歲不歸後愛霅水之勝挈家居焉其地半村半郭飲山綠而吸湖光狎鷗鷺而友麋鹿望氣者咸知其中有隱君子母夫人懷姙夢神人授以嬰兒曰此賽陶朱也上帝命托生汝家以酬祖德他日當致萬金產博五花誥且得西施作新婦消受艷福宜善視勿忘也母夫人醒而誌之及生兒果歧嶷啼聲甚宏目炯炯有神私幸夢兆有徵戲謂之曰賽陶朱即爾耶兒微笑似有夙慧因呼爲阿賽五歲時遣就外傅聰頴異常兒然不肯勤讀暇輒與羣兒嬉戲或鬥草拈花或運甓累石

解醒語　卷一　賽陶朱　一

解醒語四卷　題（清）泖濱野客撰　清光緒（1875－1908）上海申報館鉛印本

匡高 12.3 厘米，廣 10.1 厘米。半葉十二行，行二十四字，白口，四周雙邊。

一部大文章以此開宗明義見宇宙間唯

聊齋志異新評卷一

淄川 蒲松齡 留仙 著

新城 王士正 貽上 評

廣順 但明倫 雲湖 新評

考城隍

予姊夫之祖。宋公諱燾。邑廩生。一日病臥。見吏持牒。牽白顛馬來云。請赴試。公言文宗未臨。何遽得考。吏不言。但敦促之。公力疾乘馬從去。路甚生疏。至一城郭。如王者都。移時入府廨。宮室壯麗。上坐十餘官。都不知何人。

聊齋志異新評 卷一 考城隍 一

聊齋志異新評十六卷 （清）蒲松齡撰 （清）王士禛評 （清）但明倫新評 清刻本

匡高 13.8 厘米，廣 10.7 厘米。半葉九行，行二十一字，黑口，左右雙邊。

蜨階外史卷之一

王原

文安王珣家貧困于役逃至輝縣夢覺寺爲僧法林供炊爨二十餘年去時子原在襁褓及長問母知其故跪辭母去尋父徧齊魯郊者數年一日宿土神祠夢古刹日近午見廊僧炊飯曰此莎米飯也味苦爲汝澆以羹乃肉汁也曰甘乎曰甘曰如來眞個來好去還須去驚寤遇丈

蜨階外史　卷一　一

蜨階外史四卷　清咸豐四年（1854）刻本

匡高 12.9 厘米，廣 10.4 厘米。半葉八行，行十八字，白口，四周雙邊。

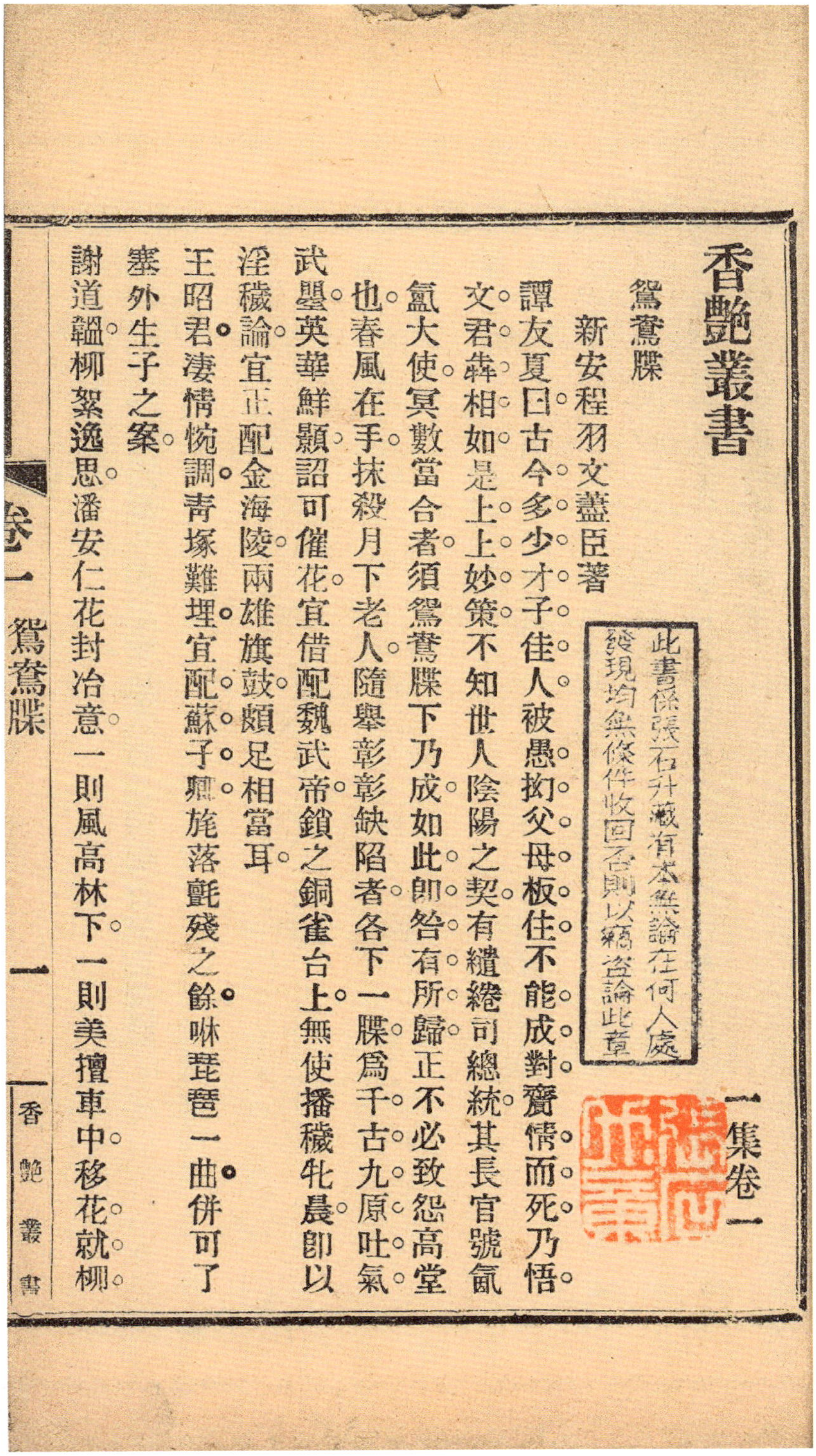
香艷叢書
一集卷一
鴛鴦牒
新安程羽文蓋臣著
譚友夏曰古今多少才子佳人被愚拘父母板住不能成對賫情而死乃悟文君犇相如是上上妙策不知世人陰陽之契有繾綣司總統其長官號氤氳大使冥數當合者須鴛鴦牒下乃成如此卽豁有所歸正不必致怨高堂也春風在手抹殺月下老人隨舉彰彰缺陷者各下一牒爲千古九原吐氣
武曌英華鮮顯詔可催花宜借配魏武帝鎖之銅雀台上無使播穢牝晨卽以淫穢論宜正配金海陵兩雄旗鼓頗足相當耳
王昭君淒情惋調青塚難埋宜配蘇子卿旃落氈殘之餘咻琵琶一曲併可了塞外生子之案
謝道韞柳絮逸思潘安仁花封冶意一則風高林下一則美擅車中移花就柳
此書係張石升藏有本無論在何人處發現均無條件收回否則以竊盜論此章
卷一　鴛鴦牒　一
香艷叢書

香艷叢書　題（清）蟲天子輯　清宣統（1909－1911）上海國學扶輪社鉛印本
匡高 15.2 厘米，廣 10.8 厘米。半葉十三行，行三十字，黑口，四周雙邊。

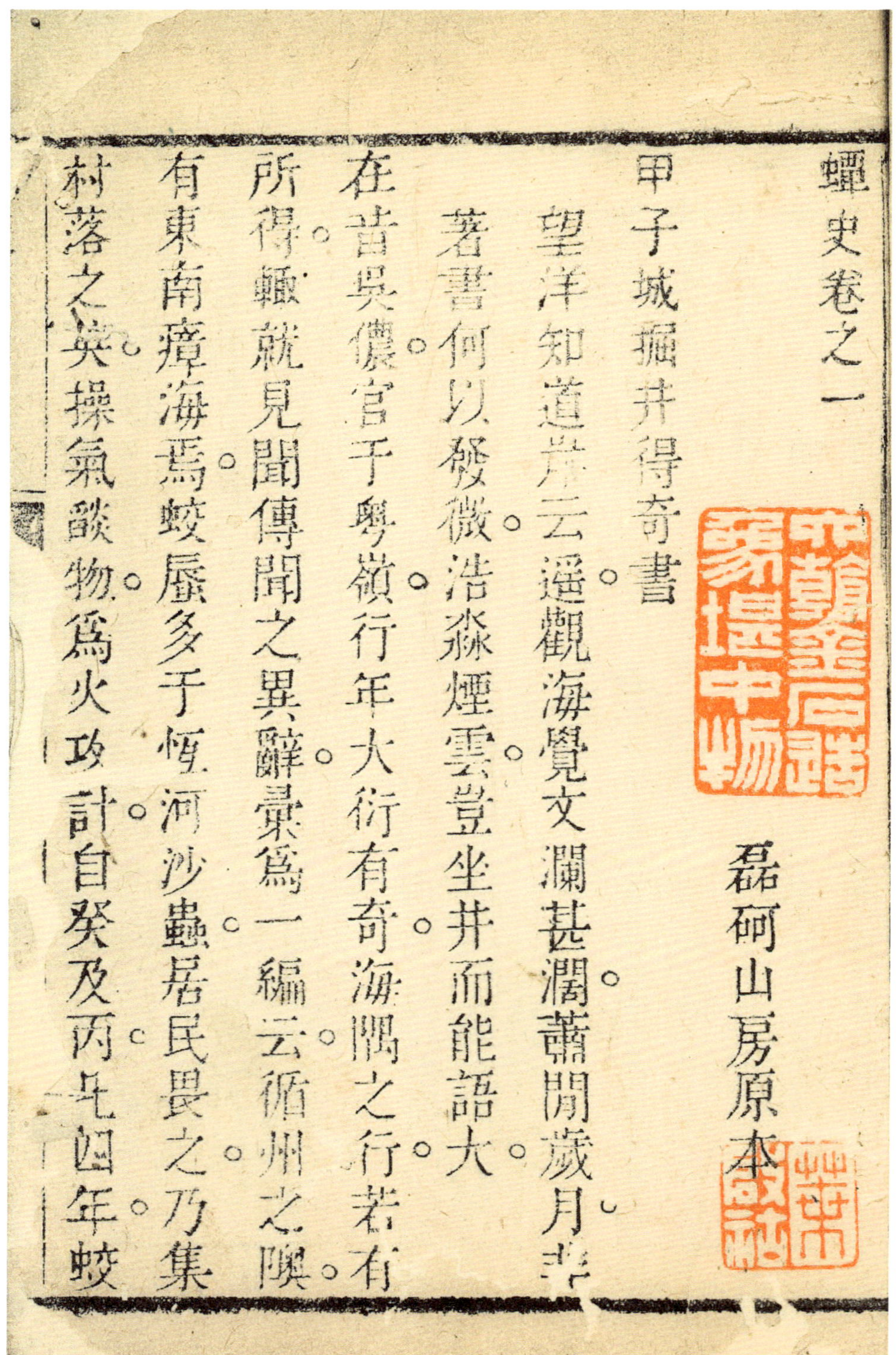

蟫史二十卷 （清）屠紳撰　清刻本

匡高 13.9 厘米，廣 10.3 厘米。半葉九行，行二十字，白口，左右雙邊。

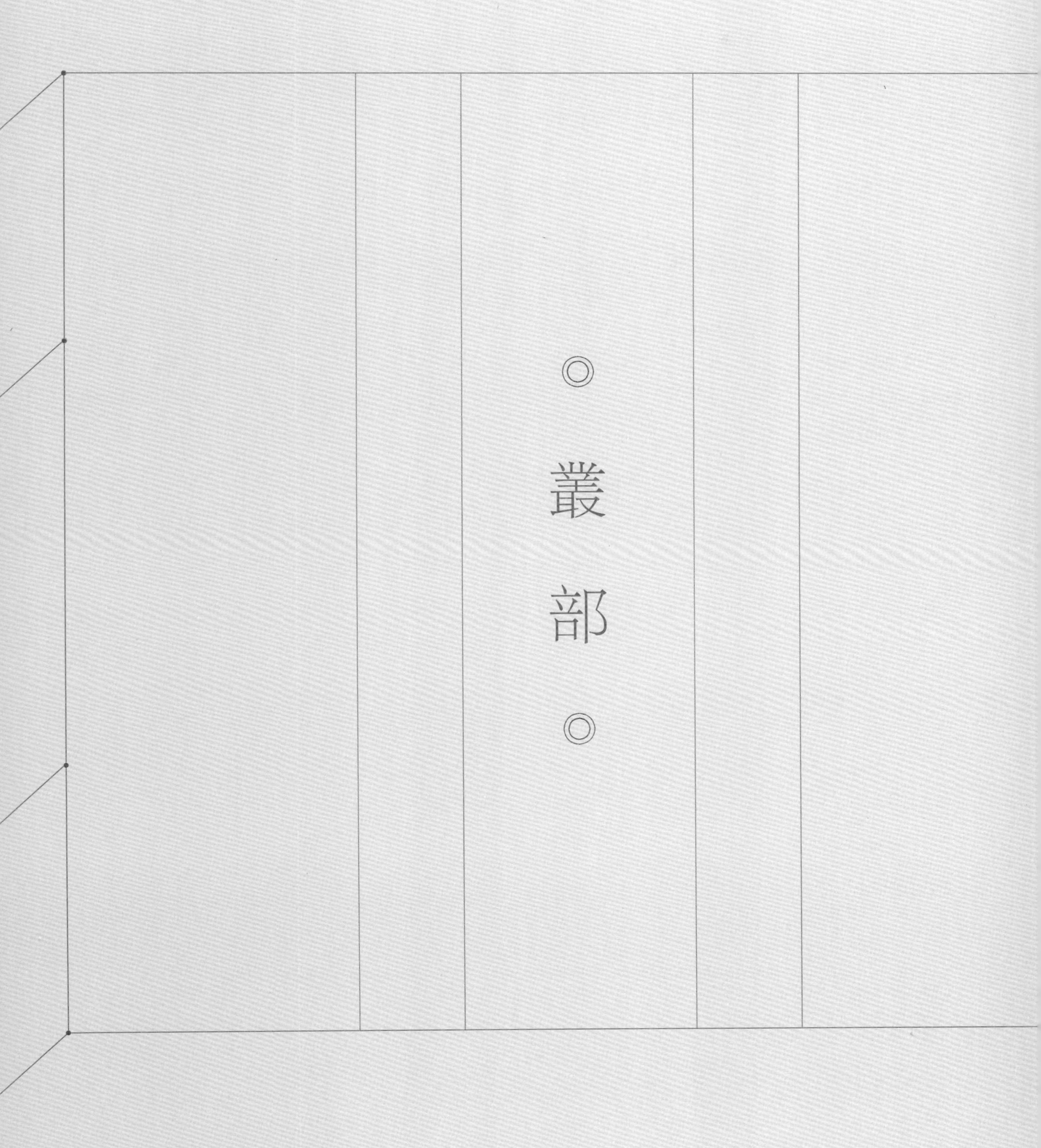

◎叢部◎

道光壬寅年刊

十種古逸書

梅瑞軒藏板

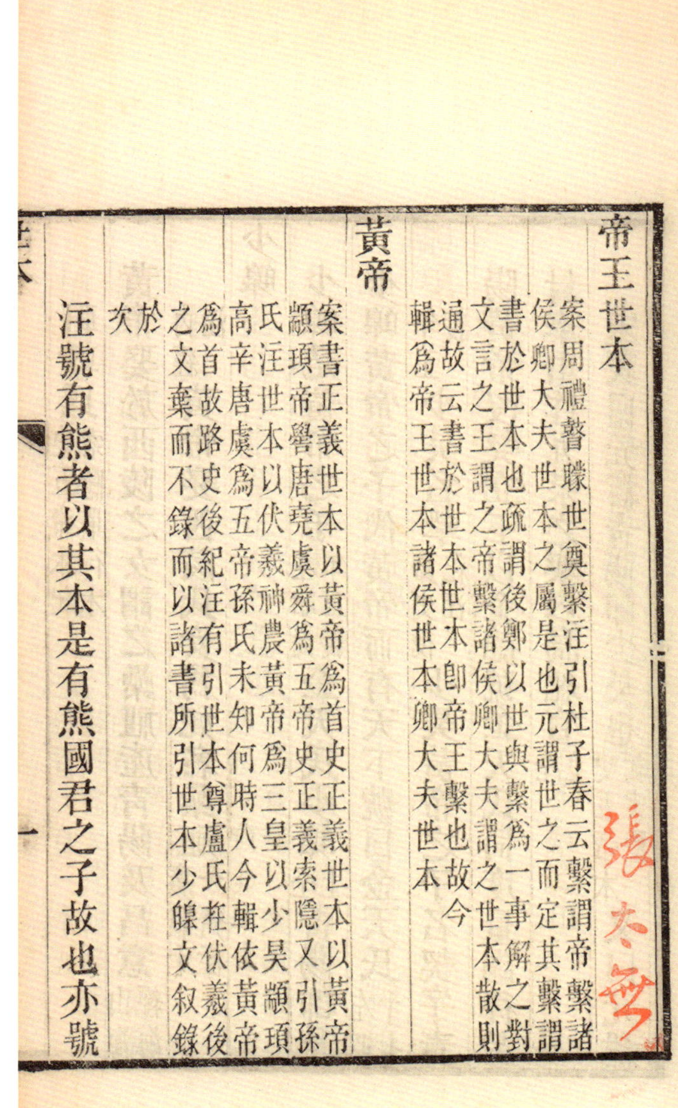

帝王世本

案周禮瞽矇世奠繫注引杜子春云繫謂帝繫諸侯卿大夫世本之屬是也元謂世之而定其繫謂書於世本也疏謂後鄭以世與繫爲一事解之對文言之王謂之帝繫諸侯卿大夫謂之世本散則通故云書於世本世本即帝王繫也故今輯爲帝王世本諸侯世本卿大夫世本

黃帝

案書正義世本以黃帝爲首史正義世本以黃帝顓頊帝嚳唐堯虞舜爲五帝史正義索隱又引孫氏注世本以伏羲神農黃帝爲三皇以少昊顓頊高辛唐虞爲五帝孫氏未知何時人今輯依黃帝爲首故路史後紀注有引世本尊盧氏在伏羲後之文棄而不錄而以諸書所引世本少皞文叙錄於次

汪號有熊者以其本是有熊國君之子故也亦號

十種古逸書　（清）茆泮林輯　清道光二十二年（1842）高郵茆氏梅瑞軒刻本

匡高 19.7 厘米，廣 14.8 厘米。半葉十行，行二十一字，小字雙行同，白口，左右雙邊。

玉函山房輯佚書序

玉函山房輯佚書凡五百八十餘種爲卷六百有奇吾鄉馬竹吾先生之所輯也先生憫今世學者不見古籍乃徧校唐以前諸儒撰述其名氏篇第列於史志及他書可攷者廣引博徵自羣經注疏音義旁及史傳類書片辭隻字罔弗搜輯分經史諸子爲三編又各因所得多少爲卷作序録以冠於篇六百卷内惟經編爲稍全史編則所得僅八卷子編自儒家農家外俱無目顛倒舛錯漫無條理葢當時隨編隨刊

玉函山房輯佚書　序　一

周易子夏傳卷上

周　卜商　撰

周易上經

分爲上下篇孔穎達正義序

乾

乾元亨利貞

元始也亨通也利和也貞正也言乾禀純陽之性故能首出庶物各得元始開通諧和貞固不失其宜是以君子法乾而行四德故曰乾元亨利貞矣

周易子夏傳　卷上　一　𨚕嬛館補校

玉函山房輯佚書附目耕貼三十一卷　（清）馬國翰輯　清光緒九年（1883）長沙𨚕嬛館刻本

匡高 17.8 厘米，廣 12.7 厘米。半葉九行，行二十字，小字雙行同，白口，四周雙邊。

當歸草堂醫學叢書初編總目

顱顖經二卷

傳信適用方四卷

衛濟寶書二卷

太醫局程文九卷

產育寶慶方二卷

濟生方八卷

產寶諸方一卷

急救仙方六卷

瑞竹堂經驗方五卷

當歸草堂

顱顖經卷上

脉決

凡孩子三歲以下呼爲純陽元氣未散若有脉候卽須於一寸取之不得同大人分寸其脉候未來呼之脉來三至吸之脉來三至呼吸定息一至此爲無患矣所言定息呼氣未出吸氣未入定息之中又至此是和平也若以大人脉五至取之卽差矣如此七至以上卽爲有氣或脉浮如弓之張弦此爲有風並可依後方合藥治之或七至以下此爲冷候亦宜依後方合藥療之或診候取平或忽而不見沉浮不定伏

顱顖經卷上　當歸草堂

當歸草堂醫學叢書初編十種　（清）丁丙輯　清光緒四年（1878）錢塘丁氏當歸草堂刻本

匡高16.1厘米，廣12.1厘米。半葉十行，行二十字，黑口，四周雙邊。

青照堂叢書續 劉際清聖衢梓 男文翰藝圃録

古樂經上 三水文平八注 朝邑李元春時齋評 受業王維戊信廷校

咸池 一名雲門

黃鍾屬子一十二管九管用事三管不動象君所以數止言九九耳黃鍾三管兩管在旁而長謂剛外一管居内而短謂柔中象道也乎人曰剛外柔中猶中孚卦體也外剛象陰陽也天地萬物之象也内柔象太極也虛空无物之象也故曰象道也

子曰剛而應乎外柔而存乎中惟備天下事而黃鍾其彰也乎得其故者其顏氏之子乎 平人曰惟備天下事者言黃鍾乃萬事之本天下事皆出於黃鍾也彰者顯也言明顯以于人也顏子心地静虛而萬事

雲門咸池一也後世乃悞以咸池爲堯樂不知堯樂自名大章

鍾律專屬咸池以律黃帝造也

青照堂叢書續 古樂經一 一

青照堂叢書續八種 （清）李元春評 清道光十五年（1835）朝邑劉際清刻本

匡高 15.4 厘米，廣 12.4 厘米。半葉九行，行二十字，小字雙行同，白口，左右雙邊。

說鈴目錄

前集

說鈴目錄前集 一

說鈴前集三十七種 （清）吴震方輯　清同治七年（1868）大文堂刻本

匡高 12.7 厘米，廣 10.1 厘米。半葉九行，行二十一字，黑口，左右雙邊。

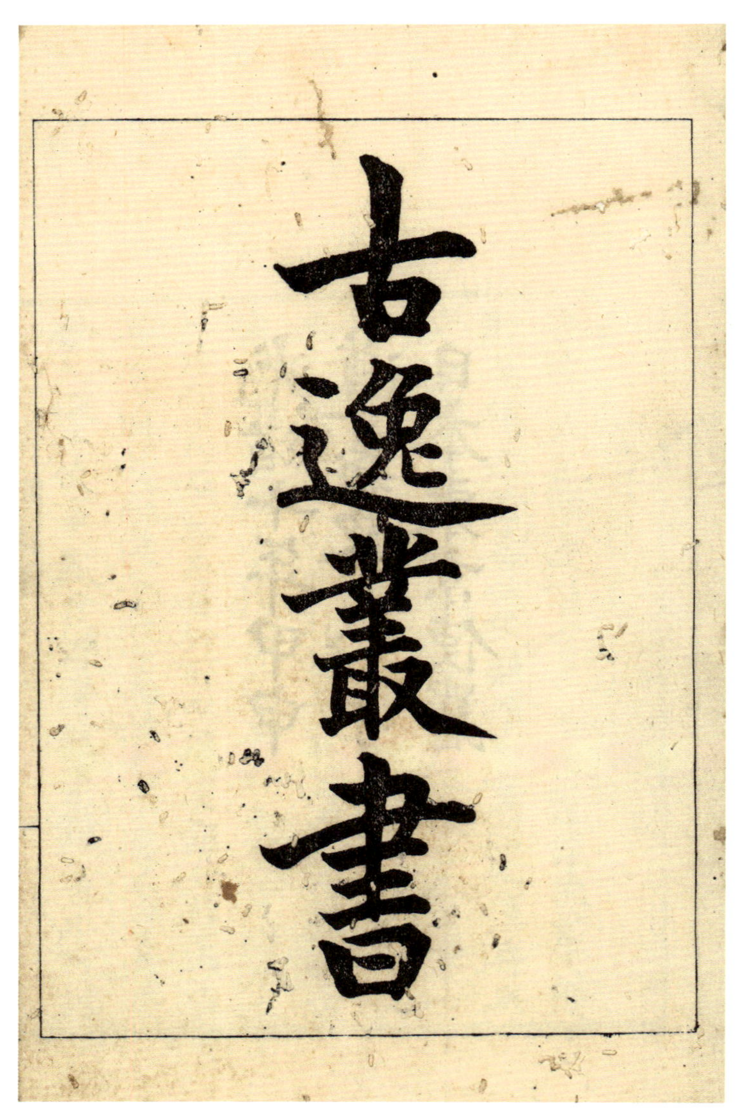
古逸叢書

爾雅卷上　郭璞注

釋詁第一　釋言第二

釋訓第三　釋親第四

釋詁第一

初哉首基肇祖元胎俶落權輿始也 尚書曰三月哉生魄詩曰令終有俶又曰俶載南畝又曰訪予落止又曰胡不承權輿肧胎未成亦物之始也其餘皆義之常行者耳此所以釋古今之異言通方俗之殊語

林烝天帝皇王后辟公侯君也 詩曰有壬有林又曰文王烝哉其餘義皆通見詩書

弘廓宏溥

爾雅卷上　一

古逸叢書二十六種　（清）黎庶昌輯　清光緒十年（1884）遵義黎氏日本東京使署影刻本

版式、行款不一。

書名筆畫索引

六畫

七畫

八畫

九畫

十畫

十一畫

十二畫

十三畫

十四畫

十五畫

十六畫

十七畫

十八畫

十九畫

二十一畫

二十二畫

二十五畫